地理与世界霸权

GEOGRAPHY & WORLD POWER

九州出版社
JIUZHOUPRESS

James Fairgrieve

[英] 詹姆斯·费尔格里夫 著　胡坚 译

目　录

第 1 章

绪 论

（一）关于本书

本书的宗旨，在于阐述地理因素对于世界历史的支配作用，以及那些对历史发展产生了重大影响的地理事实。在这句话中，有三个词的含义我们必须非常清楚，那就是“历史”（history）、“支配”（control）和“地理”（geography）。

1. 历史。在我们以这种方式说到“历史”时，自然是指人类的历史，但即便如此，“历史”也可能有着多种不同的含义。

（1）它可能仅指对所有事件按发生顺序所做的一种记录，而未加任何评论。当我们研究历史时，熟知历史事件是非常必要的，但仅仅知晓事件本身并没有多大意思，而且即使所有的事件都能够查明，一个人也不可能将其全部掌握。所以，必须选取其中最重要的部分。

（2）于是，我们对历史便有了另一种构想，即它是对按时间顺序发生的重大事件的记载。然而，在选取这些重大事件的过程中，我们必须对事件进行比较，并判断哪些才是最重要的。而要做到这一点，就需要思考它们为什么重要，以及这种“重要”指的是什么。然后我们得出结论，一个事件如果与人类的福祉息息相关，它就是重要的；而如果与人类的福祉关系不大，它就是不那么重要的。

（3）现在，我们几乎立刻就有了对于历史的第三种构想，即历史是对已经发生的重大事件的陈述，其方式将围绕着事件的发生原因及其对人类的影响而展开。在衡量事件的重要性时，我们必须牢记，有些在短期内对人类影响很大的事件，过后却显得无足轻重，而另外一些刚开始对人类影响甚微的事件，却在后来的历史中对人类产生了长期的影响。

当我们以这样的眼光去观察历史时就会发现，有些表面上看起来微不足道的事件实际上非常重要，而一些看上去很重要的事件，却应该划入次要的范畴。用一个例子便足以说明这一点。由薛西斯率领的波斯大军对希腊的进攻和随后的失败，是世界历史上的重大事件之一，这既为当时所公认，而且直到今天也是显而易见的。大约 250 年之后，一个住在今天尼罗河上游的阿斯旺附近的不起眼的人，碰巧注意到在 6 月 21 日那天的中午，一根竖直的立杆没有影子。把这样两个事件放在一起进行比较似乎十分荒唐，在当时，唯有前者才会在世界上引起反响，可以毫不夸张地说，甚至没有人听说过后者。然而，我们至少有理由认为，从长远来看，后者实际上比前者更为重要。它的确是同样重要的。我们还发现“历史”是一个有机的整体，它在时间上是一个连续的统一体，而历史研究的首要一课，就是要弄明白这个重要的事实。某些特定的事件必然会引发其他的事件。一个人、一个部族或一个国家的行为，会对其他人或其他国家的行为产生影响。历史研究之所以如此有趣，就在于它是对人、人与人之间的关系，以及个人或团体对其他个人或团体的影响所做的一种研究。我们从历史研究中还发现，在时间和空间上相隔甚远的种族，却具有非常相似的特征。因此，同样的事件也有可能发生在世界上的不同地点，有时甚至发生在不同的世纪里，就是因为它们之间具有这种相似性。就像我们所说的，历史常常会不断地重演。

但是历史并不会完全重复，它还会带来进步。如果我们回头去看一两年前，可能注意不到这一点，但是如果我们把目光投向几个世纪以前，打量一下整个世界，我们就能意识到已经产生的进步，而我们若是放眼去看全人类的历史，这种进步就变得更加明显。“进步”的含义究竟是什么，可能很难说清楚，但是我们却能感觉到它的存在。例如，我们都承认有史以来人类在是非观念上发生的变化，从总体上看是在向着好的方向发展。但这只是进步的一个方面，其他很多方面也发生了明显的好转。人类的生活变得更加美好，这不仅体现在道德和智力上，也体现在物质生活上：衣服更美，食物更丰；家庭、工厂、办公室和田野中有了更多节省体力的设备；我们比几个世纪前的人拥有更多属于自己的时间。我们有种种理由相信，总体来说，生活在20世纪的人与生活在5,000年前的人比起来，是要幸福得多了。

那么，究竟发生了什么？宗教问题暂且不论，“历史”的含义究竟是什么？这个问题是否有一个简洁的答案？答案可以有很多个，而对于每一个给出的答案，都能够找到反驳它的站得住脚的理由。但是，可以说从意义最广泛的物质层面上讲，“历史”就是人类不断提高其对能量的支配能力的故事。此处的“能量”（energy）指的是做事的能力，亦即产生（而非支配）运动，使事物行进或停止，这种事物既可以是火车、手表或磨盘，也可以是人。做任何事都需要能量。人的生命，即在于努力获取和使用尽可能多的能量，并尽可能减少能量的浪费。不管用什么方法，只要能获取更多或消耗更少的能量，就是一种进步，在世界历史上就占有重要的地位。那些象征着不同阶段的进步的所有关于如何做事的发现和发明，不仅是十分有趣的事实，而且与历史密切相关。象形文字、书写、数字、印刷术、指南针、铲子、轮子、针、蒸汽机以及纸币的发明，对于世界历史的进程都具有极其重要的影响。而它们之所以重要，就在于它们能够使人类使用或节省能量。

由此可见，能量在所谓的“社会史”（social history）中的地位是非常重要的。但是要注意，它在制宪史和军事史（论述法律和战争、君主与共和政体的历史）中的地位也同样重要。用一个例子或许有助于说明这一点。我们不仅要把从燃煤或流水中获得的能量用于维持机器的运转，还要把它消耗在其他方面。从长远来看，为了利用更多的能量，就必须消耗一定的能量，其方式与我们熟知的在社会史和政治史中的那些更大规模的工作非常类似。

① 能量可用于更换机器的旧部件，或增加更适合运转的新部件。在制造、安装和调节新部件时，都会产生明显的能量消耗。因此，当引入新的体制时，我们不过是在对机构进行改革。体

制上的逐渐变化意味着机构的增加或更替，而以一种政体代替另一种政体的革命，则相当于用一台新机器代替了旧机器。不过，这样的替代十分罕见，更不用说大规模的全盘改革了。即使在最激烈的革命中，旧机器的很大一部分通常也会保留下来，并合并到新机器中。

② 通过给机器加油，可以把能量消耗到极致。制造、提炼和使用油所消耗的能量从表面上看是一种浪费，但是加了油以后，机器就能做更多的工作。同理，政府机构雇用大量的人员来充当油的角色，以保证其顺利地运转，从长远来看，这也有助于把能量用在芸芸大众身上。银行、交易所和商业媒体的作用亦不外是一种油的角色，有了它们的存在，商业活动以及社会和政治的间接性事务才能顺利地进行。

③ 以热能的形式提供能量的机器，常常会因热能散失而做无用功。于是，工程师们就在热量散失部位的外面包上隔热材料。为了防止机器因风吹雨打而生锈或损坏，也需要对机器进行防护。在这两种情况下，用来包裹和防护机器所耗费的能量，从表面上看也是一种浪费，但是从长远来看，节省的能量却多于浪费的。所有的建筑物，不管是用来放置机器还是住人，也是出于同样的目的。警察、陆军、海军、空军以及所有类似的组织，都是用来做包裹和防护工作的。一方面，是用来防止机构的能量因散失而造成浪费，或发生实质性的损害；另一方面，是为了防止外界的能量对机构的正常工作产生干扰。

此外，还有一个在历史上有很大影响的工程学原理，那就是“最大载荷”——在任何时候，同时驱动多台机器，比将它们一个一个地分开驱动所需要的能量更少，因为机器从来不会在同一时刻全都在满负荷下工作。例如，在一个交通运输系统中，让所有车辆从一个中心车站出发，比起让每辆车各行其是要更节省能量，因为除了建设较少的设施有助于节能之外，最大的节约在于这些车辆永远不会在同一时间都以全速行驶。该原理像其他的原理那样应用甚广。今天的都市即由此而产生，大百货公司、企业和工会之所以重要也归因于此，甚至国家和帝国的存在也部分与此相关。

（4）现在我们对历史有了第四种构想：当我们从广义上谈论世界历史时总是会想到，就物质方面来说，它指的是人类能够逐渐使用越来越多能量的一个循序渐进的故事。

与最大载荷概念有关的另一个工程学概念是“动量”（momentum）。“动量”是指一个物体一旦启动后保持“继续”运动的能力。[①] 不管它是一列火车、一家企业、一座城镇，或是兰开夏郡的棉花产业，还是大英帝国，物体越庞大，它的动量也越大。大体上说，让一个物体保持继续运动，要比让它停下来更容易一些，因为让一个运动中的物体停下来要花费相当大的能量，如果让运动突然停止，势必会造成损害。当保持一个物体运动所必需的能量被切断时，运动并不会立即终止，正如刚对一个物体施力时，在未达到一个最大的量之前它并不会动起来一样。关闭蒸汽之后，蒸汽机并不会突然停止，动力刚加上去时，它也不会一下子就达到全速。如果没有足够的能量使机器继续工作下去，时间一长，机器就会慢慢停下来，但这种停顿并不是突然发生的。罗马帝国在其能量被严重削弱后仍继

① 本书在某些术语的描述上，与其在相关专业领域中的定义略有差异，请读者留意。——译者注（本书注释除特别说明均为译者所加）

续维持了 300 年之久，也是同样的道理。

2. 支配。什么是“支配”？如果我们先举一些例子来谈一谈什么不是“支配”，也许有助于我们对“支配”的理解。“支配”的意思不是“制造”或“导致”——这两个词的意义要更高一些。如果我们有一匹马，想要它走它就走，想要它停它就停，想要它在哪里停下来，或是去到什么地方，全都能由我们决定。但是，这匹马和它所具有的为我所用的能量都不是我们制造出来的。又譬如，人类可以通过挖一条沟渠来支配从山坡上流下来的一条溪流，用石头筑坝以防止流水漫到沟渠外面，也可以铺设管道，按自己的意愿引取部分或者全部溪水。但是，人并不能制造出这条溪流，也就是说不能让溪水无中生有。人可以支配自己对煤的使用，可以决定是否利用煤的能量来取暖，或是驱动机车来载人，或是开动工厂里的机器为自己制作衣服，但他却不能造出煤炭。

这种抉择观念的基本设想是，人类的行为会受到地理条件的支配。溪水在重力的作用下从山上往山下流，在任意一点上总是取最大坡度作为路线。这样的支配既直接又简单，而且是可以预测的。而人类的行为，特别是作为个体的人的行为，却是不可预测的。区别就在于，人类可以对自己的行为进行选择。因为人体是由物质组成的，人要受到物质法则的约束。一个人在走下坡路时，往往会选择最容易的路线，但他也可能会选择走上坡路——如果有一个小山包需要攀登的话。山丘和平原就是地理环境。

但这还不是全部。一个人懂得的越多，做出的选择也越明智，换言之，也越能确定支配他的行动的条件。如果他无所不晓，他就会知道最好的路线并选择它，这样的支配是完全而彻底的。一个精神病人比一个正常人有更多的选择，他可以选择去做那些任何有理智的人都不会去做的事情。

所以，当我们说“历史受到地理环境的支配”时，并不是说人类在地理条件的逼迫下不得不使用更多的能量。准确的说法是，人类之所以要使用更多的能量，很大程度上是受自身所处的地理环境支配的。

3. 地理。有一种说法必须注意，即认为地理知识只是知道一些地方的名称，以及知道这些地方在哪里，或是知道关于它们的一些掌故。不错，这确实是我们在地理学研究中要掌握的内容，除了城镇、山脉与河流之外，还需要了解民族与环境，这是地理学的一个非常重要的组成部分——如同在历史学中对史实的掌握一样，但这仅仅是一个部分。

也不能认为地理知识就是有关地球表面一切事物的知识。我们关注的是地球表面上与地理有关的一切事物，但地理位置本身并非特别重要。

自然现象的重要性各不相同，唯有对人类影响最大的那些地理现象才是最重要的。与历史学一样，哪些内容能够纳入一项特定的研究，取决于该研究的规模。作为一项小范围的研究，本书关注的内容在世界地理的领域中，也许是鲜有人考虑过的。

我们还注意到，一种现象或一组现象的分布与另一种现象或另一组现象的分布有关。因此，我们不但要知道事物在地球表面上是如何分布的——哪里是陆地，哪里有水，哪里降雨量很大，哪里滴雨难求，哪里温度高，哪里温度低，哪里生长什么植物，哪里有暴风雨，哪里风平浪静，哪里有人类和不同的种族，还要知道它们彼此之间的关系。

牢记上述的“历史”“支配”和“地理”三个概念的意义，我们就会明白，本书的内容是关于地球表面上各种地理因素的分布和它们之间的关系，以及它们对人类使用越来越多的能量的方式是如何产生影响的。

由此，我们对于如今人类活跃的这个世界舞台的认识，便能够增进几分。

（二）巨大、简单而彻底的支配

在继续考察地理支配对于历史进程的影响，以及确定某些事件或条件的时间顺序之前，我们可以先来看看一些非常巨大的支配所产生的影响，这些影响是如此深刻和常见，以至于人们对它们的重要性几乎到了浑然不觉的可怕程度。它们无所不在，任何人都已习以为常，熟视无睹。然而，因为它们的影响在人类文明的各个阶段始终默默地伴随着所有人，这些影响有多么巨大确实是难以想象的。

1. 地点。显然，任何事件都有其发生的地点。因此，作为地理学中最简单的概念，“地点”甚至与最简单的历史概念也是密切相关的。此外，发生在某个特定地点或地区内的各个事件，相互之间往往有一定的联系。它们通常以某种方式彼此关联，而与本地区之外发生的事件关系不大，因此，这样的一系列事实即被视为该地点或该地区的历史。我们所说的英国史、法国史、希腊史和伦敦史便是如此。这是历史受地理支配的一个很重要的（尽管也是显而易见的）方面，其全部意义将在后文中阐述。

但是我们要明白，这些地点或地区的历史并不完全是它们自身的产物。如果我们不懂得一点英格兰的历史，我们就不能很好地了解伦敦的历史。我们知道英国人与法国人接触的时间相当漫长，因此英格兰的历史不仅受法国历史的影响，在某种程度上也受法国历史的支配。其他所有地区的历史也是如此，支配它们的事实包括以下两个方面：由于种种原因，各个地区的历史均存在某种一致性；该地区的居民会受到距离或远或近的其他地区的影响，而那些地区的历史也都有自身的一致性。这种情况在现代更为突出，在古代历史中也同样存在。

2. 能量的分布。再者，如果我们考虑到历史就是关于如何使用和节省能量的日益增加的学问，我们就会明白历史必然受到下列各因素的支配：能量的分布，各种形式的能量的分布，以及妨碍或促进人类利用能量的事物的分布。

地球表面上现有的全部能量，几乎都来自太阳的光和热，以及其他形式的辐射能。因为有这些能量，人类才能够做事，才能够搬运东西。人类把这种能量化为已有，变成自身的一部分，因为我们吃的面包，是用靠太阳的光和热生长起来的小麦等谷物制成的。面粉可以用燃煤带动的机器来磨制，而煤的前身是依赖太阳生长的植物；面粉也可以通过降雨形成的山溪所产生的水力来磨制，而雨水则来自海洋在日光照射下蒸发到空中的水汽，再由风输送到内陆，而风是由太阳辐射产生的气流引起的。人类还可以通过吃动物的肉来获得部分能量，而动物又以靠阳光生长的植物为食。人类也可以用火来烹制食物和取暖，而烧火用的煤、木材或油等燃料的潜在能量也源于太阳。人类还可以靠穿衣服来节省一些能量，而衣服直接或间接地也与太阳的能量有关。在所有这些非常基本的事例以及其他几乎同样重要的例子中，显而易见，人类支配的能量直接来自太阳。而稍微想一想便会明白，我们日常生活中所需的大部分能量，最初也

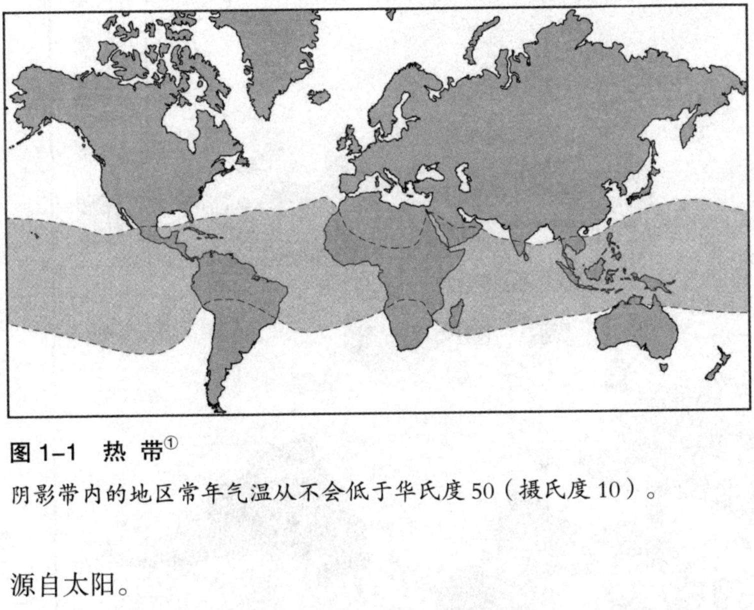

图 1–1 热 带[①]

阴影带内的地区常年气温从不会低于华氏度 50（摄氏度 10）。

源自太阳。

因此，地球上的能量分布大体上也就是太阳的能量的分布。阳光直射的地方比阳光斜射的地方能接收更多的能量，也就是说，邻近赤道的地方总体上优于邻近两极的地方。这大概是世界历史上最重要的永恒不变的事实。这种能量的可利用性在不

① 本书地图系原文附地图。

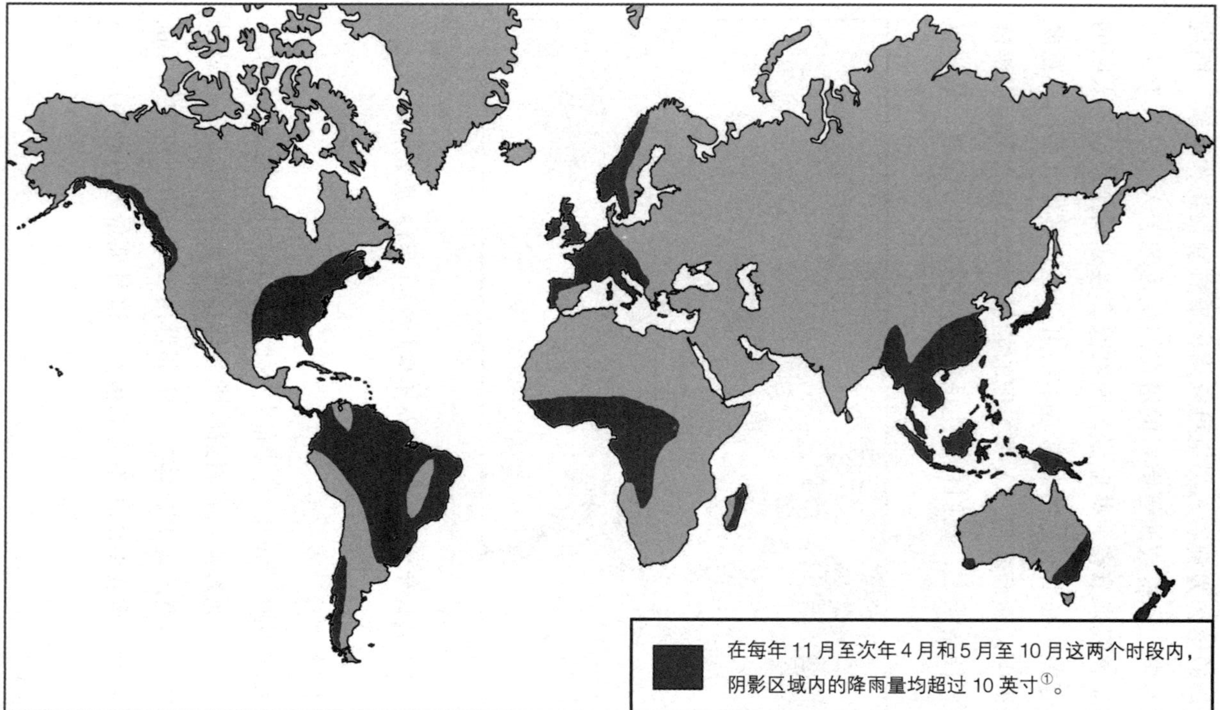

图 1-2　终年雨量丰沛的地区

①1英寸合2.54厘米。

同的时代会受其他许多因素分布的影响而有程度不同的变化，但在整个历史长河中却是基本的事实。

如果我们想象一下，我们有着如许大陆和海洋的地球，始终是以同一面朝向太阳并绕日而行，或许就能更清楚地理解这种分布对于世界历史的影响。在这种情况下，光和热会集中在同一个半球，而且主要是在该半球的心脏地带，另一个半球接收到的辐射则为零。很明显，如今适合生命生存的地方将会变得不再适合，而现在不适合生命生存的地方，反倒有可能变得适合起来。我们也可以设想，如果地球的运转仍像现在这样，只是运转的轴线与现在不同，那么我们稍加思考就能推断出，那时的环境与现在相比将会发生多么巨大的改变。这些都是极端的例子，但有助于说明现有的能量分布形式对世界历史的必然制约。

有一种说法是，地球表面能量分布的总体情况，其影响会随个人以及可称为“种族差异”的因素的变化而改变，但即便是能量分布本身，也会受其他因素分布的影响而发生变化。靠近赤道的地方通常比两极附近能接收更多的能量。然而，能量接收的减少是不规则的，有些地方接收到的能量，实际上比更靠近赤道的地方还要多。可以说，这完全是由于空气、气流或风向的分布所导致的。

（1）空气的实际分布是极其重要的。众所周知，我们离开地面越远，空气就变得越冷，亦即可以利用的能量也越少。这说明我们离开地面越远，空气也越稀薄。因此在陆地上，水平方向上的距离可以不考虑，但垂直方向上的距离却十分重要，其原因就在于高空中缺乏能量。例如，作为一种主食作物，小麦在英国北至因弗内斯郡[①]的地区都能够生长，但是如果移到海拔 1,000 英尺[②]高的地方，那么即使在英格兰也无法生长了，因为没有足够的热能使它成熟。向两极方向每移动 50～60 英里[③]，温度平均下降 1 华氏度[④]，而向上每移动 200～300 英尺，温度就会下降 1 华氏度。

（2）气流的分布也同样重要（甚至更加重要）。由于风带来的暖流的作用，英格兰比拉布拉多更温暖。在来自西南方向的暖流的影响下，英格兰的气温比北纬 50～60 度之间地区的平均气温要高，从而使人类在这里的大规模社会生活成为可能。在拉布拉多，由于受到来自寒冷北方的冰冷洋流的影响，所以并不适合人类居住。如果我们把一张风向图和一张洋流图比较一下，可以明显地看出后者大致是前者的结果。再把这两张图和温度图比较一下就能清楚地看出，北极圈以南 20 度以内的地带是否适合人类居住，完全取决于风系的影响。

风系以另一种方式对历史发挥着极其重要的支配作用。前面已经提到人类对食物的依赖，人活着就得吃东西，不是吃植物就是吃动物。因为动物的食物最终也来自植物，显然植物是第一重要的。极少数族群可能以鱼为生，而鱼又是以生活在水中的低等植物或以这些低等植物为食的其他生物为生的，但是绝大多数人类的食物都是在雨水浇灌下生长的植物。因此，仅

---

① 因弗内斯郡（Inverness）：英国苏格兰西北部旧郡，1974 年被撤销。

② 1 英尺约合 0.3 米。

③ 1 英里约合 1.6 千米。

④ 1 华氏度约合 0.56 摄氏度。

有热能是不够的，为了保证植物的生长，还得有雨水。也就是说，不仅要有能量，能量还得有用，它的存在形式必须是可以利用的。雨是从海洋带到陆地上来的水分，而担任搬运工的就是风。如果风把水分从海洋吹向陆地，陆地上拥有的能量几乎肯定适合人类生存；如果风从陆地吹向海洋，陆地就会变得干燥、贫瘠且不适合人类生存。

因此，从一般意义上讲，在某些地方是否适合人类居住这一点上，地理条件确实对历史起着支配作用。但是地理条件对历史的支配更有其特殊的意义，那就是各种地理条件对实际历史进程的支配作用。下面我们就要对这些条件的作用加以讨论。

第 2 章

沙 漠：历史的开端——埃及

到目前为止，我们已经知道历史受地理因素影响的一个方面在于：由于热量和水的分布不同，地球表面有些地方适合人类居住，有些地方则不适合。现在，我们就来讨论其他地理条件对历史进步过程的影响。

1. 必须注意地理条件对这种进步过程的开端及其后续所起的刺激作用。的确，赤道地区有着丰富的热量和降雨，那里有最适宜动物生存的条件，但是事实上，人类能够以最佳方式支配能量的地方是温带而不是赤道地区。真正有着名副其实的历史的地方，不是位于赤道附近的非洲，而是位于温带的欧洲。这是因为两地的地理条件对人的身心影响大不相同。

（1）首先，正因为在赤道地区很容易生存，除了获取维持生命所必需的食物外，不存在需要付出更大努力的其他诱因。离赤道越远，生活也越艰难，然而正因为如此，要想继续生活下去，就得做更多的事情。赤道附近的非洲野蛮人不用穿衣服，而北欧的野蛮人却必须在身上披一些遮盖物。而且在欧洲获取食物也不那么容易，需要付出艰辛的劳动才能得到。因此，即使所有的种族都处于未开化状态，欧洲野蛮人的发展水平也比非洲的更高一些，只因为在日光能十分缺乏的情况下，需要有更多的精神活动来发挥作用。

（2）其次，在赤道地区每一天都很相像，而遥远的北方却不是这样。在远离赤道的高纬度地区，因季节的变化而有夏天和冬天之分。这些差异或是由于能量（热能）的不同，或是由于降雨量的不同而形成的。无论属于哪种情况，必定有一段时间缺乏食物，另一段时间食物则比较充足。因此，譬如在赤道附近的非洲，日子是以天来计算的，那里的种族和个人都倾向于不用想得太远，只需活在当下，不必为将来打算。而在温带的欧洲，日子却是以年来计算，习惯于为未来操心。

在众多（甚至是绝大部分）地理条件中，这两种地理条件堪称典型，它们的差别是如此明显，以至于人类不是忽视它们，就是觉得它们与世界历史没有什么关系。但是，尽管不为人注意，它们所起的作用仍会继续长期有效地影响这两个地区的所有男人、女人和儿童的头脑。它们影响深远，并行不悖，阐释了这两个地区历史进程上的差异，以及欧洲的进步与“黑暗大陆”[①]的蒙昧。

这两种条件的重要性就在于，在所谓的温带地区，要想生

---

① “黑暗大陆”（Dark Continent）：欧洲白人对非洲的旧称，该称呼缘于直到19世纪末非洲腹地仍为大量未开发的神秘地区。其最早出处有可能是英裔美国记者和探险家亨利·M. 斯坦利于1878年所写的报道《穿越黑暗大陆》（*Through the Dark Continent*）。

活能持续进行，就会有出于节省能量而考虑问题的精神刺激。穿衣服可以阻止热量的散失，而节省的能量可以派作其他的用场。在受季节变化影响的地区，播种、收获、开花和结果都有明确的时间段，所以丰收时必须积蓄食物，以备荒年之需。远离赤道的地方与赤道地区一样，做起事来也是选择最容易的途径，但是对前者来说，这种刺激就等同于需求，需求则是发明之母，而对后者来说却不存在这样的刺激。因此，由于缺乏考虑如何节省能量的精神刺激，经过漫长的年代之后，当其他地方的种族已经开始超越纯粹的动物生活水准时，赤道地区的种族仍处于程度较低的生活状态。既然没有进步，当然也就没有历史可言。而在温带地区，由于刺激的持续存在，各个种族不断进步的结果就是变得越来越强大。这就是世界历史主要是北纬 30 ~ 60 度之间的温带地区的历史的原因之所在。

2. 由于地理条件不同，这种刺激在有些地方能够充分发挥效力，在其他地方则不然。当人获取了能量并使其受自己支配时，不管这种能量是他在原始状态下通过吃食物获得，还是以 20 世纪初的方式通过购买煤炭获得，他都可以用两种方式来使用这种能量。他既可以利用它来支配更多的能量，也可以白白消耗掉它，甚至用它来破坏使用能量的手段。在一定程度上，他可以同时行使这两种操作。他还可以用自己的能量去夺取别人的。当然，这是一个人能够支配更多的能量的一种方式，但是这种手段支配的能量总体上并没有增加。

显然，在和平共处的社会里可以最有效地节省能量，因为团结带来的能量节省又会进一步增强人们的凝聚力。难以设想这样的社会会首先出现在赤道地区。因为那里不仅没有为将来打算的刺激，而且由此造成的低下的文明状态，也不太可能使个人或部落之间保持和平相处。部落也可能受地理条件之外的其他因素的支配而存在，但唯有赤道地区以外的其他地方的部落，方能够进化出更复杂的组织形式。

即使是有刺激存在的地方，也必须受到保护才能发展。保护可以有多种形式。一个人或者一个民族可以通过把一部分能量用在防卫上来实现自我保护，但是如果保护能够通过不付出能量的方式来实现，这显然更为有利。换句话说，如果能够依靠地理条件提供保护，可以想象受这种保护最完善的社会、部落或种族，也会最早从野蛮状态中脱颖而出。

在不同的时代中和不同的环境下，一个民族所受到的地理条件的保护也会不同。在一个时代能提供保护的条件，在另一个时代可能无法提供保护，但在任何时候，能够防止其他部落或种族干扰的条件都是一种保护。人类无法轻易越过的地理特征构成了特殊的屏障，越过它们的难度越大，或者越过时耗费的能量越多，它们的保护作用也就越大。

许多地理特征都能够充当屏障的角色，河流、湖泊、山脉、峻岭以及沼泽，在保护小规模的群体时均能发挥作用。但是，那些保护能力影响了世界历史进程的重要地理特征，却是地势高耸、寒冷而植被稀少的巍巍高原，干燥得寸草不生的绵延沙漠，以及毫无立足之地的广阔海洋。跨越这些地理特征全都需要消耗能量，而它们都不能为人类提供生活必需品。要想成功地越过它们，人类文明必须有相当大的进步。因此，在远古时代它们的保护作用是非常有效的。在人类看来，它们是未知而又可怕的事物，而在这三者中间，人类了解最少也最为畏惧的，又非海洋莫属。

3. 有必要简单解释一下这些地理条件的支配作用。杰出人物与种族的鲜明特征，会对整个历史进程（包括其开端在内）产生影响。其中一些特征可以追溯到地理条件的支配作用，另外一些与此无关的则只能视其为理所当然。一方面，因为人类有想要采取行动的力量，才会有历史事件的发生，以及由此而来的所有结果；如果人类没有想要采取行动的力量，也就不会有历史事件的发生。但是另一方面，人的行为不仅受自身体格的限制，还要受周围环境的制约，杰出人物的鲜明特征对历史大势的影响并不大。从长远来看，地理条件的威力远胜过天才人物，甚至也胜过种族特征，除非这些种族特征来自地理条件的支配。一个地方的历史的开端，实在是受地理条件影响的结果。

很明显，我们对文明的最早形式的了解非常贫乏。在人类脱离野蛮状态以前，必定有一个长期的逐渐进步的过程，但这个过程不可能留下任何记载。我们能够寻找到的顶多只有一些遗迹，这些年代久远的遗迹能够留存到今天，说明它们最初必定是相当坚固的，这些遗迹一定来自相当高级的文明。

理所当然地，在最初阶段的文明出现以前，必定经历了数万年之久的发展。这就像一棵树的生长那样，开始阶段的发育总是比后来要缓慢，而且也可能有多个不同的发展方向。应当记住的是，在我们讨论最初的历史时期时，在它之前已经存在一种更原始、规模更小的历史，其持续时间之长，远远超过了我们关注的其他所有的历史进程。不过我们也要记住，正因为它的规模较小，从世界历史的角度来看，它也就不那么重要。

这种缓慢的发展是受地理支配影响的自然结果。因为地理条件只能起支配作用，而不能起强迫作用。与后者相比，前者的影响需要更长的时间才能够感觉到，但从长远来看，这些支配的结果是显而易见的，或许也是更为有效的。由于某些条件的存在，以及其他一些条件的不存在，长此以往，就能发现一种更好的行为方式。对个人或种族来说，这样一种发现过程与经由传授得到相比，需要花费更长的时间。但这一过程也有它的优势：从自我发现中得来，可以肯定其智力水平已达到能够聪明地利用这一发现所必需的水准；而且在这种情况下，也不存在把一个人造的文明强加到一个种族的头上所带来的弊大于利的危险。

综上所述，我们料想文明的最初曙光，应该出现在某些生活比较容易维持的地方，但那里的生活周期不是以天来计算，也就是说，这些地方的工作既要为眼前着想，也要为将来打算。此外，我们还料想最早的文明种族出现的地方，其组织形态大的远比一个家庭或部落复杂，小的也足以自成一个整体，而且那里的地理条件能够提供相当程度的保护，以免遭受破坏力大于建设力的敌人的侵害。并且，当我们刚开始了解这些种族时，可以预料自他们脱离野蛮状态以来，已经过去了漫长的岁月。

现在，我们在埃及这个地方看到了拥有温和气候的一方沃土。尽管雨量稀少，但拥有水源，而且两侧因此还受到了沙漠的保护。这个水源虽然随季节而变化，却能保持长流不断。只要了解了埃及的地理状况，就能理解这些看似矛盾的现象。尼罗河的源头有两个：一个位于拥有恒定降雨的赤道地区，因为有湖泊和沼泽的调节作用，该水源十分稳定，一年当中的流量变化都很小；另一个在阿比西尼亚[①]的高原地带，那里是季节性降雨区，在每年的春夏之交，泛滥的洪水直奔平原而去，再从平原流向更北边的干燥地区。

古埃及占据了尼罗河三角洲和尼罗河下游河谷约 700 英里长的地带（从出海口算起），这是一个狭长的带状区域，大部分地方只有 10 英里宽，沿河道向北一直延伸到地中海。这片土地既有河水灌溉之利，又有几乎无法通行的沙漠作为保护，这种保护甚至比看上去还要完善。尼罗河下游流经石灰岩地层，河水先是在其中冲刷出河谷，然后把来自阿比西尼亚的洪水带来的冲积土填充进去。可是，在如今的阿斯旺以南，河水流经的是砂岩层，下面是巨大而坚硬的岩石。从这里往上游方向很长一段距离内都没有河水冲刷形成的河谷，而只有被瀑布分隔开的峡谷。距河边一两码[②]远就是光秃秃的沙漠，几乎寸草不生，毫无殖民的吸引力，所以埃及的南部在东、西两个方向上几乎是完全封闭的。

尼罗河下游河谷的起点与石灰岩分布地区的起点基本重合。

埃及的北边是大海，在人类对海洋尚且一无所知的时候，海洋像沙漠一样提供了巨大的保护。具备如此得天独厚的条件并适合早期文明生长发育的地方，在整个世界上找不出第二个。

从我们能够掌握的埃及远古时期的零星史料中可知，最早居住在这里的种族已不是最低层次的野蛮人。不过，他们似乎又为另一个必然有着更高级文明的种族所取代，只是我们对其知之甚少。在我们所说的古埃及人出现以前，这些民族在尼罗河流域和平地生活了大约 2,000 年之久。

---

① 阿比西尼亚（Abyssinia）：埃塞俄比亚的旧称。

② 1 码约合 0.9 米。

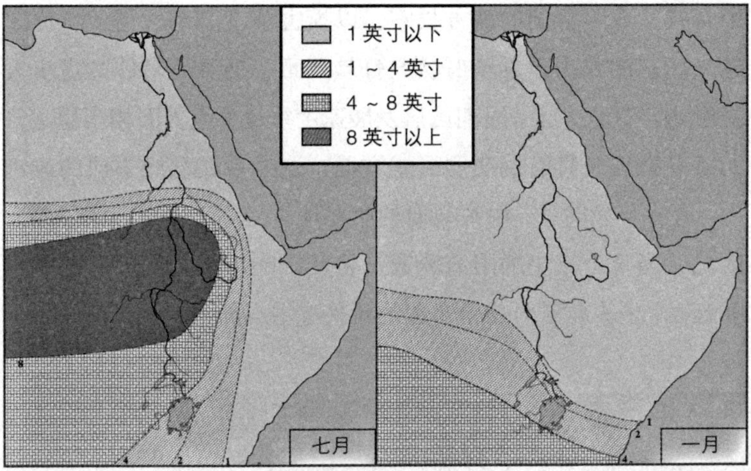

图 2-1　尼罗河流域的降雨量

该图表明，尼罗河南部的支流无论冬夏都有降雨补给，而东部的支流仅在夏季有大量的降雨补给。

古埃及人在公元前 4500 年左右开始统治这片土地，他们吸收了被征服者的文明，并在较短的时间内将其发展到一个更高的阶段。到了公元前 3700 年①，埃及第四王朝的法老们统治着从第一瀑布到出海口之间的整个国家，文明得到空前的发展，民众的组织程度也日趋完善，从而使建造伟大的金字塔成为可能。

此后，与所有其他国家的历史一样，王朝出现了明显的衰落。国家机器似乎已经陈旧过时，在多个王朝统治期间，中央政府的权力日渐衰弱。按尼罗河流域狭长的地形自然划分形成的几

① 原文如此。此处年代可能有误，按现在的历史年代划分，埃及第四王朝的存在时间为公元前 2613 年至前 2498 年（一说始于公元前 2625 年，历时 110 多年）。

个“省”或附庸国的地方长官，以损害法老的利益为代价攫取越来越多的权力，无政府状况日趋严重，结果使整体的进步大受影响。然而，这一时期虽然发展速度缓慢，但仍旧相当稳定，尤其是在埃及特有的文明形式方面，这体现在灌溉方法的改进上。在古埃及时代，中央政府的所在地总是靠近三角洲的顶端，因此，当某个较小的附庸国通过将其影响力扩张到周边国家而崛起时，中央政府对这个遥远的新兴势力自然也就鞭长莫及了。

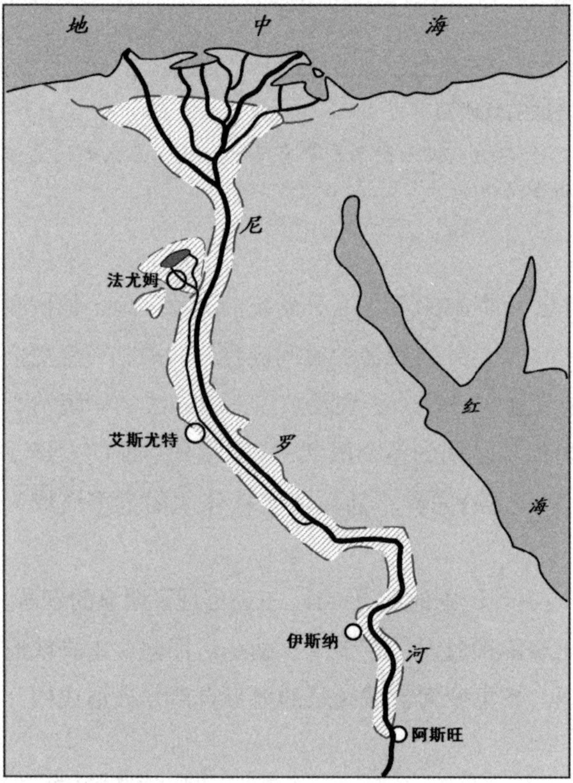

图 2–2　古埃及地区

到了大约公元前 2500 年，埃及在第十二王朝法老们的统治下重新恢复了强盛，此时埃及的中心是底比斯，而不是赫拉克雷奥波利斯或孟菲斯。在这些法老的统治下，国家进一步繁荣，伟大的灌溉计划得以实现，财富日益增加，在某些方面达到了其鼎盛时期。

此后，国家再度步入衰落，最终在没有遭遇任何正式入侵的情况下，政权落入了喜克索斯人的手中。喜克索斯人的部落

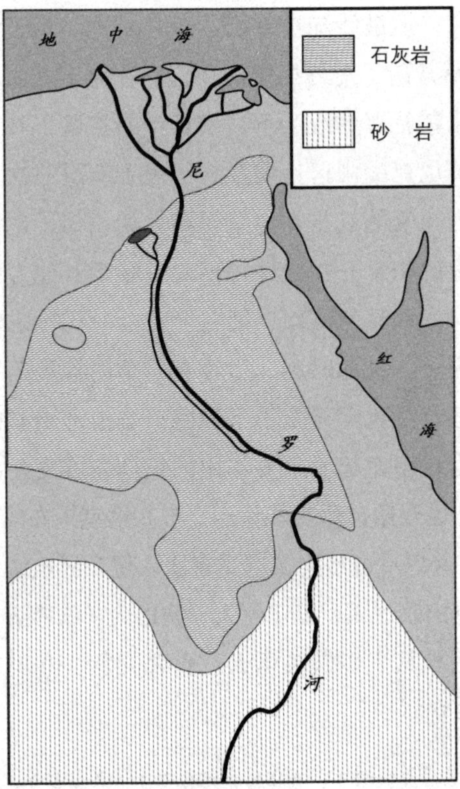

图 2-3　埃及的地质状况

要么是受三角洲地区优越生活条件的吸引来到了这里，要么是受其他原因所迫把这里当成了远离其敌人的避难所。这些部落大体上接受了当地的文明，并被本地的民族所同化。底比斯的君主们再次面临那个老问题：部分归因于他们远离三角洲地区（那里是喜克索斯人的势力所在地），喜克索斯人剥夺了埃及统治者在那里的权力，并将部分居民从那里驱赶了出来。最终，底比斯的君主们重新夺回了这个国家的主导权。

这是埃及历史上第一次出现入侵者，虽然他们是以和平的方式进来的，但最终却被赶出了这片土地。到了大约公元前1600年，埃及开始了对外征服的历程，在第十八王朝的法老图特摩斯和阿蒙霍特普的统治下，埃及不断扩张，其势力一直向北深入到亚美尼亚的山区。埃及在历史上有过三次黄金时代，这不仅是因为文明的进步在这些时期尤为明显，也因为中央集权增加了能量的积蓄——这种积蓄部分缘于其他方面的快速发展。在物质财富和繁荣方面，第三个黄金时代标志着埃及文明所达到的最高点。从那时起，尽管有后来的拉美西斯王朝，但埃及的国力甚至文化都走上了下坡路。非地理因素的出现，降低了到此时为止一直起着重要作用的地理条件支配的影响。其他的地理条件也开始产生支配作用。当塞纳克里布[①] 打败了“埃及诸王”时，这只不过是埃及遭受多次入侵和异族统治的开始，这些入侵者包括亚述人、巴比伦人、波斯人、希腊人、罗马人、阿拉伯人、土耳其人以及英国人。自公元前330年起，埃及就完全丧失了独立。

---

① 塞纳克里布（Sennacherib）：也译作辛那赫里布、西拿基立。亚述国王，公元前705年至前681年在位。

尽管这片土地受到的保护十分完善，埃及的进步并不是因为这里的居民有着与生俱来的优点。在已知的历史年代里，我们发现有两个或是三个独立的民族先后来此定居，每一个民族在他们所处的时代都有程度很高的文明，他们的生活水平也比同时代其他地区的居民高得多。

埃及的进步乃是前述的地理条件发挥作用的结果，尤其是那种完善的保护促成的结果。尽管有外来入侵发生，但其周期的长度和次数的稀少也值得注意。在大约 4,000 年的时间里，或者说在比我们与他们隔绝的时间还要长 1,500 年的时段里，埃及人从未被入侵的异族征服过。除了中间的几百年外，这里一直处于本土君主的统治之下。只是在公元前 2500 年以后，本地的王朝才出现衰落，一度让位给外来的统治者，之后这些入侵者又被上埃及的本地君主赶了出去，而上埃及的本地君主在此之前只承认外来统治者为宗主国，而并没有被废黜。此后，埃及帝国又存在了上千年之久，才最终让位给其他的文明，而埃及文明对其他文明诞生所起的刺激作用，可谓功莫大焉。

想一想世界上所有国家的历史，没有一个能够维持埃及一半的时间而不遭受入侵。埃及文明的持续时间如此之长，是因为不存在入侵或入侵的可能性，而这又是因为沙漠提供的保护——这种保护使不同形式的文明（从低级到高级的文明）在漫长的时间里得以缓慢自然地发展，而在过渡时期又不受外来干扰的影响。

当埃及从骄傲的顶峰上滑落下来时，地理条件仍然发挥着对历史的支配作用，沙漠的保护作用便是如此。在长达 4,000 年的时间里，埃及鹤立鸡群，其居民对这种保护已经养成了严重的依赖，以至于根本无力抵抗外来之敌。当其他地理条件催生出更高级的文明时，埃及就像有远见的希伯来人所预言的那样，成了事实上的“压伤的芦苇”[①]。

以埃及为典型的独特的文明形式，最清楚不过地展示了地理支配的影响。居住在尼罗河流域的民族自然应该懂得如何利用灌溉的手段来积蓄能量，但是受影响的并不只是生活的物质层面，精神层面所受的影响或许更能说明问题。一个很重要的事实是，由于受季节变化的影响，埃及人在内心深处对于未来非常看重，这可以从他们以庙宇和陵墓为主的遗迹上得到证实——庙宇的作用，本质上是让活着的人能够预知旱涝与稼穑；而陵墓的作用，则在于让死者的躯体能够永存不朽。古埃及人伟大的叙事诗《亡灵书》，就充分揭示了他们是一个沉迷于盘算未来生活的民族。

①“压伤的芦苇”（broken reed）：典出《旧约·列王记下》18章之“拉伯沙基之狂语”，意思是难以依托，反成祸害。

第 3 章

沼泽和草原：巴比伦尼亚与亚述

我们已经知道，文明的第一缕曙光之所以会出现在埃及，是因为那里有丰富的水资源和温暖的气候，而且受到地理条件的严密保护。我们无法确定这片土地从何时开始有了我们所说的“历史”，但是在公元前 5000 年，居住在这里的民族已经远远领先于原始的野蛮人，事实上，那时的他们已经能够用石头建造坟墓（如果不是造房子的话）。

现在让我们来看一下地图，看看能否在世界上找到其他的地方，因为与埃及有相似的条件，从而也具有悠久的历史。靠近两极和赤道的地区可以不去考虑，因为我们已经知道，这些地方不是缺乏足够的能量，就是缺乏使用能量的刺激因素。因为沙漠能够提供巨大的保障，很自然地，我们就先来看一下在地球的沙漠带上是否有其他具备充足水源的沃土。在尼罗河以西的整个撒哈拉沙漠地区，没有任何地方能够与埃及相比拟。在沙漠带的东边，偏北方向经过的亚洲腹地是一片干燥之地，因为风在吹越那里的山岭边缘时已经失掉了水分。但是那里的沙漠不像埃及周围的那样难以逾越，气候也不像埃及那么宜人。埃及的优势是独一无二的。在其他地方，你也许能发现受地理条件保护的地区、受季节变化影响的地区、有丰富水资源的地区或气候温暖的地区，但是没有一处能够像埃及这样集各种优势于一身。埃及的条件是得天独厚的。

在其他地方，也没有哪条河流像尼罗河这样有如此这般的两个源头——一个位于常年降雨的地区，一个位于季节性降雨的地

图 3–1　旧大陆[①]的沙漠带

① 旧大陆（the Old World）：相对于美洲新大陆而言的概念，指新大陆发现之前欧洲人所认识的世界，包括欧洲、亚洲和非洲。

区。不过我们发现，在沙漠带内有两条冬天降雨稀少的河流——底格里斯河和幼发拉底河。这两条河均发源于高山峻岭，上年冬天的降雪在来年夏季融化后，即成为河水的来源。因此，尽管这两条河在所有季节里都有来水，但会随季节而变化。这些条件看上去与埃及有些类似，实质上却存在着很大的差异。在埃及，尼罗河的河道位于沙漠平面以下数百英尺深的狭窄陡峭的河谷里，荒漠与沃壤之间的距离是以码来衡量的，紧挨着河流的土地为可耕地，其他地方因为没有降雨，则是纯粹的沙漠。反之，底格里斯河和幼发拉底河却没有远低于周围地表的河谷。事实上，从巴格达以北不远处起始的下游地区，是一个广阔的冲积平原。这一整片低地并非全都干旱少雨，因此，底格里斯河和幼发拉底河并不是从沙漠中穿过，而是沙漠位于河流的两侧。河流的西南是绵延不绝的叙利亚沙漠和内夫得沙漠，但沙漠只在个别地方靠近河流，中间通常都隔着草原带。东北方向的沙漠远在伊朗高原的中部，不过在河流尚未抵达山地边缘以前就有一片草原，可供耕作的地方只有不大的几块，但也并非完全不适合居住，把山间的谷地加在一起，也可以供养相当数量的人口。低地的西北部分也是草原，位于两河之间的这一带十分干燥，可以称之为沙漠，但在山区和沿河谷一带却有较多的降水。

由此可见，这个地方的条件可以看作是埃及的修改版。此外，还有一个条件虽然埃及也具备，但其作用被沙漠的巨大影响力掩盖了。底格里斯河和幼发拉底河流向大海时，在平坦的冲积平原上形成了许多沼泽和湿地，这些沼泽和湿地在三个方向上构成了非常重要的地理保护。宽广的沼泽地能为小部落提供非常有效的保护，陆地可以徒步穿越，水面则可以乘船渡过，但是沼泽在很大程度上是不可逾越的。因此，在这个沼泽圈内有可能出现早期的文明，更何况两条河流及其众多的支流也能提供很好的保护，而且河流和沼泽以外为人烟稀少的地带，部分已完全融入沙漠。与埃及的情况一样，海洋也可以阻止敌人。那时的底格里斯河和幼发拉底河各自都有出海口，而且东南方

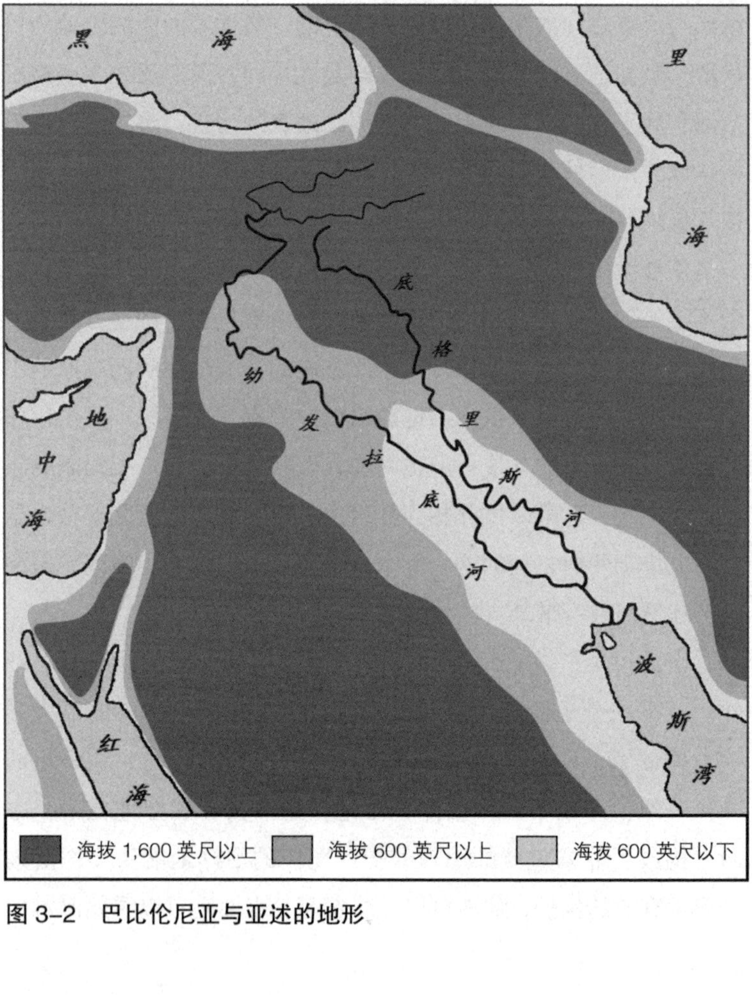

图 3–2 巴比伦尼亚与亚述的地形

的海洋（波斯湾）比现在要大得多，也能提供有效的保护。

这片土地就是巴比伦尼亚。像埃及一样，我们再次看到，这片土地与它的地理条件构成了其历史上的重要事实。虽然我们对巴比伦尼亚在公元前7000年以后的4,000年中的历史知之甚少，但可以确信的是，有两个民族与我们所知的在那里诞生的文明有关，而且较早的那个民族在与较晚的那个民族接触之前，就已经掌握了很多生活的技艺。

在原始时代，这样的地理保护足以阻止敌人的入侵，使发展得以顺利进行；这里的地理条件还倾向于把巴比伦尼亚划分成较小的部分。因此，尽管巴比伦尼亚像埃及一样很早就出现了程度很高的文明，甚至有可能比埃及出现得还要早，然而直到大约公元前3800年，当埃及已经作为一个单一的国家存在了上千年之后，最初的巴比伦帝国才在阿卡德的萨尔贡的统治下诞生。在那之前，巴比伦人一直分散在许多独立的小国中，过着平和安宁的农业生活。因为有天然的防御使他们免受野蛮之敌的侵袭，经过数千年的缓慢发展，逐渐演化出较高的生活方式。他们已经学会了如何制造砖，他们建造房屋和城镇，而且比埃及人更早开凿运河，但他们并没有一个共同的统治者。即便在萨尔贡时代之后的1,000年中，那里的倾向似乎仍然是将政体看成是由多个国家因共同利益结合在一起组成的一个松散的同盟，而不是在一个共同的政府治理下的单一的国家。

随着生活条件的改善，巴比伦人自然会与他们的邻居发生联系，原来以农业为基础的文明渐渐地也会让位给贸易占很大比重的文明。这种转变具有重要的意义。当巴比伦人在他们的防御体内解决内部的小争执时，其发展并不会受到外界的干扰，

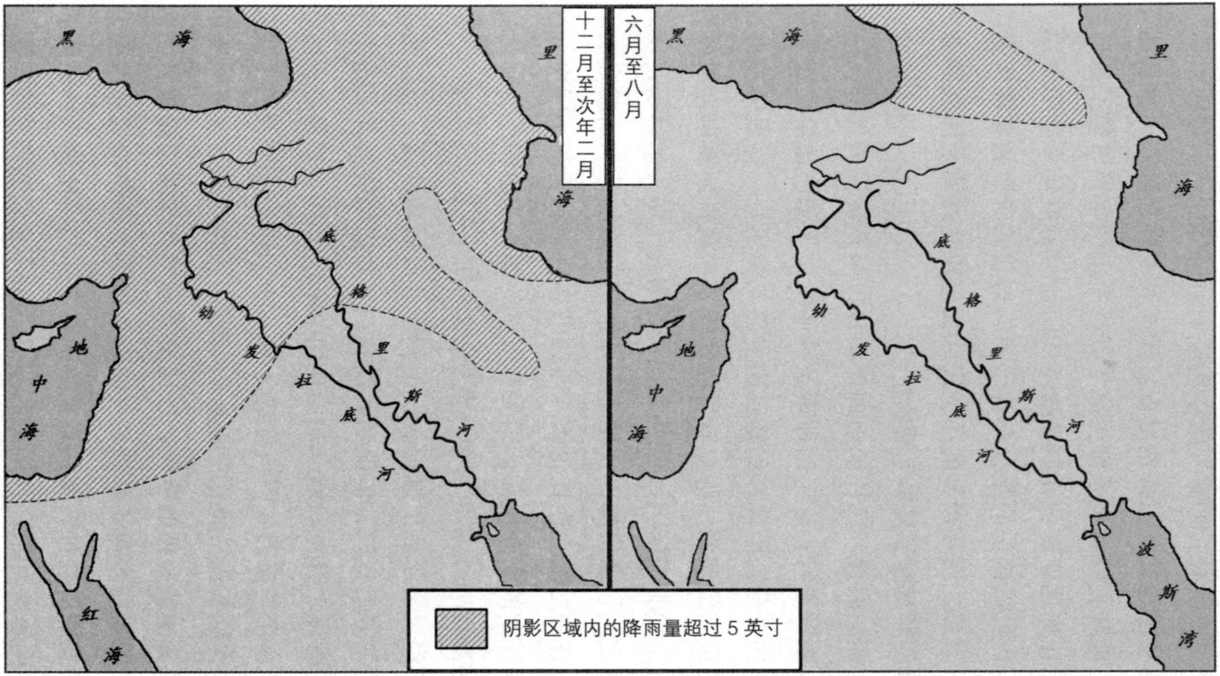

图 3-3　巴比伦尼亚与亚述的降水

但是一旦扩张到了防御体之外，其地势弱点便暴露无遗。从公元前2500年起，两河流域所在的这片低地的历史，就是一部周围的民族竭力想要将其肥沃的心脏地带据为己有的历史。在原始时代，沼泽足以将野蛮人拒之门外，那时几乎所有的保护都很完善，但它们并非不可逾越，尤其是当巴比伦人通过劳作使沼泽区域大大减少之后。自从与沼泽圈内有着更高生活理想的民族接触以后，居住在沼泽外面的其他民族已进化到半文明状态，他们无不以羡慕和妒忌的眼光注视着这片唾手可得的沃土。一个接一个的外来民族占据了巴比伦尼亚，统治着巴比伦人，而本地民族建立的王朝却既少又不重要。在东边与伊朗高原毗邻的山区中生活着埃兰人，再往北的山区里有加喜特人。他们分别统治了巴比伦尼亚长短不等的时间，来到低地的他们接受了当地的文明，与他们住在山里的同族渐行渐远，并逐渐被平原上的其他民族所同化。

后来，又有来自西北草原的亚述人。亚述人居住在底格里斯河中游，他们的国家大概是由巴比伦人在扩张期间建立的，长期以来一直是巴比伦尼亚的附庸。但是，因为隔着部分为草原、部分为沙漠的辽阔原野，自主意识日渐增强的亚述对山下的富饶之地也有了觊觎之心。因此，当巴比伦尼亚开始受外来君主统治时，亚述已成为一支不容小觑的势力。

只要巴比伦尼亚仍是文明的中心，美索不达米亚的历史大体上就能维持和平的状态。那里的居民以农业和经商为生，少有从事征伐的必要或诱惑。即使在来自东北山地的王朝统治巴比伦尼亚时，和平仍是那里的主基调，但是当亚述人占了上风之后，情况就发生了变化。

这一差异缘于地理条件的不同。亚述的大部分地区都不适合农业生产，其耕植面积也难以扩大。巴比伦尼亚地势平坦，与河流水平面的落差也不大，通过运河进行灌溉和商贸都十分便利；而在亚述，河流大多远低于地表平面，难以为人类提供服务。适合灌溉和农耕的区域虽然享有沃土的美名，但因为面积太小，无法供养大量的人口。除了周围的草原外，亚述也缺少地理环境的保护，干燥得足以称得上是沙漠的荒原仅限于西南一隅。其民众如果想要防御外来的入侵，就只能依靠自己。尽管可能不是巴比伦人自己带去的，亚述却从巴比伦引入了那个时代的先进文明，并能成功地御敌自卫。就防御而言，一个强有力的中央集权政府有着很大的优势，所以从建都尼尼微开始，亚述就是个单一的君主国，通过对周围军事实力较落后的部落的征服，其实力得以不断增长。到了公元前1400年，它终于抛弃了向巴比伦臣服的伪装，甚至有能力转而入侵巴比伦尼亚。

亚述人是天生的战士。他们从地理条件的刺激中得来的教训是，既然没有足以满足自身需求的可用能量，就必须从别人那里夺取。巴比伦尼亚、东部的山区地带、叙利亚、巴勒斯坦和腓尼基都向他们纳贡称臣。但是在很长一段时间里，亚述都没有发展出一套善加利用被占领省份的政府体系。当这些省份发生叛乱时，所有邻近的国家都会遭到蹂躏；而当它们俯首纳贡时，或是在中央政府比较虚弱时，亚述就听任它们各自为政。直到公元前750年，在所谓的“第二亚述帝国”统治时期，它才开始努力巩固征服的成果并充分利用附庸国的资源，以图把与东方世界之间的全部贸易掌控在手中。

这是个稍高一些的政治理想，但是以残酷的征服手段建立起一个商业帝国的图谋，就像一个商业帝国试图在没有武备的情况下继续存在下去一样，是注定要失败的。附庸国接二连三地发生叛乱。一些叛乱被平定了，可是等亚述军队离开后，叛乱又会再度爆发。当被征服民族出于共同的仇恨结成对亚述的包围圈后，亚述四面受敌并全面崩溃的日子也就到来了。

巴比伦尼亚终于明白了团结一致的价值，在由一位前总督创立的王朝的统治下，在很短的时间内就在亚述的废墟上建立起了一个帝国。但在米底高原上，一个新的威胁又出现了。得益于亚述的贸易蓝图，米底人与外部世界接触频繁，熟悉了大山外面的这片沃土，最终他们下山来到平原，将这一地区据为己有。

在整个这段历史中，地理支配的作用是显而易见的，但是由于巴比伦尼亚的地理条件比埃及复杂，其历史并不像埃及那么简单。不过，主要的事实却是很明显的。最初巴比伦尼亚之所以有机会诞生本土的文明，是因为气候条件在提供足够的能量的同时，也在人们心中建立了积蓄能量的意识，并且还有地理环境提供的充分保护。接下来亚述成为了霸主，是因为其民众在地理条件的刺激下学会了如何保护自己。正如长期处于被保护环境下的埃及和巴比伦尼亚几乎丧失了自卫能力一样，长期处于需要自卫的环境中的民族，就会把为自身利益而战当作生活的信条。

自尼尼微陷落后，地理条件继续发挥着作用，亚述依靠武力建立的帝国崩塌了，而两河流域所在的整个低地平原一直是一个整体，其中最重要的地区就是巴比伦尼亚。但是，像埃及一样，几千年中养成的习惯是难以根除的。因为习俗的力量实在是太过顽固，事物继续照着老步调走了下去，巴比伦尼亚（或者伊拉克）一直不曾完全独立。继埃兰人、加喜特人和亚述人之后，米底人、波斯人、希腊人、罗马人、阿拉伯人和土耳其人相继来到这里。在3,000年的时间里，原来的防御在那些已经达到较高生活水准的外来民族面前毫无作用，以至于随便哪个民族都可以在一段时期内占有这里并为所欲为。这就难怪20世纪初的巴比伦尼亚与从前的沼泽地相比，也并没有什么大的变化了。

然而，这片土地依旧物产丰饶，而且规模比过去更大。像埃及一样，巨大的水库可将丰水期的蓄水留到缺水期使用，更有效的措施还包括利用水库来分流形成沼泽的洪水。在贤明的统治下，这里或许能再度成为一方沃土。

第 4 章

通　道：巴勒斯坦与腓尼基

由前述已知，埃及和美索不达米亚之所以能成为最早的两个文明中心，是因为就整体而言，这两个地区的地理条件赋予了生活在那里的民族超过其他地方的优势。这两个中心（尤其是后者）的兴起，又影响了周围其他地区的居民。自然地，居住在这两个文明中心之间的土地上的民族，受到的影响也许一时没有其他民族大，但从长远来看，他们受到的影响持续时间更久，也更有效。

尽管古埃及两侧都是几乎无法逾越的沙漠，但在它的东北角，沿地中海海岸沙漠外缘的近海地区不像其他地区那么干燥，再往北去则是一片有着较充足水源的丰饶的沿海低地和内陆丘陵地带，这里是非利士人①、希伯来人和腓尼基人的故乡。这个地区之所以极为重要，就在于它是两大早期文明中心之间的连接纽带。

---

① 非利士人（Philistine）：起源于爱琴海的一个民族，约公元前 12 世纪在以色列人到达时定居于巴勒斯坦南部海岸一带。

至此，在对文明进步和历史的研究中，我们又将看到另一种形式的地理支配。人类不仅生活在最容易生存的地方（亦即有更多的能量可以利用的地方），而且迁徙时也是朝着最容易行动的方向（亦即行动时消耗能量最少的方向）。正如我们所说的，运动总是沿着阻力最小的路线进行。有道路存在时，人就会沿着道路走，但是早在道路出现以前，就存在因地形地貌而形成的路线，沿这些路线移动比走其他地方更为容易。这些只是自然形成的通道（way），而不是道路（road）。道路有一定的宽度，通道的宽度则不一定。从房门到壁炉，可以有避开中间障碍物的通道，但这并不是道路。通道可能只有一条，道路却可以有许多条。从伦敦到苏格兰的通道一路向北从亨伯河与奔宁山脉之间通过，再穿过约克平原和纽卡斯尔平原，然后沿海岸绕到爱丁堡。大北路[①]在过去和现在都是这条通道的一种形式，而伦敦东北铁路则是与其对应的铁道。从美索不达米亚到埃及之间没有道路，但有几条在部分地方合为一体的明确的通道。比较容易的一条通道是从巴比伦出发，向上游经过幼发拉底河河谷，再转道黎巴嫩山和东黎巴嫩山之间的奥龙特斯河河谷，然后沿莱昂提斯河与约旦河上游河谷向下游，穿过埃斯德赖隆平原，经过美吉多（即哈米吉多顿，“末日之战的众军汇聚之地”[②]），通过地中海沿岸的非利士人所在地，最终穿过

① 大北路（the Great North Road）：连接伦敦与爱丁堡的主要道路，今为英国A1公路。

② 典出《圣经·启示录》，哈米吉多顿（Armageddon）是传说中世界末日之时，魔鬼率领的地上诸王与上帝的众军决战之处。该地名来自希伯来语中一座名为“美吉多”（Megiddo）的山。

狭长的沙漠地带到达埃及。还有一条通道走起来比较困难，但路程较短，对于文明已经达到一定程度的商人们而言会更省精力。这条通道穿越叙利亚沙漠狭窄的北端抵达大马士革的绿洲，大马士革是叙利亚的核心地带，也是向东穿越沙漠或向西去往沿海港口的出发地。无论人们来自何处，都要经过埃斯德赖隆和非利士。

这条通道的重要性并不是一下就显露了出来，而是随着它连接的两个地区的发展日渐增加的。不过，其运输量甚至还不及如今英格兰的一条乡村道路，但在当时，世界上绝大部分的贸易都是通过这条通道进行转运的。

当然，我们不必指望这条“通道”（the Way）所经过的地方，也能有埃及和美索不达米亚那样悠久的历史。两地之间相隔甚远，必须在它们达到很高程度的文明并拥有很广的影响力时，相互之间才会发生接触。即便如此，第一次接触似乎也纯属偶然。在埃及第四王朝和巴比伦帝国的阿卡德的萨尔贡统治时期，亦即约公元前3800年时，西奈半岛的沙漠中出现了来自两地的探险队，以开采铜矿或寻找适于雕刻的石头。随着时间的推移，这条“通道”就成了商贸往来和军队行动的必经之路。因此，在埃及和美索不达米亚成为世界中心的3,000年中，黎凡特[①]南部这些肥沃的沿海地带的重要性，与它们的大小完全不成比例。作为非利士人和以色列人的故乡，这片土地成了古代世界两大帝国之间的门户，这就难怪巴勒斯坦本身的面积虽然只有威尔士那么大，但那里的民族却在历史上占有显著的地位。

---

① 黎凡特（Levant）：地中海东部沿岸诸国的历史名称，也用于指称小亚细亚沿海地带和叙利亚，有时也扩展到希腊和埃及之间的国家。

埃及和美索不达米亚在不同的时期都曾宣称对这里拥有宗主权，但即便在这些时期内，控制也并不总是有效的，而在我们论及的大部分时间里，这条“通道”经过的这片地区都是由独立的民族所占据。这些民族起初彼此争战不休，后来在认识到相互间贸易的利益价值后，才逐渐变得文明起来。直到大约公元前 1000 年，即大卫和所罗门的时代，此时埃及和亚述已经衰落，巴勒斯坦的山地人和以色列人（而非沿海居民和非利士人）才有效地占据了这条“通道”，并建立起一个可以与古代世界的其他帝国媲美的王国。当王国一分为二时，它又失去了对这条“通道”的有效控制，并再次沦为一个山地小邦——虽然处于周围邻国的中央，但在政治上却没有什么影响力。夹在两大帝国中间的这个希伯来王国两面讨好，最终在两大帝国之间的争斗中化为齑粉。

当埃及和美索不达米亚的地位被其他地区取代时，位于它们之间的这条“通道”的地理重要性也变得无足轻重，虽然耶路撒冷的重大意义始终存在，但并不是我们这里所要关注的话题。

接下来要讨论的一个影响世界历史的地理条件，是对陆地和水体分布的依赖。显然，人必须在陆地上生活，国家也必须建立在陆地之上，因此，对历史问题的关注应把陆地放在首位。虽然人们不能长期生活在水上，也不能有益地利用水的能量并建立人类在水上的生活史，但是在另一方面，相对于定居来说，通过水路迁徙要比通过陆路更容易进行。陆地上有阻碍交通的各种障碍，要想通过，就必须克服或是绕过这些障碍，在这两种情况下，耗费的能量都谈不上有令人满意的回报。不仅如此，通过水路运送一定数量的货物，也比通过陆路所需的能量少得多。也就是说，水体比陆地更适合充当将人和货物从一地运送至另一地的“通道”。

这一事实对于两个早期的帝国而言并不陌生。尼罗河、幼发拉底河和底格里斯河不仅为人类提供了灌溉用水和更直接的个人需求，而且也提供了运输的通道。最初使用的只不过是芦苇束扎的筏子，然后是能提供较大浮力的皮囊，后来也用轻便的小船。在公元前3000年，巴比伦商人甚至有可能乘坐这种小船冒险进入过有陆地围绕的水域（波斯湾），而一两个世纪之后，埃及人确曾凭几条船航行于红海之上。不过，这些都属于十分罕见的事例，并被当作奇闻记录下来。那时的船只基本上只限于在河流中航行。

以河流为通道消耗的能量虽然比陆地少，但也存在人只能循着河道行动的缺点。很多河流，尤其是像幼发拉底河和尼罗河这样支流很少或没有支流的河流，即便以运河作为补充，也远不如海洋便利，因为一旦航入大海，就可以去往天涯海角。因此，陆地和水体的地理分布有着至关重要的意义，其最重要的特征之一就是，海上交通之所以便利，只是因为海洋连成了一片，而陆地却分成了许多块。

但是对那些早期的民族来说，即使在经过了几千年的文明发展之后，未知事物的神秘感仍妨碍着他们对海洋有进一步的认识。每个人都熟悉陆地，但是生活在富饶地区的人们与海洋之间有湿地相隔。陆地上的河流人们都熟悉，但是无人了解大海，冒险出海漂泊更是一件可怕的事。人类对海洋的发现和认识，是世界上最伟大的成就之一，从那以后，海洋就成了历史的一部分，它不再是一个不可逾越的障碍，而是成了将它边缘上的所有陆地联系在一起的纽带。

值得注意的是，最先发现和认识海洋的民族，就是这些居住在通往海洋的大陆通道上的民族。这里的山脚下是一片狭长的沿海沃土，边缘上没有湿地，海水很深。这里的居民与海洋朝夕相望，不想它都不行，而且他们驾驶自己的小船出海也比其他地区的民族要便利得多。

这一点同样意义非凡，因为地中海就是这样发现的。正如许多人所指出的那样，地中海不仅是学习内河航运，而且也是学习航海技术的场所。顾名思义，地中海位于陆地的中央，因为它是一个内陆海，与大洋相比不仅受风暴的影响较小，更重要的是它没有潮汐，对古代的水手们来说，这意味着他们驾驶着小船，不管在何时何地都很容易靠岸。波斯湾和红海也具有这些优点，但地中海要大得多，也重要得多。此外，地中海还有这两个海域所不具备的其他优点。它的沿岸陆地大都很肥沃，且不乏天然的良港；多岬角和犬牙交错的海岸线，矗立水面的众多岛屿与大陆遥遥相望，常可作为航海者的避难所。地中海的确是培育水手的绝佳摇篮。

当地中海的通道作用被发现时，居住在两大文明结合地带的民族、住在大马士革绿洲的民族、腓尼基人以及提尔和西顿等城邦的居民，在古代的那个小世界里就成了一个重要的因素。可以想见，以海洋为基础的文明形式，其发展必定滞后于前述的那些文明。显然，这些国家只有在认识到这条通道的作用之后才会有所发展，此后还要经历很长的一段时间，人们才会把思想上所受的刺激转化为行动。不过到公元前 1600 年时，腓尼基人已被视为海上商人，因此他们必定在那之前很久就开始了冒险的生涯。他们最初有可能来自巴比伦尼亚，是当地驾船和做买卖的老手，那里的晴朗天空吸引了人们对天文学的兴趣，这对于指导他们夜间驾船航行有着不可估量的贡献。如果真是这样，新环境的刺激又会促使他们去往新的方向。先是西顿，然后是以提尔为首的沿海城邦国家的居民，驾船出海，驶向蛮荒之地，并且愈行愈远。一开始，他们可能是去寻找用来给王公贵族穿的长袍染色的能提取提尔紫[①]的贝类，这种需求总是在不断增加。

然而，寻找染料或许并不是他们的唯一目的。做买卖或者从事任何形式的贸易，只要得大于失就是受欢迎的。而且在地中海的这一端和另一端都建立起殖民地，会使他们的贸易更加安全。于是到公元前1000年时，腓尼基人以同盟的形式结成了一个整体，虽然这个同盟很松散，其实力却不容小觑。他们统治的土地面积的确很小，因为他们本质上属于商人，而商人并不需要大面积的沃土来种植自己所需的粮食，他们可以用做生意所得的利润来购买。提尔、西顿和迦太基只统治着它们周围很小的地区，它们的领土不像埃及和巴比伦尼亚那样连成完整的一片，而是零散地分布在地中海沿岸，通过地中海的纽带作用，将这些孤立的领土结合成一个前所未有的不同类型的国家。

不仅腓尼基人的统治是一个新事物，他们受周围环境影响而养成的独特的道德观也别具一格。野蛮人的市场能够长期向他们开放，意味着他们的行为必定受人尊重。贸易本质上是和平来往，埃及人和巴比伦人深谙此理，而腓尼基人则领悟得更

---

① 提尔紫（Tyrian purple）：也称泰尔紫，是从骨螺属的几种软体动物中获取的一种淡红色染料，在古代西方被视为珍品。

深刻——他们学会了勇敢，却不像亚述人那样好战。经常驾驶着几叶扁舟远航苍溟大海的他们，不仅培育了高尚的勇气，也养成了热爱自由的天性，这使得他们能够不屈不挠地一再反抗亚述的淫威。

亚述无法接管腓尼基人的贸易，便对其加以大肆破坏，因此在公元前 6 世纪以后，腓尼基人的地位就变得无足轻重了。但直到他们与另一个海上强国对阵以前，他们的国家并没有最后覆灭。下面，我们就要来谈谈这个海上强国。

第 5 章

海 洋

I. 希 腊

现在我们已经知道，在沙漠和沼泽的保护下，埃及和美索不达米亚诞生了古老的文明；以及它们之间自然交往的结果，如何使得其他国家变得举足轻重，而原本作为障碍的海洋，又如何变成了交往的纽带。按照这样的顺序，现在我们就要来讨论海洋在除了腓尼基和埃及以外其他地方的支配作用，以及海洋由最初的保护屏障到后来的联系纽带的变化，又是怎样一回事。

我们现在关注的是那些在稍后的年代里，自称“赫伦人”（Hellene）而我们称之为“希腊人”（Greek）的民族与他们的故土。他们的故乡是赫腊斯（Hellas），也就是我们所说的希腊（Greece）。古希腊人所居之处都叫作“赫腊斯”，这就是我们现在要讨论的对象。有一个十分流行的误解必须消除。如果我们看一下现代的政治地图，会想到希腊就位于巴尔干半岛的西南端，那里的山岭呈分散碎裂状伸向大海，如果说这指的是现代的希腊王国，这的确没错。[①] 但如果我们认为这片土地是希腊人（哪怕是现代希腊人）唯一的家园，那我们就错了；如果认为我们即将讨论的历史就是这个“希腊”的历史，那就更是大错特错了。

如果我们看一下 1914 年时近东地区的民族分布图，可知当时的希腊国土包括爱琴海所有的沿岸地带、半岛和岛屿。在地中海的各个部分中，爱琴海的岛屿、半岛和海岬数量最多，海岸线也最不规则。正因为星罗棋布的岛屿如此繁多，所以希腊人才给它起了个“多岛之海”的名字。[②] 爱琴海的重要性即源于这一特征，因为我们已知的欧洲最早的文明，就出现在这些岛屿和半岛上。

这里有受地理条件保护的许多片土地，这里的民族有机会在不受外界干扰的情况下建立起一种文明。在这个地区出现的文明有两种不同的形式，但哪一个出现得更早，我们却无从得知。

一方面，在克里特岛、伯罗奔尼撒半岛（它与一个岛屿相差无几）和其他一两个有优势的地方，因为几乎完全不会受到外来侵犯，所以有相当大的发展空间，人们的生活水平逐渐达到了较高的程度。随着生活条件的逐步改善，到公元前 2000 年时，居住在那里的民族已能建造雄伟的石头建筑，制造许多艺术品和一种简单的船。他们把城市建立在尽可能深入内陆的地方，以减少从海外来的民族攻击海边居民时可能带来

① 在本书写作期间，希腊仍是一个君主制国家。1967 年希腊发生军事政变，军政府上台执政一直到 1974 年垮台，同年公民投票废除了希腊的君主制，成立了希腊共和国。

② 爱琴海（Aegean Sea）在希腊语中的意思即为“多岛之海”。

的危险，而海外来的民族出于谨慎的考虑，也不敢过于深入，离大海太远。

另一方面，海上民族很早便已确实存在。他们有可能来自那些较小的岛屿，因为与大海朝夕相处，必然深知海洋的特性。因此，这里的居民很可能早在腓尼基人之前就会制造船只，并来往于各地。

随着文明在这些受到保护的地方的逐渐发展，可以预料陆地居民对海洋的恐惧自然也会被对它的了解所取代。因此到了公元前1600年，亦即大约埃及第十八王朝时期，当这一文明达到顶峰时，已经传播到了爱琴海上的所有岛屿和小亚细亚沿岸，并在后来被称为意大利和西西里的地方留下了痕迹，而克里特岛的船舶至少已为埃及人所熟悉，其使臣也出现在法老的宫廷中。不过，这只是一种文化传播，而不是一个帝国在施行统治。

海洋在人类历史的早期是一种屏障，所以希腊与埃及和巴比伦一样，具备有利于早期文明发展的地理条件，但是它们之间的差异就像它们的相似之处那样，必须仔细注意。被沼泽包围的巴比伦不同于被沙漠包围的埃及，受大海保护的希腊又不同于这两者。埃及由于国土狭长，又自然地被划分为上埃及和下埃及（即南方和北方两个王国），前者为河谷地区，后者为三角洲地区，而它们又被进一步划分为更小的地区或省。但这些地区或省相互之间并没有隔着什么大的天然屏障，因此埃及历史上通常只有一位统治者（偶尔也会有两位统治者），仅在特殊情况下才会出现在这种权限划分下的一个个独立的省。巴比伦尼亚尽管看上去更紧凑一些，但其分裂成多个较小的国家的倾向却远大于埃及，因为那些小国之间的屏障更突出，而河流的统一效应又没有那么明显。不过，最终由于这些屏障并不完整，巴比伦尼亚的各个部分还是不得不组成某种形式的联盟。但是希腊的岛屿和半岛却不同，当海洋是一种屏障时，它不仅使一个地方与其他地方完全分隔开，而且还使所有地方彼此完全隔离。甚至当海洋变为联系的纽带时，距离仍然是一种阻碍，它的边界不是一条线，而是一个区域。

这些条件通过使一种进程出现的可能性大于另一种进程，不仅或多或少地直接支配着历史，而且也通过作用于希腊人的思想，间接但有力地影响着历史。希腊人看待海洋的眼光与腓尼基人不同。对腓尼基人来说，海洋是建立贸易路线的一种工具；而在希腊人眼中，海洋则是保持其独立性的一种手段。对腓尼基人而言，海洋本质上是一条通道；而在希腊人看来，海洋首先是一道屏障。主要出于这个原因，希腊文明的一个特点就是各个城邦强烈的独立情绪，不仅其他民族的国家有这样的感觉，就是希腊的各个城邦也相互能感觉到。地理特征上的巨大差异和由此产生的气候多样性，又使这种情绪得到了强化，即使在大陆上相邻的地区之间也不例外。于是，每个城邦都过于强调其自身独立性的结果，就是使得希腊人从未建立过一个帝国。

这种影响并不是短暂的。在大约公元前1000年时，在现代希腊所在区域占主导地位的文明形式经历了一次变化。来自北方的部落入侵了这片土地，使这里的文明一度出现了明显的倒退。但这并没有持续太久，新鲜血液的注入反而有助于加快希腊特有的文化形式的发展，并结出更好的成果。这一点与我们目前讨论的问题关系不大。我们要注意的是，虽然各城邦的分布有所改变，地理支配的作用却几乎没有变化，而城邦分布的改变之所以会发生，是因为地理支配对人类思想的不同影响，已经在不知不觉中使人们懂得了更多积蓄能量的方法。像较早的文明那样，新的希腊文明以同样的方式传播到爱琴海的各个岛屿和半岛上，但是由于人们对海洋的认知更深入了，它的通道作用更明显了，所以文明的传播速度也更快了。另一方面，经过漫长岁月得来的海洋是一种保护的经验，以及这一经验中隐含的人生观，在后来的历史中也如同在早期的历史中那样显而易见。

赫腊斯内部的历史也体现了地理条件的影响。新的城邦的确出现了，除了阿尔戈利斯和底比斯[①]外，又有了斯巴达和雅典，但其历史正如我们所预料的那样，由于各城邦之间的利益分歧，在三四百年里，希腊在我们眼前呈现的是一幅持续不断的万花筒景象。每一个城邦都少有安定，甚至每个城邦里的各个成员也是如此，人人都觉得个人要求必须得到尊重。因此，海洋的至关重要性便全都清晰地显露出来，希腊（广义上的）所有城邦的内部历史，就成了那些尽可能以陆地为依托的城邦同盟，与那些尽可能以海洋为依托的城邦同盟之间的争霸史。当然，正如我们所看到的，最终的胜利属于以海洋为依托的同盟，尽管由于其惯有的分离倾向，这个时间就其本身而言是短暂的。

希腊的外部历史也同样富有启发。我们已经知道，海洋对希腊人来说是一道防御屏障，而腓尼基人却将海洋视为一种通道。对腓尼基人来说，海洋没有什么保护作用，他们的危险不是来自大海，而是来自陆地。满怀热情的他们并没有竞争对手，顶多遇上个别与他们发生争端的海盗船，他们的航程从一开始就十分遥

① 此底比斯为希腊城邦，与古埃及城市底比斯同名。

远，而且非常分散。如果把所有腓尼基人能够施加影响力的土地都称作“腓尼基”，则其紧密程度远不如希腊，因为当时还没有海权的概念。腓尼基人从未想过要对贸易进行保护和防卫，就像农业民族对待农业那样，他们也从不认为航行在海上的商船需要像固定在陆地上的城邦那样组织防御。因为他们没有对手，这样的想法自然在情理之中。此外，虽然贸易需要保卫，但是海上并没有天然的防御屏障；大海之上四通八达，什么屏障也不存在。唯一的防御就靠水手们自己，在其他条件都相同的情况下，聚在一起的水手越多，其防卫能力就越强。反之，希腊人则把海洋视为战场，难以容忍其他人与他们分享海洋的利益，并且更能按自己的意志行事。因此也就难怪，当希腊人最终成为商人时，他们在把生意扩展到自己没有优势的地区时会变得小心翼翼，而对于他们比较容易进入的许多地方，则用武力剥夺腓尼基人在那里的贸易权。腓尼基人从不在意是否应为自身的利益而战，当他们感受到竞争的压力时，就会去往别的地方，因为他们知道别处自会另有天地。因此，在成为商人的过程中，受腓尼基人前车之鉴的刺激，或是由于地理条件的必然结果，或者更有可能是受这两种因素共同支配的结果，希腊人最终把他们的对手从地中海东部驱逐了出去，将那里据为己有。

不过，希腊人并非只与腓尼基人发生了冲突。我们知道，自尼尼微陷落以后，亚述帝国的大部分为米底人所控制。米底人的兴旺没有持续多久，又被来自伊朗高原边境山区的波斯人所取代。波斯人统治了亚述帝国的全境，并向四方开疆拓土，其结果是有史以来第一次出现了一个陆上帝国与一个海上强国的对垒。希腊的版图包括小亚细亚沿岸，波斯人征服了克洛伊索斯的吕底亚王国（该王国从未向亚述臣服过）之后，又向这些海岸地区逼近。波斯的统治者可能以为这里的居民会像腓尼基人那样立即屈服。腓尼基人几乎没有保护海权的意识，他们的处世原则就是顺从暴力，交纳贡品，以便能够像从前一样继续经商。对他们来说，这是很自然的事，是为获利支付的代价。但是希腊人看问题的方式却不同，这再度体现了地理条件对心态的刺激作用这一重要事实。即使是小亚细亚的希腊人，也把独立看得重于贸易，而小亚细亚沿岸地区只是希腊的一部分。他们的眼光在大海而非陆地之上，他们是背对着波斯，而不是面向着它。腓尼基沿岸的腓尼基人无法从他们开辟的殖民地那里得到帮助，而小亚细亚的希腊人却能源源不断地从他们海外的同胞那里获得援助。居住在大陆上的希腊人有可能暂时被武力所征服，但是在大海另一边的陆地和岛屿上还有其他希腊人建立的根据地，一个陆上强国如果没有一支舰队就无法抵达那里。一个海上民族只能通过一个海上强国去征服。因此，波斯最后是使用其属地的船只，尤其是腓尼基人的战舰，也有西利西亚人甚至埃及人的战船，试图征服大海另一边的希腊。薛西斯率领他的大军（其人数之多有可能是世界历史上前所未有的，或者为后来数百年中所仅见）从陆路出发，许多惊恐万状的希腊人未经一战就屈服了。但是在萨拉米斯，正如世人所知，小小的海上城邦国家雅典孤注一掷，在第一场大海战中摧毁了薛西斯的舰队，葬送了这个东方大帝国有效控制海洋的任何企图。我们现在要关注的乃是波斯君主的心态，薛西斯并不缺乏舰船，他缺乏的是对海洋的认识，这才是问题的关键。在这场战役结束时，薛西斯手中能够作战的船只仍多于希腊人，但由于薛西斯来自大陆，海洋在他的眼里是一个陌生的事物，他不是一名水手，他信不过大海，于是选择了撤退。如果他的舰队被完全摧毁，撤退也许只意味着他经历了一场不幸的失败，他还可以卷土重来。但是，他在自己的战舰数量仍占优势的情况下撤退，则意味着承认海洋已超出波斯帝国的统治范围之外。

这件事发生在公元前480年。之后不到一个半世纪的时间是希腊的黄金时代，生活在那里的人们创造了不朽的希腊文化。在整个这段时期内，海洋的直接或间接影响一直很突出。最有意义的当属历史上那个十分著名的故事——“万人大军”的呼喊。[①] 其时，在经历了数月的漂泊之后，黑海的水面出现在了他们的眼前，那“大海！大海！”的呼喊声深切地反映了海洋在支配希腊历史方面所发挥的影响。而更引人注目的是，那支军队的大部分成员是斯巴达人，他们对海洋的重视程度事实上比他们的同胞还稍差一些。

作为对海洋最为依赖的城邦国家，雅典在瓦解薛西斯的武力上发挥了主要作用，这是很自然的事。随后，雅典也不可避免地成了希腊的领导者，而且时间比其他任何城邦都长。但这个时间就其本身来说却很短暂，只有大约60年。在着手进行海外征服时，雅典的一支舰队在西西里被其他的海上民族消灭，它的威望也随之转瞬即逝。当它的另一支竭力保护着从黑海运来的谷物供应品的舰队，在达达尼尔海峡也被敌人消灭时，雅典再也承受不起这一挫折所带来的压力。雅典因饥饿而低头屈服，并再度变得无足轻重。

① “万人大军”的呼喊（shout of the “Ten Thousand”）：该故事出自古希腊历史学家、作家色诺芬（约前430—前354，一说前427—前355）的著作《长征记》。

继雅典之后兴起的城邦是斯巴达，但只维持了一代人多一点的时间，斯巴达之后的底比斯只兴旺了大约10年，便再度没落下去。底比斯从未控制过海洋，斯巴达在雅典衰落后也只享有了几年的支配时间，然后雅典重新获得了对海洋的部分控制权，另有一部分为小亚细亚的希腊城邦获得，还有一部分由腓尼基人所掌握。而后者，正如我们所知道的，受其处境所迫已经与波斯站在一起。小亚细亚大陆上的希腊城邦，虽然不时能得到其他希腊城邦的帮助，却仍然情况不妙。因为有这些帮助，当希腊分裂时，虽然波斯至少有两次在名义上控制了整个希腊，但事实上它几乎谈不上行使了某种程度的统治。

要想把整个希腊合为一体，必须具备两个条件——有效地控制海洋和有效地控制陆地。希腊包括许多岛屿和半岛，显然，前者的统一依赖于对海洋的控制，后者却总是易受来自陆地的攻击。当一个有组织的陆权强国出现时，位于现代希腊辖境内处于分裂状态的各个城邦被迫暂时合而为一，接受一个单一的霸主。当这个陆权国家进一步拥有了海上霸权时，就会出现一个足够强大的国家，不仅使整个希腊慑服于它，而且在短时间内将与其有关的整个世界都纳为一统。腓力二世和亚历山大大帝统治下的马其顿的征服，就表明了个人在历史进程中所起的作用。然而，地理支配即便不像在其他情况下那么明显，但它在这种情况下的作用也与其他情况下别无二致。如果细想一下我们称之为“地理”的这些环境条件对于人类思想产生的潜移默化的影响，它所起的作用也许就更为明显。

这个为当时的文明人所知的小世界，包括埃及、美索不达米亚、希腊和它们之间的地区。住在这个以山地和沙漠为边界的圈子里的人们，对外面的陆地和沙漠只有一些模糊的了解。东部的山地民族米底人和波斯人，曾经突然扑向美索不达米亚，并向西横扫过去，直到其征服的脚步受阻于海洋和希腊的高地。这么做的结果，就是迫使希腊人（尤其是欧洲的希腊人）开始注意到一个东方的文明大国的存在。希腊人于是回首东顾，并逐渐认识到他们的东征其实比薛西斯的西征更为容易。就个人而言，因为希腊人的出生和教养均优于亚洲人，"万人大军"的呼喊一事就表明了这种入侵是可能的。斯巴达的阿格西劳斯二世已经有过一次入侵，而色萨利的贾森[①] 则梦想以一个统一的希腊征服波斯。但阿格西劳斯和贾森都未能达到目的，虽然其原因只是希腊太不团结。因此，以希腊的武力征服东方的想法并不是什么新奇之事，而是地理条件的自然结果。

马其顿的成功同样是地理条件的结果。马其顿与希腊不太一样，它与海洋的距离比希腊的任何城邦都更远，并拥有全希腊最长的河流和最大的河谷。因此，马其顿人不像希腊人那样是海上民族，他们大部分是陆地居民和山地居民。他们受近邻希腊人的教化影响程度很深，但因为与海洋距离较远，故保留了更多的原始习俗，尤其是对领袖权威的服从。这个特点使他们成了优秀的战士，尤其是当战斗变得更加科学，战斗中需要高效地使用能量，军队变得更像一台机器，而当数千人被训练得步调一致时就更是如此。他们的位置远离来犯之敌，而一旦时机成熟，他们却成功地把自己的权威强加到了希腊全境，实

① 色萨利的贾森（Jason of Thessaly）：也称斐赖的贾森（Jason of Pherae），马其顿国王腓力二世掌权之前色萨利的统治者。注意这个贾森与古希腊神话人物中的伊阿宋不是同一个人（贾森是希腊语人名伊阿宋在英语中的名称）。

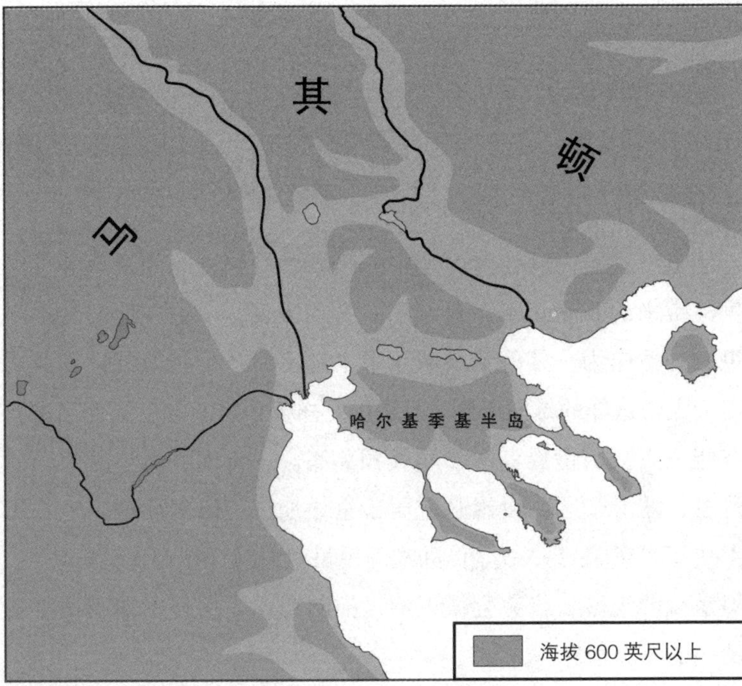

图 5–1 马其顿

现了其他国家未能实现的梦想。

马其顿也不像波斯那样缺乏对海洋的了解，向河谷以外进行的扩张，使它立即与哈尔基季基这个最突出的半岛，以及半岛上许多以海洋为生的商业城邦建立了联系，更进一步的扩张又使它迅速取得了支配赫勒斯滂① 的地位。

因此，马其顿所处的地位与波斯或斯巴达大不相同。波斯和斯巴达基本上都是以陆地作为根基，并曾试图控制希腊，来

① 赫勒斯滂（Hellespont）：达达尼尔海峡的古称。

自远方的前者企图控制小亚细亚的沿海城市，而后者曾经越过并非由它主宰的海洋，在短时间内控制了赫勒斯滂。马其顿则是一个控制了海洋的陆权强国，因此比波斯和斯巴达更为强大；哈尔基季基半岛外围没有可供一个对立的海权强国作为基地的岛屿，而且整个海岸近在咫尺。

不难预料，居住在山地中的民族感受到不同的地理条件给生活带来的新变化后，必定不会无动于衷，不想在他们的世界里有一番作为。其他希腊城邦中也有可能产生腓力二世和亚历山大大帝这样的雄杰人物，但是在发祥于希腊的各个势力当中，有能力去征服世界者却非马其顿莫属。一方面，由于有大陆的背景，陆上帝国的设想必定居于主导地位，何况征服土地必须由陆军来完成；另一方面，陆地居民虽然对海洋抱有天然的恐惧，但敏锐的观察者终究会认识到，控制海洋是实现雄图霸业必备的一个先决条件。

腓力二世利用希腊人的猜忌，把希腊各个分离的城邦纳入马其顿的治下。亚历山大大帝凭借其舰队和陆军，首次采用海陆联合的手段，征服了几乎所有已开化的土地，并使希腊文明的洪流泛滥到整个小亚细亚、埃及、美索不达米亚、波斯高原和图兰，甚至一度搅扰了印度民族，作为基本上与外界隔绝的民族，后者已经逐渐发展出了自己的文明。

但是，希腊人的理想不是帝国而是政治。帝国已经由两位君主建立起来了，可希腊人在政治上的才干却并未取得进步。这就难怪在亚历山大大帝死后，他的帝国也随之瓦解，地理上自成单元的埃及、美索不达米亚、伊朗、小亚细亚、希腊和色雷斯分别落入了不同的人手中。在随后的动荡中，这些地区也逐渐分离，尽管在很大程度上仍由希腊或马其顿的王朝所统治。仍旧深受其内部纷争困扰的希腊，不久之后就被来自西方的新帝国吞并了。

但是，海洋仍然继续支配着希腊的历史。整个地中海东部已经为希腊文明所浸染，希腊式的城邦出现在了外国的土地上。埃及的首都也第一次建在了海边。古都底比斯和孟菲斯都位于内陆，当希腊人统治埃及时，他们把首都定在了亚历山大港，他们可以从这里得到大海另一边来自赫腊斯的作战基地的新力量的支持。安条克也因其处于南北高地之间的门户位置而迅速

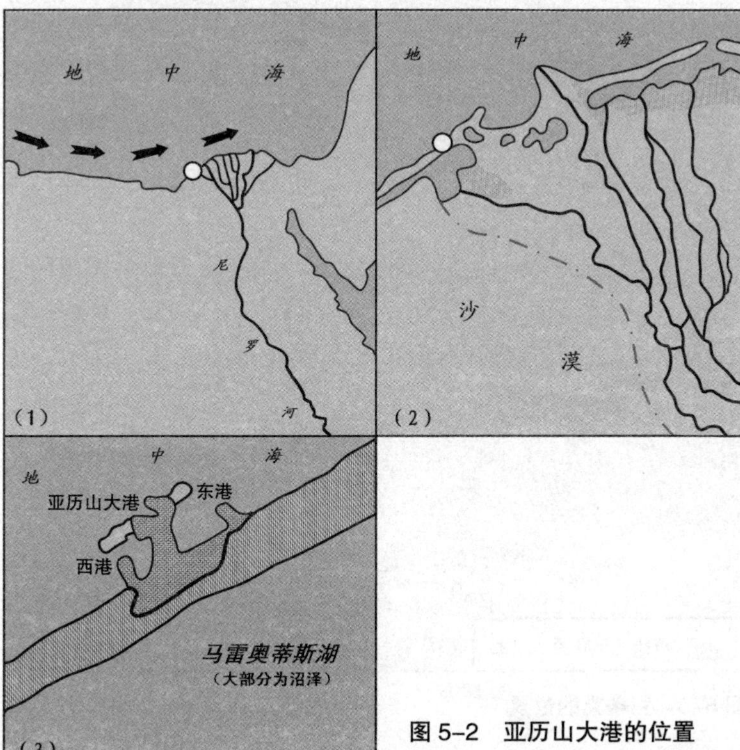

图 5-2 亚历山大港的位置

发展，重要性日渐增加。从这里出发，经由或许是必经之路的幼发拉底河，可以抵达巴比伦尼亚。安条克还是海上和陆地通道的连接点，从拜占庭出发经陆路沿小亚细亚中部干燥地带的边缘到达此地的旅客，既可以选择去往巴比伦尼亚，也可以选择前往埃及。

亚历山大港建在尼罗河河谷的西部入口处，以避开河流带来的淤泥，这些淤泥在海流的裹挟下向东流去。亚历山大港位于沼泽和沙漠之间一块坚实的土地上，那里有一个天然的良港。

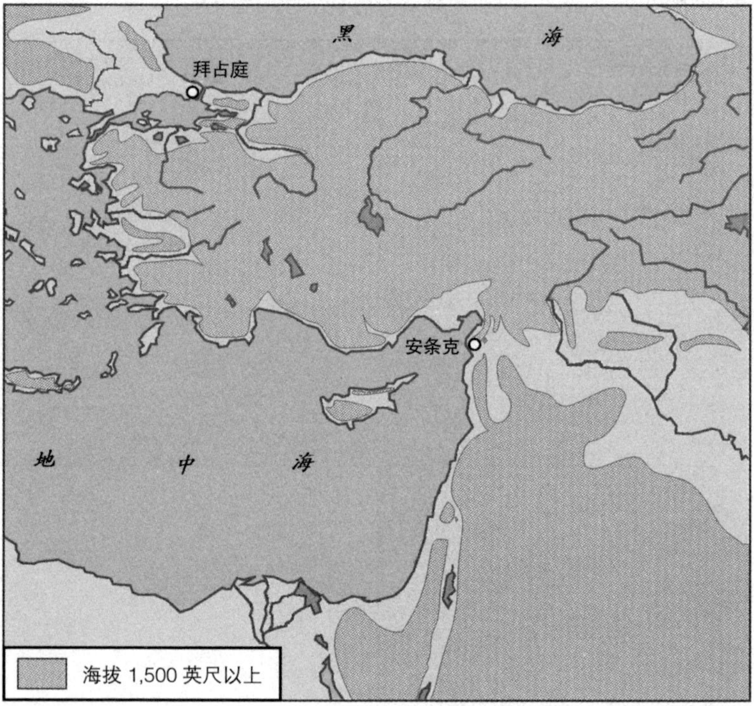

图 5–3　安条克的位置

亚历山大港在一个岛上（从建城起就与大陆相连），背靠沼泽湖，适合防守。

在叙利亚和埃及，尽管希腊人的身份只是商人和统治者，属于不同的阶级，但他们却给整个地区（在当时被视为整个世界）带来了社会统一的理念。几个世纪后，当罗马帝国解体时，拜占庭这个希腊城市再度继承了特洛伊人先前的传统，控制了爱琴海和黑海沿岸，且一直是东罗马帝国首都的所在地，而这些沿岸地区则是东罗马帝国在被土耳其人的洪流吞没之前的最后残余。

这种反差至今仍然存在。希腊人仍然居住在爱琴海沿岸和海中的岛屿上，现代希腊是最早摆脱土耳其人统治而获得独立的国家之一，其独立是通过发生在西海岸的纳瓦里诺战役赢得的。萨洛尼卡和哈尔基季基半岛再次回归希腊的版图，而希腊也再次成为一个由陆权支配的国家。

II. 迦太基

我们已经看到，早期文明的和平发展机会是如何在各种形式的保护下获得的。地理条件既为人类提供保护，也支配了人类获取能量的方向。这种支配具体体现在两个方面，一是确定阻力最小的行动路线，二是通过影响人们的思想，使其选择一个起初可能会很困难，但从长远来看却更为容易的行动方案。为了理解历史的下一步进展和地理支配的行为方式，现在我们必须牢记以下两点：

在很久以前，居住在上述地区的民族就受到这些支配的影响。在此影响之下，人们的性情、爱好、习惯和生活方式都已固定，所以，尽管后来有些族群被迫或因受诱惑迁徙到了其他地方，但是经过许多代人养成的这些特征仍会遗传给他们的后代。这种“遗传”是如何进行的并不重要，有时可能是某种直接的生理遗传，有时也可能是通过某种形式的教育而产生的直接或间接的遗传。

从这时起，历史就不再像早期阶段那么简单。人类在一组环境条件下得来的经验教训，必须加以修正以适应新的环境条件。新的地理条件的支配结果，有可能受人们头脑中旧的地理条件的持续影响而有所改变。其原理就是我们在第一章中谈到的十分重要的“动量”概念。

此外，尽管有些得天独厚的民族能更快地掌握使用能量的技能，尽管他们在积蓄能量方面的成绩是如此引人注目，但是，其他的民族和种族或许是受了程度更高的文明的刺激，对如何提高生活质量的认识也并不落后。在世界范围内，文明的平均水准逐渐提升，但与文明的创造者比起来，那些只是效仿而无创造的民族，其重要性必然要低一些。到了我们现在讨论的时代，许多民族的文明程度已经高于前面谈论的古埃及人，但还有一些民族发展得更远。处于发展前沿的民族往往能够支配落后的民族，因此世界历史主要是由先进的民族决定的，而这种先进的形式会受到地理条件的支配。

牢记这些事实，我们就会明白接下来的这个阶段的进步是一种自然的进步，而地理条件对于这种进步起了直接和间接的支配作用。

受所处位置的影响,腓尼基人成了海上的商人,也正因如此,他们发现在海岸地区建立较为固定的贸易站,可以为货物转运提供很大的便利。于是,整个地中海沿岸都有了他们的贸易站。由前述已知,希腊人逐步地把他们的对手从爱琴海沿岸驱逐了出去,而亚历山大大帝通过把黎凡特的全部海岸乃至亚历山大港都纳入自己的囊中,只是给了地中海东部腓尼基人庞大繁荣的商业社区最后的一击。

但是,腓尼基民族在地中海西部的商业社区仍然存在。这些社区是由远在希腊势力范围之外的腓尼基人建立的,而且当马其顿统治下的腓尼基人感觉到压迫太过沉重时,这些社区还会不断地得到来自黎凡特海岸的成群结队的移民的补充。这样的殖民地只是一些单纯的商业工厂,就像英国在印度建立的商务公司那样。其中最重要的就是建立在如今的突尼斯的城市群。从非洲地图上可以看到,在非洲西北部的沙漠和大海之间有一个狭长的地带,每年西风盛行的季节会给这里带来降雨。此处的地形以高地为主,而高原又占了其中的大部分。这里的确像是一个“岛”,为某种形式的文明发展提供了机会,但是由于它面积太大,一个在组织上未达到相当完善程度的国家,亦无法对整个地区实施统治,[①] 而此地的同一性又使其难以划分成较小的部分。不过,该地区的东西两端与中部稍有不同,包含了一些平原和河谷。在东部或突尼斯的顶端,即离他们的故乡最近的地方,腓尼基人本能地建起了自己的殖民地。殖民地居民与当地的土著人关系融洽,并不以此地的主人自居。他们是商人,

① 注意这与能量的积蓄有关。——原书注

在他们看来，占领土地乃无益之举。这种行为与他们当前所处的环境无关，而是他们受从前的地理条件影响的结果。他们的行为仍然跟从前视海洋为“通道”时一样，只是在地中海西部，并不存在相应的陆上通道而已。

现有的地理条件也会产生影响。腓尼基人在自己的故土时，是处在两个帝国之间，一个帝国位于尼罗河畔，一个帝国位于两河流域。他们已经习惯了其他民族的统治，自己则在陆地和海上经商。但在新的环境中，腓尼基人却是强势民族。没有统治者的现实甚至使他们自己看起来就像是统治者。他们在土著人的土地上定居下来，与他们做生意的土著人也没有统治他人的经历。这些环境条件对历史也会产生影响。与在腓尼基时只有提尔和西顿等个别出类拔萃的城市不同，腓尼基人在迦太基建立了很多这样的城市，甚至还建立了一个帝国来统御它们，并将几乎整个现代突尼斯的疆域都纳入其直接统治之下。

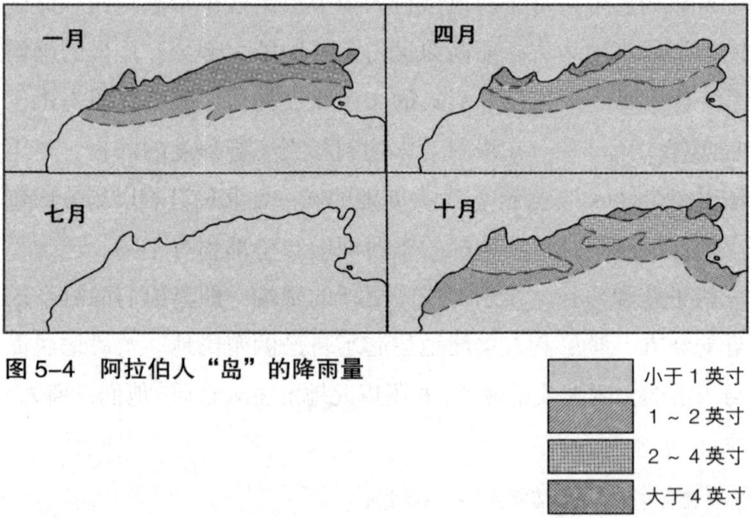

图 5–4　阿拉伯人“岛”的降雨量

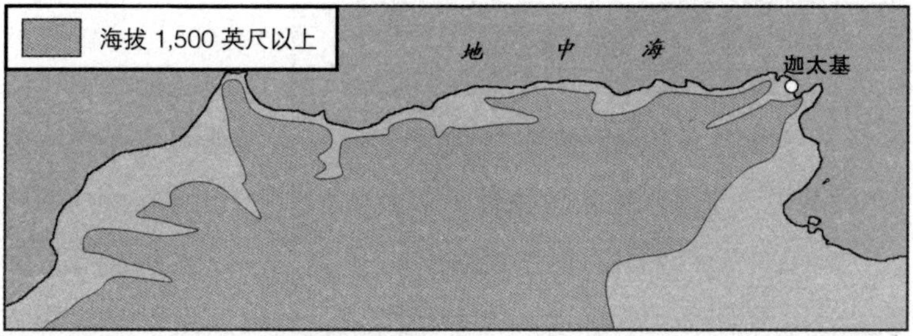

图 5–5　阿拉伯人“岛”的地形

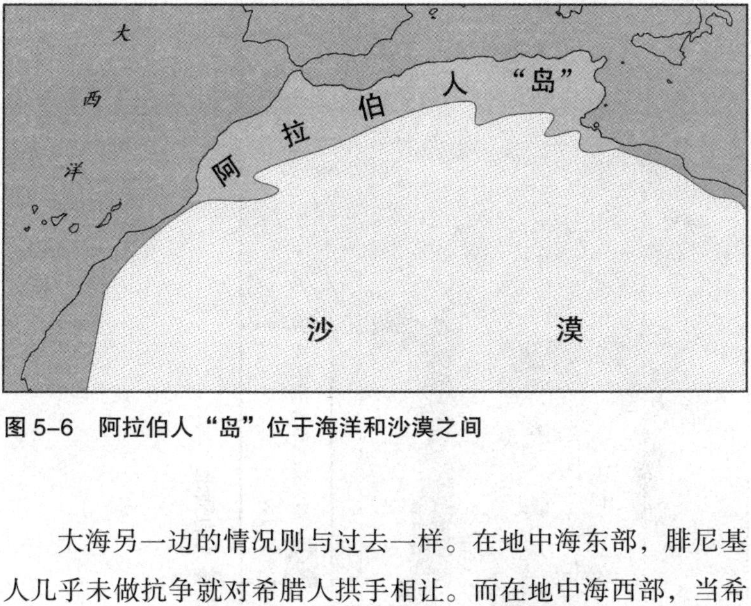

图 5–6　阿拉伯人“岛”位于海洋和沙漠之间

大海另一边的情况则与过去一样。在地中海东部，腓尼基人几乎未做抗争就对希腊人拱手相让。而在地中海西部，当希腊人竭力向西扩展殖民地时，迦太基人拒绝从商业上撤出。有了可以依托的陆地，或者说有了他们希望的那么多的陆地作为依托，迦太基人在整个地中海西部建立了一个以贸易为基础的海上帝国。非洲北部海岸、西西里岛西部、撒丁岛、科西嘉岛和西班牙南部都处在迦太基的统治之下，没有任何外国商船敢

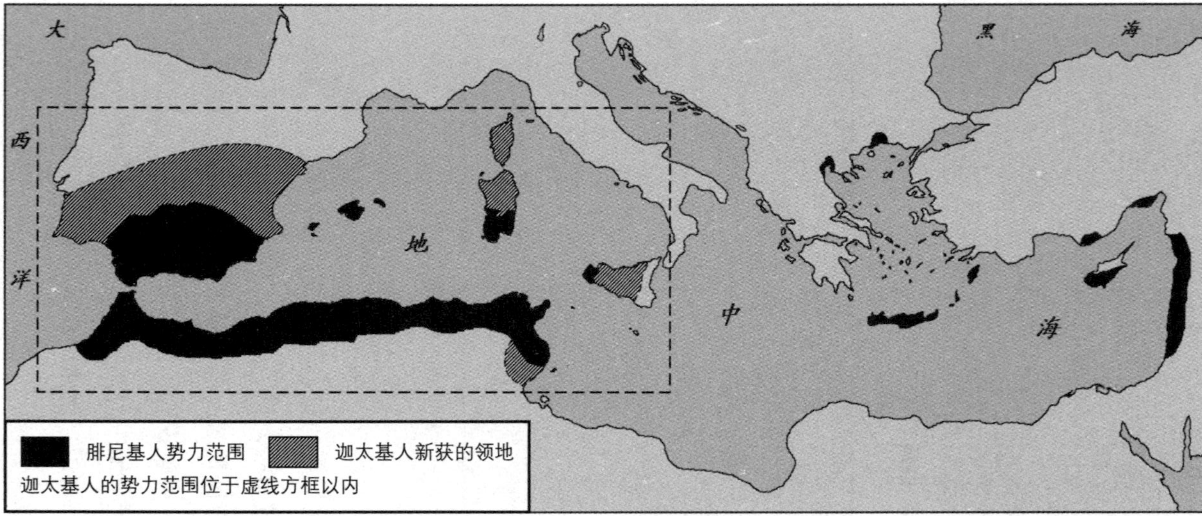

图 5–7　腓尼基人和迦太基人的领地

于冒险闯入这些陆地和岛屿之间的海域。

这种统治的特征也是地理支配的结果。在地中海西部，由于海岸线完整无间断，而且小岛稀少，所以也缺乏作为希腊文明长处和弱点的那种个人独立精神，因此迦太基帝国自建立起便相当稳固。迦太基也有自己的优势，偏僻的位置使它一般不会受到来自陆地的威胁，事实上，迦太基受到的攻击都来自海外。

但这个位置也有它的弱点。主要由于地理条件的原因，迦太基人统治下的民族并未达到较高程度的文明。因此，迦太基人是把他们当作劣等民族来看待的，迦太基人的统治也像亚述对其征服地的统治那样，采用的是高压手段。随着迦太基帝国的发展，土著人与商人之间的情谊也被对征服者的嫌恶和仇恨所取代。因此，当迦太基与另一个帝国相遇时，由于后者已经有了别样的为政经验，知道如何更好地发挥人力的优势，于是迦太基的失败就不可避免了。这是因为即便其他条件几近相同，双方的舰队和陆军也运用得力，迦太基仍然处于不利的地位。迦太基的陆军是由对主人并无同情心的人组成的，他们对迦太基的支持力度完全取决于他们所获得的报酬。这笔钱来自经商的利润，是迦太基人积蓄的能量的体现。但是当迦太基人失去了制海权后，经商的利润也随之消失，于是他们也就被自己的雇佣军士兵抛弃了。而且他们也没有爱国主义作为支柱。当迦太基因丧失了制海权而崩溃时，这种崩溃是完全而彻底的，腓尼基人从此就销声匿迹了。

第 6 章

海洋和陆地的差异：高地和低地——罗马

世界历史的下一阶段，其起因要比前文所讨论的复杂得多。此时，我们关注的地理条件不再是单独的一组，而是有许多个组，每一组产生的影响一个比一个大。此外，还须铭记此前整个历史的累积影响。我们所说的罗马人可能意识不到这些影响，但这些影响确实存在。罗马帝国继承了此前创造历史的各民族的伟大文明成果，这使得它对未来历史进程的影响力或许比其他任何国家都要大。然而，若是没有之前的那些帝国，罗马也几乎不能成其为罗马。因此，此时地理支配起到的是间接的作用，而对早先的那些帝国来说，地理条件则是它们存在的主因。

将早期帝国的历史教训综合起来考虑的动因，同样来自地理支配。迄今为止，我们已经看到了三个完全以陆地为根基的帝国——埃及、迦勒底[①] 和亚述。埃及和迦勒底有天然的地理条件作为保护，亚述则仰赖自我保护。然后，我们看到了三个后继的

① 指亚述帝国灭亡后在巴比伦尼亚故土上建立的迦勒底王国，也称新巴比伦王国。

称雄海洋的民族，即腓尼基人、希腊人和迦太基人，三者的情况分别是缺乏天然条件的保护，拥有天然条件的保护和依靠自我保护。偶尔会出现一位既懂得陆地价值又懂得海洋价值的领袖，并凭借其洞察力以及赋予他这种洞察力的非凡才智去征服“世界”。因此，接下来的发展将会出现在伸入海洋的陆地之上，以及创造历史的诸多势力交锋的地区，实在是不足为奇。

显然，意大利特殊的形状和位置，以及与古文明既有联系又相分离的事实，预示着这里将会出现一个新的伟大的文明中

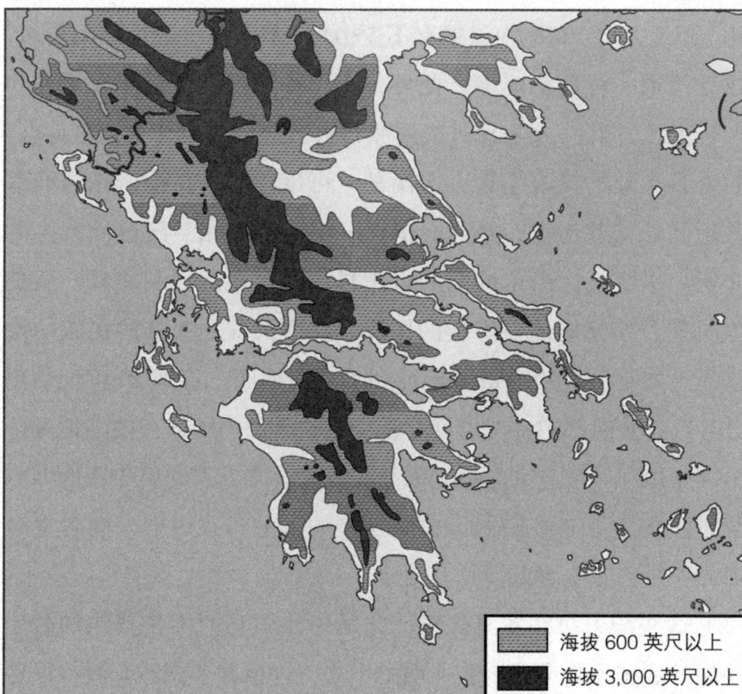

图 6–1　现代希腊地形图

图中显示了中央山脊及其支脉。

心。而若是考虑到其地理结构上的细节，这一点就更是显而易见了。如果我们将意大利与希腊比较一下，就会看出它们之间的明显差异。希腊的整个山脉体系的构造特征是，中部为隆起的山脊，近海部分地势陡然下降，将其国土分割成许多小的半岛、岛屿和海湾顶端的滨海平原。而意大利却有一片从北方一直绕到西南部的、呈弧形凹陷并在东部升起的巨大高地。高地的外围面对着一片浅海，并朝西北方向延伸成为浅滩，来自周围山脉上的风化岩石碎屑填入其中，使其逐渐抬升形成了伦巴第平原。该高地除了在南边被大海切断外，很少形成半岛和岛屿，而且，弧形高地内虽然有不少山丘，却不至于严重阻碍交通，或者构成一种防御屏障。此外，意大利南部港口众多，北方却寥寥无几。因此，来自海外的民族很自然地会在南部找到立足点，而来自大陆的族群也会奔向南部。可以预料，在他们相遇的那些地区的某些地点，必然会出现一个因双方相互融合而产生的文明。事实上，后来的发展也正是如此。在意大利北部，从史前时期开始就居住在那里的民族，在来自欧洲大陆的民族的推进压迫之下，其后裔被迫迁徙到了沿海地区，直到 20 世纪初仍是如此；而南部的情况恰好相反，原始居民仍居住在内陆地区。

很明显，南方人大体上属于长颅型，北方人则属于宽颅型。长颅型的人分布在沿海，而宽颅型的人分布在内陆，前者来自海外，后者来自大陆。

这些势力将在罗马交汇，之所以是罗马而不是其他的某个小城邦或国家将会成为新文明的中心，这也并非偶然。看一下地图就知道，被称为埃特鲁斯坎亚平宁山脉（Etruscan Apennines）的区域，无论是与其西北方的利古里亚亚平宁山脉（Ligurian

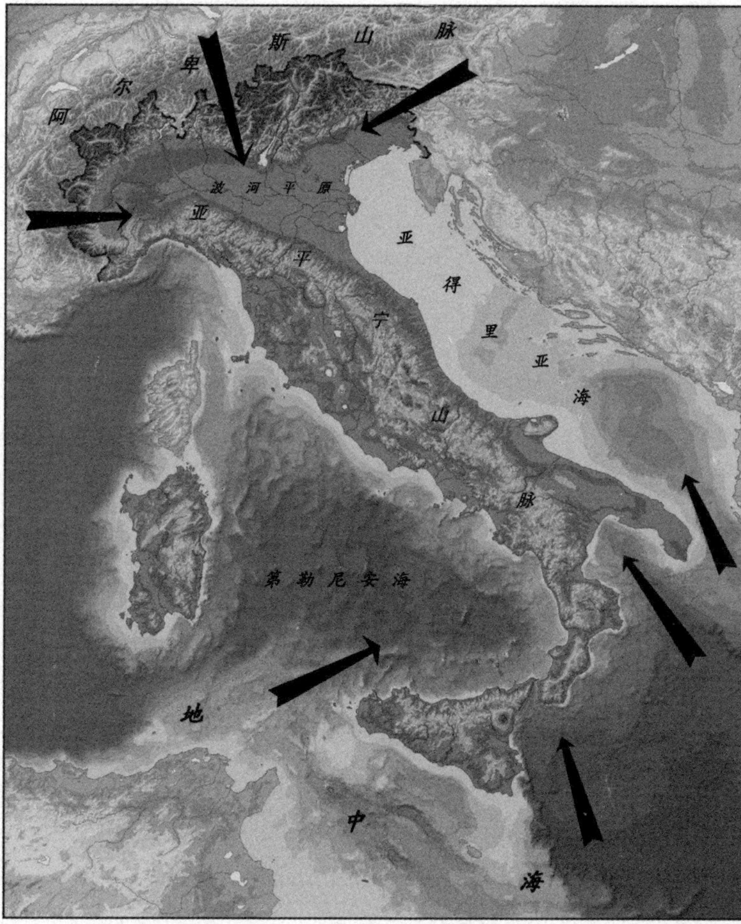

图 6–2　进入意大利的路径
北部通过陆路，南部通过海路。

Apennines）比起来，还是与介于罗马和东边的亚得里亚海之间的广阔高地相比，其地势都要低矮得多。南边的这片高地以陡峭的悬崖伸入海岸，因此人类沿东海岸的迁徙十分困难，这种困难

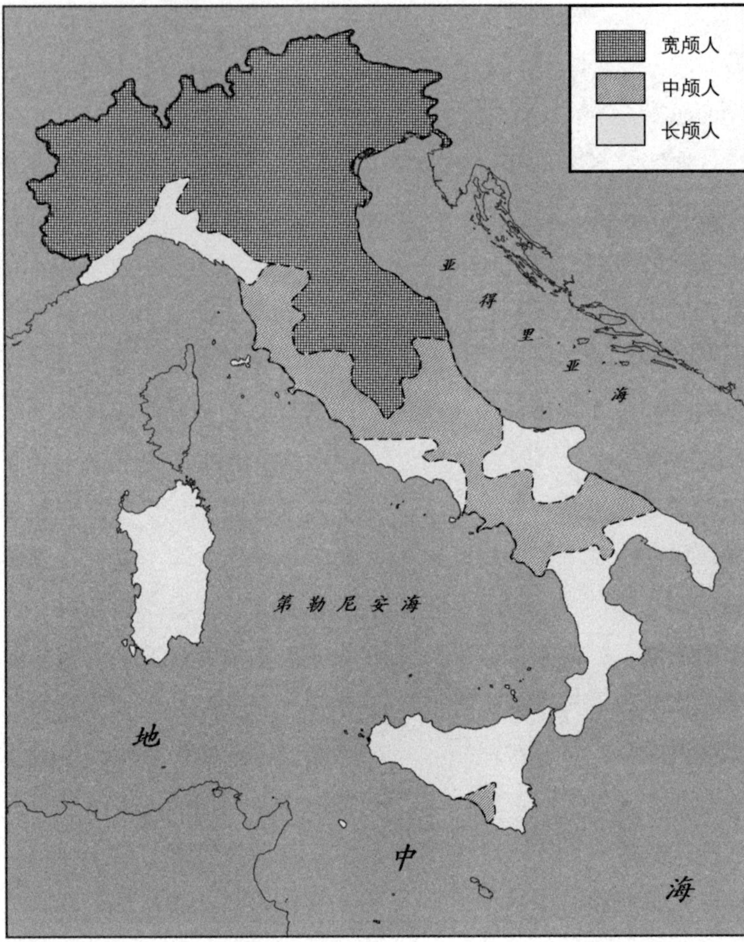

图 6–3 意大利人的颅骨类型及其分布

还因许多横亘在南北通道上的河流而加剧。生活在内陆的人从北部进入亚平宁半岛，在穿越埃特鲁斯坎亚平宁山脉时，几乎肯定要跨越博洛尼亚和梅陶罗河之间的某个河谷。当这一步完成后，他们必定会沿着中亚平宁山的西侧，取道台伯河[①]河谷一路向下游而去。即使他们穿过台伯河北部，这一推进也最有可能经由阿尔诺河上游的河谷，并沿着这条河与台伯河之间的谷地进行。无论如何，经由大海与高地之间的通道，生活在内陆的民族几乎肯定会来到罗马，而在这里，他们又必定会与以意大利南部各半岛和港口为基地的海上势力发生接触。因此，根据上述的地理条件，有充足的理由证明，基于海洋的文明与基于陆地的势力将会在意大利中部的某个地方以及罗马或其附近发生交汇。

至此已无须再做详细的讨论，唯有两点应引起注意，因为它们对阐释罗马帝国的历史有所帮助。如果说拉丁姆[①]比意大利的其他地方更有优势，那么罗马则比拉丁姆更胜一筹。罗马毗邻台伯河，这个位置虽然常常受到攻击，但也具备防守能力，其居民自然也会习惯于持续进行防御准备。他们可能会受侵略蹂躏之苦，但是不论成群结队的入侵者如何攻击他们，他们遭受的痛苦应该比南方的那些城镇要少。因此，相对来说他们会变得比自己的邻居更为强大，并成为拉丁姆地区的领袖。同时，虽然远古的历史模糊而混乱，但是我们已经预料到了这种情形。此外，几乎唯一可以确定的事实是，罗马城起源于定居在平原地区一些小山丘上的不同部落。在共同的危险面前，这些部落学会了搁置内部纠纷，而且也认识到最好的防御就是靠他们自己。罗马人由此学到了雅典人所未曾学到的智慧，即个人并非独立存在，而要考虑其他人的意见和性格。没有谁能够清楚地

① 台伯河（Tiber）：即今天意大利的特韦雷河（Fiume Tevere）。

② 拉丁姆（Latium）：意大利古国，位于罗马东南（台伯河东部和南部一带），毗邻第勒尼安海，于公元前3世纪被罗马征服。

图 6–4　罗马的位置
图中显示了罗马位于北方南下各通道的交汇点上，而南方民族也可以在此建立防御。

明白这一点，但是作为一个整体，他们却能够按此原则行事，因为他们凭经验知道，这样做是最好的。

当罗马开始向四周扩张其势力时，一方面，它更善于使这些地区臣服，另一方面，它也不太愿意施行不必要的统治。罗马的的确确就是意大利中部台伯河南岸的这样一个城市，其地理位置比雅典更为优越。此外，周围民族的开化程度与罗马的居民相差无几，因此这些民族比迦太基人所接触的落后民族更难以征服，但是在被征服之后，却能得到更多的平等待遇。在我们眼中，这些早期的罗马人可能很残忍，但他们或许比其他民族还是要好一些。大体上说，他们的暴行并不是肆意要给其他民族带来痛苦。那是一种经过算计的残酷，是从一个良好政府的利益着眼做出的决定，即从长远看是为了积蓄能量。因此，罗马政府不仅比希腊的城邦体制更加稳固，而且也优于迦太基的政体。

现在，我们已经看到这些重要的事实以及当地的自然条件，是如何促使罗马创生出一种前所未有的更高程度的文明的，尽管若是没有这些重要事实的存在，那里的自然条件也不会起任何作用。随着罗马势力的不断扩张，另一组支配条件的重要性也日益显现。意大利复杂的地形和环境也开始影响历史。我们已经知道意大利与希腊的半岛有何不同，而且也可以把它与伊比利亚半岛和丹麦的半岛做一对比。西班牙是以高地为主，丹麦则主要为低地。而在意大利，高地和低地几乎占据了相同的比例，陆地和海洋的不同环境，造就了意大利各地居民不同的人生观。南部沿海以希腊移民为主的地区，是名副其实的“大希腊”，这里的城邦居民都是财帛丰厚的商人。北方地区的教化与海洋文明关联甚少，所受的地理环境的影响与海洋完全无涉。此外，在丘陵和山区有牧人部落，在低地平原有农业民族，他们之间也存在着很大的差别。在罗马的北边有翁布里亚人和埃特鲁斯坎人，南边有塔伦图姆和图里等城邦，而在靠近台伯河下游平原的位置，还有萨宾人所居的丘陵和撒姆尼人所在的高地。因此，罗马在扩张成为国家时所面临的问题，与罗马城邦的问题具有同样的性质，因为罗马政体的教训已经在城邦阶段获得，这个国家的居民便能够设计出一种政府体制，在承认罗马具有至高权威的前提下，将各种社会力量的运用发挥到极致。

由地理条件催生的这种新的政体观念，对历史的影响体现在三个方面。

亚述帝国是建立在为了勒索贡品而征服其他国家的理念之上的。而在罗马，至少在早期传统政府的成形阶段并不是这样。罗马的理念是将不同的被征服地区“罗马化”（Romanize），使它们合而为一，同时承认各部分之间的差异。这一过程起初有些缓慢，但却十分彻底，结果在意大利中部形成了一个在情感上以罗马为共识的坚实的核心。由于这一事实，整个国家也就以这个城邦的名字命名。罗马国家的内讧从来不是因为厌恶罗马而起，而是试图获取更充分的政治利益。因此，罗马与迦太基和亚述之间有很大的不同。

罗马也不像希腊和腓尼基那样缺乏团结。罗马不止像提尔和西顿那样是同类城邦中的首领，也不仅仅如雅典那样充当联盟中的领袖。在某种意义上，罗马既与它们在这些方面有着共同的目标，同时又不止于此。罗马没有天然的地理保护环境，因此罗马人不得不进行自我防卫，虽然它的位置适合防御，但这仍与有天然保护的地区大不一样——一个雄壮有力，另一个则无此特征，就像我们在埃及和巴比伦尼亚所看到的那样。罗马政府或许认识到需要顾及个人的特性，但这并不意味着人们

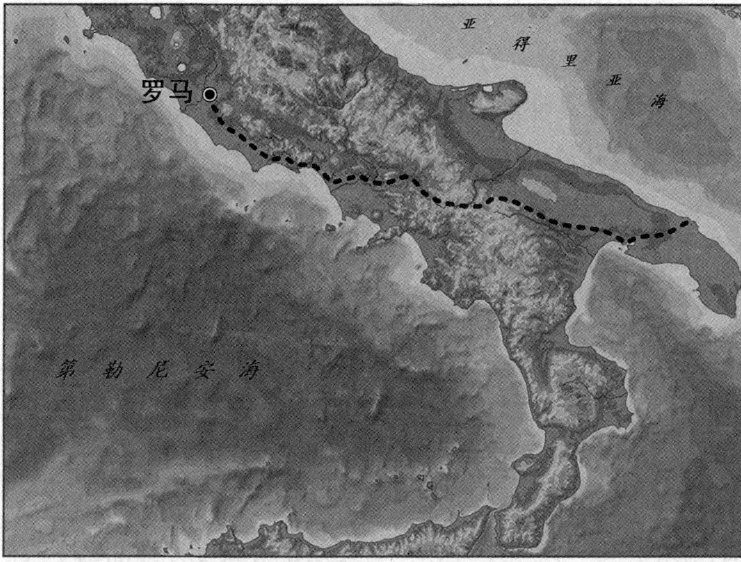

图 6–5　阿庇亚大道

该道路尽可能沿地势最低处建成。

就该受柔弱或欲望的左右而逃避责任。罗马的利益是至高无上的。罗马不仅有一个共同的目标，而且有一个中央集权的政府。

罗马人在节省人力方面的伟大发明也是出于同样的心态。罗马人最早提出，道路的规划和建设应当符合战略的或是商业的目的，这一点完全符合我们的预期。罗马人阿庇乌斯·克劳狄应该是有史以来第一个拥有一条道路的人，这条道路就是阿庇亚大道（Via Appia），它位于罗马南部的平原上。出于节省能量的考虑，一个良好的中央集权政府即意味着应该有一个中心，而周围各地区应该很容易抵达这里。欲达此目的，在陆地上最便利的途径就是道路，但道路此前尚未在世界上出现。在迦勒底和埃及漫长的早期时代里，人类是凭借“通道”从一个地方去往另一个地方的。人类及其随行的牲畜全程都必须步行，携带的物品都靠牲畜驮载。此后，腓尼基人发现借助水道比陆路更容易，在能量消耗一定的情况下，桨和帆能创造更大的效率。罗马人的发现则是，人和牲畜在平坦而坚实的地面上要比在起伏而柔软的地面上行动更为便利，而且在平地上使用车轮好处更多，在这种情况下，牲畜拉的货物重量要远大于它们所能驮载的。前人无疑已经知道使用道路和车轮，但是大规模使用它们的方法应归功于罗马人。在这一点上，地理条件直接或间接地起了主要作用。埃及和迦勒底的冲积土壤很不适合修建道路，尤其是在迦勒底，石头的缺乏更使道路建设成为不可能之事。而在沙漠中，无论是在埃及周边还是在埃及与迦勒底之间，运动可以向任何方向进行。筑路的动机几乎不存在，尤其是通行量又少得可怜，而且在建的道路也有可能很快就被沙尘所掩埋。更为重要的是，人们看不到集中人力物力用于修筑道路有什么价值。亚述的情况也与此类似。腓尼基人不管是住在腓尼基还是迦太基，都只把海洋视为通道，没有在陆地上修筑道路的想法。希腊在地理和政治上都缺乏团结，这足以说明为什么希腊人也不建设道路。他们希望与邻居彼此分开，而不是绑在一起。但是在罗马，因为没有沙漠或海洋这样的天然通道，便存在修建道路的动机或刺激，而充足的石头又使造路在地理上成为可能。

在公元前 300 年之后的短时期内，罗马就把整个意大利半岛纳入了它的统治之下，此后，它继续向周围的陆地和海洋扩张帝国的疆界。罗马人的推进路线还是沿着他们过去的老路。罗马政权的历史依然受海洋和陆地这两个地理因素相互作用的影响，只是由于罗马政权虽然仍旧以罗马为中心，但其疆域与过去相比变得更加广阔，因此这种影响也变得更为复杂。

（1）由于罗马国家超越了过去罗马作为一个城邦时的政权范畴，又因为它现在统治着整个亚平宁半岛，于是环境条件与台伯河畔的罗马城迥然不同的意大利，其地理条件便有了新的意义。罗马城的存在和发展，很大程度上是因为它正处于海上势力和陆地势力交汇的要冲位置。当罗马国家等同于整个半岛时，这些势力本身也有了新的内涵，因为此时这个国家不仅在南边与海洋有了更直接的接触（那里有总是能为海上入侵之敌提供立足之地的岛屿），而且也与北方的大陆有了联系，北方的入侵者开化程度较低，而且由于地域广袤之故，数量有可能相当庞大。因此，尽管罗马的扩张仍然发生在陆地方向，它却不得不像波斯那样建立一支舰队，以与那些邻近意大利海岸的敌对势力争夺制海权。这些都是全新的情况。

（2）但是因为罗马仍然是中央政府所在地，这个城市居民的传统仍对政局起着举足轻重的作用，因此，罗马城的环境和历史动量[①] 仍有很大的影响。

① 罗马人并不像波斯君主那样对海洋一无所知。罗马城与海岸之间的距离只有数英里之遥，不仅被罗马新近纳入囊中的南方诸城邦都是海洋型城市，而且在罗马早期时就有控制拉丁姆沿岸城市的传统。如果没有早期和后来对海洋不断熟悉的过程，罗马对整个半岛和南方岛屿的状况是否能有这么快的反应，是非常值得怀疑的。

① 历史动量（historical momentum）：指历史的持续作用，参见第一章相关内容。

② 另一方面，意大利并不是希腊。罗马是意大利其他地区公认的权力中心。罗马拥有甚至连马其顿也不具备的地位，它的整个统治不仅仅是一两个人的工作，很多公民都可以受命指挥军队或管理国家。当然，这些人并非都能胜任工作，但是在危机当中，人才也会脱颖而出。出于同样的原因，甚至罗马的战争机器也比马其顿的方阵更有效率，臣属国的政府也更为稳固。这种状况多半是缘于历史动量的作用，且在现有条件下有继续存在下去的趋势。

③ 罗马公民早期怀有的理想也影响了他们后来的历史。罗马人不是迦太基人，他们想要的不是通商，而是罗马帝国统治下的和平以及足以维持生活的土地。这是地理环境作用的结果，而且影响了这个得到极大扩张的国家的历史。

这些因素都应谨记在心。由于迦太基和希腊与亚平宁半岛及其南部岛屿之间的关系，罗马曾一再卷入与它们的冲突。罗马的陆军优于马其顿和迦太基的陆军，其舰队最终也被证明比任何敌对国家的舰队都要强大。公元前146年，迦太基被摧毁，希腊被迫承认罗马的霸权地位。当希腊和迦太基不再是独立的海权国家时，也就没有了与罗马争夺海洋主权的对手，于是地中海沿岸地区迅速落入这个掌握了制海权的强国手中。但是罗马人并不打算成为商人。介于腓尼基和希腊之间的罗得岛，长期以来一直是商业中心，罗马人并没有消灭这里的商人的企图，因为罗马的竞争对手不是他们。在海洋缺乏有效统治的情况下，混乱也就随之出现了。最初这种感觉并不明显，远征的军队取道海上最为便利，因为突然冒出的海盗不会攻击他们。直到罗马人开始从海外而非本土输入供应品时，他们才感到有必要肃清这些在东方的岛屿上建立了稳固基地的海盗。海盗之所以猖獗，不在于罗马有无制海权，而在于其是否有对付他们的意愿，这从庞培在短短40天内就把海盗逐出海外一事即可得到证实。当罗马想要主宰海洋时，它是完全能够做到这一点的。不言而喻，罗马是一个在规模上比希腊或迦太基都要大得多的海上强国。从那以后，地中海在好几个世纪中一直完全为罗马所有。虽然海上仍有战斗和著名的战役发生，但是交战的双方均为竞争罗马国家大权的候选人，而不是罗马与其外部的敌人。

在这种情况下，虽然罗马后期的很多领地都能经由海路到达（或者更容易到达），但也不是全都如此。此外，这些海外领地并非都是沿海地带，还有大片的内陆疆土需要管辖，并与中央政府保持联系。因此，尽管海洋在古罗马历史上是一个支配因素，陆地的作用也同样重要。

现在我们要讨论另外一个重要的地理支配因素。除了海洋与陆地之间的巨大差异外，还有一个就是高地与低地之间的巨大差异。注意这种差异并不是指丘陵和山谷之间，而是指高地和低地之间的差异。有些地区的海拔只比海平面略高一点，有些地区的海拔则达半英里、一英里甚至两英里。即便是两英里，若是在水平方向上其尺度也是可以忽略不计的，但是在垂直方向上，这却是个惊人的高度。因为在这样的海拔下，生存条件将会完全不同，空气稀薄，热量和水分也很稀少。低海拔地区与高原地区的生活条件的差异是始终存在的，这甚至会影响人的身体。黑人在海拔四分之三英里的地区很难生活，其原因大概就是空气稀薄之故。但这只是问题的一个方面。不同的海拔，生长的植物也各异，而且通常能量的积蓄也各不相同。因此，生活在高原的民族，在职业、习俗、食物、观念以及思维方式等诸多方面，必定不同于生活在低地平原的民族。生活在高原两侧低地平原地区的两个民族，不仅被山脉所阻隔，而且也被在很多方面与他们完全不同的高原民族所隔开，结果三个民族各自都会形成一个独立的单元。例如，阿尔卑斯山的最高点海拔为3英里,平均海拔为1英里,但是整个山脉绵延长达120英里。也就是说，重要的不在于阿尔卑斯山是座山脉，而在于它是个高原地带。现代的瑞士、蒂罗尔和萨伏依都是阿尔卑斯山区的高地国家或地区，其人民与其两侧低地的人民无论在过去还是现在都迥然有别。

我们已经知道，意大利有大面积的高原和低地。罗马统治下的人民之间的差异，就源于高地和低地之间的差异，以及海洋和陆地之间的差异；而同一种族中的佼佼者在意大利的一个小舞台上创立的先进政体，为其统治者提供了使不同地区臣服的手段。在罗马帝国后来的岁月里，有很多新征服地区的居民彼此之间天然地怀有敌视心理。

于是，曾经用于团结意大利的方法，被再次运用来团结这些地区的居民。因为不是任何地方都能以海洋作为通道，整个欧洲南部和西部的大规模筑路便应运而生,“条条大路通罗马”,也因此成了一句谚语。这再度体现了中央集权的趋势，因为所有的道路确实都通向罗马或从罗马出发；而各地区之间则很少有交叉连接的道路，以尽量减少它们的相互交往，降低它们联合起来对抗统治者的机会。这些道路自然也是沿着阻力最小的路线修建，它们都建在能量消耗最少的地段。由于这个原因，意大利周围土地上高地和低地的分布情况也变得越来越重要。

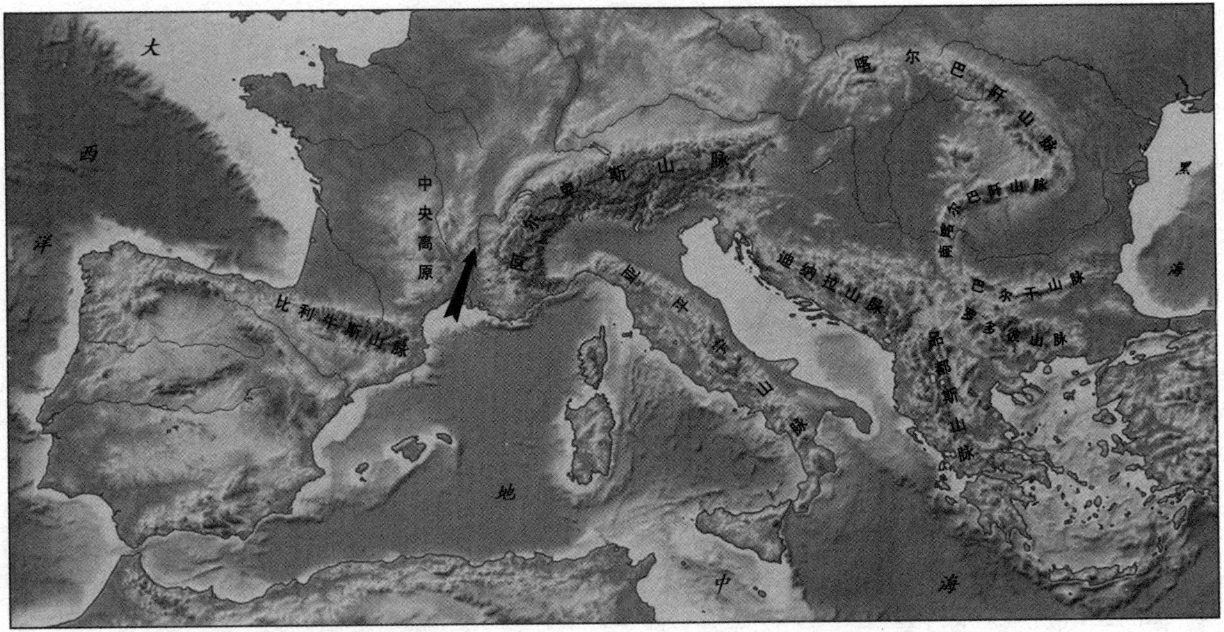

图 6-6　罗讷河构成的入口通道

罗讷河河谷的重要性在于，它提供了一条从地中海北上进入欧洲大陆的便捷通道。在史前时代，这条通道曾被森林阻断，但是铁斧的使用使森林最终得以清除。

从欧洲地图上可以看到，从黑海西部到罗讷河之间自始至终都是一条带状的高地，除非翻越相当高的山地，中间并没有通向外部平原的通道。西班牙也是一个高原。在阿尔卑斯山脉和比利牛斯山脉之间的缺口处有一座孤立的山峰，山体向南的一侧非常陡峭。但该山体并未将缺口完全封堵，罗讷河河谷在这里形成了与外部连接的一条通道——这是从地中海向北进入欧洲内陆唯一便捷的通道。因此，虽然阿尔卑斯山脉的高地被敌对部落占据，这条从海上进入的通道却很容易被罗马控制，而现代法国所在的那片土地也被罗马人迅速纳入其统治之下。

后来，罗马帝国又向东北和东方扩张。到纪元开始时，在控制了地中海之后，它的版图上又增加了整个地中海沿岸地区，以及莱茵河与多瑙河以西和以南的土地；同时，东方的小亚细亚和幼发拉底河以西的土地也被并入了它的疆域之内。这就是罗马帝国。在三四百年的时间里，这个罗马帝国统治下的和平时期，在差异极大、范围极广的土地上培育出了一种文明，这种文明除了对罗马帝国的权力与机构的共同依赖之外，并没有天然的凝聚力。帝国境内的各个民族能够和平相处，不必把精力消耗在战争上，从而能将其所在地区赋予他们的优势转化到有益的事情上面。

这个帝国是由一个权力集中于罗马城的政权建立的。其凝聚力主要来自它的人民在军事和行政方面的天赋，而这种天赋在很大程度上是由他们所处环境的刺激造成的。因为拥有这种天赋的是一个种族，而不是单独的个人，所以罗马帝国不像马其顿帝国那样昙花一现。它的强盛一直持续到了 5 世纪。以拜占庭帝国的形式延续的它，直到 1453 年君士坦丁堡陷落之后才最终灭亡，而它的名号，一直到另一位亚历山大大帝式的伟大人物拿破仑将欧洲的古老传统一扫而空后才归于寂灭。[①] 这再次显示了动量的威力，因为它原来的东西继续保持了下来。

如同其他曾经统治世界的帝国那样，罗马帝国走到了尽头，但是它的灭亡就像它的发展一样缓慢，因为地理支配的巨大作用以另一种方式显示了它们的存在。

（1）地中海是一片狭长的海域。罗马帝国的根基就建立在地中海沿岸的土地上，因此，罗马帝国的疆域也是狭长形的，其长度大约为宽度的两倍。帝国在南部的沙漠与大海之间仅占据了一条很窄的边缘地带。如果我们只考虑地中海北部亦即罗马帝国最重要的这部分土地，就会发现其长宽之间的比例更不相称。所以，一旦将整个帝国凝聚在一起的力量开始减弱时，就会自然而然地产生一分为二的趋势。

（2）地中海的东部不同于西部。由于东部远离大洋，由于它包含了埃及和美索不达米亚的绿洲，而且希腊及其岛屿也在这个区域之内，它与西部在很多方面都有着显著的不同。东西部之间的这种差异是始终存在的，这种差异甚至在罗马共和国变成罗马帝国之前就已经存在，而且贯穿于整个历史当中。因此，位于地中海东西海上势力交汇点的希腊西端的亚克兴角、勒班陀和纳瓦里诺等地，便成了双方激烈角逐的战场，[②] 这并非出于偶然。罗马帝国曾将东西两部分合而为一，但随着其凝

---

① 指以罗马帝国的继承者自居的神圣罗马帝国，于1806年在拿破仑的胁迫之下灭亡。

② 指对欧洲历史进程有重要影响的亚克兴角战役（公元前31年）、勒班陀战役（1571年10月7日）和纳瓦里诺战役（1827年10月20日）。

聚力的衰弱，两个部分又逐渐走向分裂。

（3）此外，撒哈拉沙漠位于地中海南部，因此不必担心攻击会来自这个方向；帝国的西边和西北方向是大西洋，早期更不存在来自这个方向的攻击。但是整个东北和东方是广袤的欧亚大陆，罗马在那里的统治只存在于一些边缘地带，大规模的敌人有可能来自那里，而且确实来了。为了更好地进行防御，政府的中心自然应该向东转移，以靠近需要防守的边界。由于罗马城曾经是全国的中心，这种局面得以继续保持，历史传统决定了罗马不可能骤然降为次要的城市。所以，当君士坦丁一世在君士坦丁堡建立了他的首都之后，罗马帝国就有了两个首都，一个在东一个在西，从而给分裂的趋势又添加了额外的动力。

（4）最后，罗马的存在归功于其公民具有保卫自己的能力，但也正是由于他们远离帝国以外的敌人的威胁，享受的承平日子太久，后来的罗马人逐渐丧失了防御和统治的能力。当敌人最终真正到来时，蛮族的军队放过了更新也更富有朝气的城市君士坦丁堡，但是古罗马城却在他们的面前陷落了。

于是，罗马帝国逐渐分裂成了凝聚力越来越弱的两个部分。东方部分以变通的形式，将古罗马的传统又延续了上千年之久，但是随着罗马城的陷落，远离中央集权政府的西方部分与东罗马帝国分离开来，成了独立存在并且常常抗拒统一的地区。

此后，由于支配的对象发生了变化，地理条件对历史的支配方式也变得不同以往。

意大利夹在来自海洋与大陆的各种势力之间，一旦海洋和大陆上的统治出现了权力真空，而它自身又孱弱无力时，意大利就只能听任历史的摆布，这个时间长达数百年。它的部分或全部一会儿落入某个强权势力的手中，一会儿又被东罗马帝国夺回，它不是成为海上民族的立足点，就是成为大陆民族的殖民地。来自北方的哥特人、伦巴第人和其他日耳曼蛮族部落，以及来自南方的汪达尔人、撒拉逊人和拜占庭人在这里大打出手，曾经作为意大利实力象征的高地和低地的多样性，现在则成了促使其分裂的附加因素，因此也就难怪意大利一直迟迟未能统一了。在过去的90年中，其最为引人注目的特征就是各分裂地区之间的相互对抗。

而帝国辖境内的那些高地和低地的多样性，对历史继续起着支配作用。过去的各个单元仍然存在，中世纪的历史就是这些单元一再地调整、重组和再重组，努力向较为稳固的均衡状态趋近的历史。罗马帝国对许许多多的地理单元都有直接或间接的刺激作用，并把它们带入了世界的舞台，只是每个单元的开化方式各不相同。中世纪的历史之所以混乱不堪，就是因为它主要是那些相互嫉妒的小单元试图结合成稳定形式的历史。在西欧，这样的单元碰巧既小又多，因为低地和高地分布在相当小的区域内，其中的居民相互间则充满了嫉妒与不和。

但是，切不可忘记历史动量的重要意义。因为历史与人类的心灵有关，思想同样是创造历史的一支力量。罗马人的伟大发现就是良好的中央集权政府能够积蓄能量，而帝国的构想和统治方法则作为一种理想的模式存留在了人们的心中，在把松散的单元结合在一起时，这种模式能够展现出非凡的效力。

这种构想因为另一个事实更凸显了它的重要性。罗马城的古老声望与帝国的构想这两大因素加在一起，使得罗马主教享有无与伦比的权力。尽管统治权已被摧毁，但是教会的权力依然存在，而且因为没有了与之有冲突的世俗政权，教会的权力变得更为强大。甚至在原来的地方行省完全消失之后，教会统御下的行省也仍然存在。因此，基督教在罗马帝国的西部而非东部广为传播，这种特定形式的基督教，本质上即罗马天主教。

在不同的地理单元所导致的自然差异的基础之上，帝国与教会二者的理想联姻的交互作用，是造就罗马沦陷之后的历史的主因。

第 7 章

平　原：入侵部落

到目前为止，在我们所讨论的历史进程中，其主要特征均归结为沙漠和海洋这两个地理因素对人类的支配和刺激，这两个因素对于组织结构简单、联系松散的社会都具有保护作用。其他的支配条件虽然也曾提及，但它们只对这两个重大的支配因素具有修正和补充的作用。被沙漠包围的沃土和四面环海的岛屿，是最早的文明发祥地。继之而起的是那些或多或少具备同样的地理条件，并且与早期文明社会有联系的其他人类社群，而且由于他们邻近早期的文明社会，因此必定也靠近沙漠和海洋。

这些社群既不在很少有刺激进步因素的赤道地区，也不在气候严酷、原始人难以生存的北寒带，而是大多位于地中海沿岸的人类聚集区。但地中海东部也存在早期的文明社会，后来的罗马帝国又将当时的文明直接引入了西欧。因此，欧洲（尤其是南欧）不可避免地成为在世界历史上扮演了最重要角色的民族聚居地，因为唯有这里既存在沙漠带，又有布满岛屿且被半岛分隔的海洋。

我们曾假定有史以来陆地和海洋、热和冷、雨水和干旱的分布，都像现在这样保持不变。如果我们所指的历史年代就是我们知道其历史的时代,这可能并没有错。但是有充分的理由认为，自从地球上出现人类以来，事物并不总是像它们现在的这个样子。如果过去的环境的确影响了后来的历史，就像迦太基和罗马发生的那样，那么显然，史前时期的地理条件也必定会对有历史记载的时期产生支配作用。而且，即使这些影响已被较近的其他因素的作用所湮灭，但是它们对于了解我们所熟悉的地区在未知条件影响下的结果仍是有益的。

就目前的情况来看，欧洲与亚洲和非洲之间的关系，远比亚洲与非洲之间的关系更加直接。从地球仪上可以看到，欧洲、亚洲和非洲构成了一个巨大的平行四边形，欧洲就夹在亚洲和非洲两大板块之间，那些我们已经讨论过其历史的特殊地区，就位于穿过欧、亚、非三大洲相连处的斜线地带上。

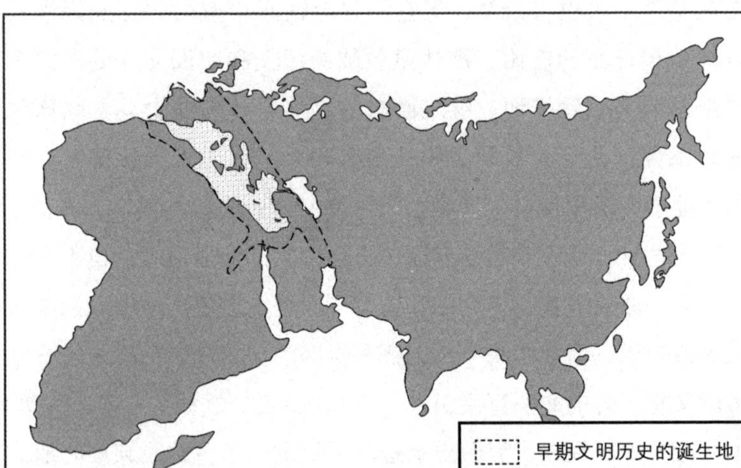

图 7–1　平行四边形的旧大陆

在大陆的斜对角线上以及亚洲和非洲之间，分布着早期文明历史的诞生地。

因此，早期的欧洲文明由于其位置分布的关系，会受到来自两个方向上的影响——一个来自南边的非洲，一个来自东边的亚洲。

有史以来，欧洲与非洲之间不仅隔着地中海，而且隔着撒哈拉沙漠——把白种人与黑种人分隔开的不是地中海，而是撒哈拉沙漠。直到20世纪初，即使在最适宜的环境条件下，穿越这片大沙漠也得花上三个月的时间。作为一种天然保护，它的有效性从下述事实中即可得知。在沙漠南边，虽然迁徙部落漫游的范围遍及整个大陆；在沙漠北边，尽管欧亚大陆在征服者一路占领或寻找新家园的过程中，几乎无一寸土地未受过异域军队的践踏。然而就穿越撒哈拉沙漠来说，尽管有个别人曾经平安往返，但是大队人马的成功穿越，无论是出于战争还是和平的目的，在几千年里都不曾有过。

因此，在整个历史长河中，非洲对欧洲历史的影响相对来说是十分有限的。沙漠南边的民族由于缺少刺激，自然地处于较低的文明状态，没有能力跨越这个巨大的障碍。这种状况带来的唯一影响就是，他们对沙漠北边已经发展起来的文明不会起破坏作用。沙漠抵御攻击的作用不仅对埃及有效，也同样适用于腓尼基、希腊、迦太基和罗马等所有地中海文明的成长地。

而我们即将讨论的亚洲却不是这样，尤其是有史以来，欧、亚两洲之间并没有难以逾越的障碍。亚洲的居民可以一心一意奔向欧洲，当然，这样做并非没有一定的难度，但是既然有这种可能，也就能够实现。

不过在人类出现之后的史前时期，情况或许有些差异。那时的欧洲北部有可能比现在还要冷，整个大不列颠和爱尔兰、挪威和瑞典、俄罗斯和德国北部，以及这些地区之间的所有海域，在很长时期里一直是一片白茫茫的冰原。冰原的南边与东边是大海，现在的里海和咸海就是那片大海的残留。南边的环境我们还不太清楚。那时的撒哈拉沙漠也许不像现在这样全为不毛之地，气候有可能比较湿润。此外还有一些证据表明，可能因为有更多的陆地连接在一起，作为非洲与欧洲之间的障碍的地中海，在当时也没有现在这么大。因此，一方面，当时欧洲与非洲的连接比欧洲与亚洲更为紧密一些；另一方面，早期的欧洲北部远不像现在这样适合人类居住。

无论原因如何，几乎可以肯定的是，在史前时代，赤道非洲以北的整片大地上游荡着的是同一人种的人类，他们与亚洲的人种几乎没有关系。再往北，则由于生活艰难而罕有人迹。但是，我们并没有关于这个时代的记录，那时候还不存在历史，这并不令人奇怪。当时还不存在支配人类的思想和行为、刺激人类进步的因素，少有进步的可能性。① 在沙漠出现以前，还谈不上有真正的历史。

当现代的气候条件开始出现时，居住在欧洲和非洲的这些大体属于同一人种的人类，就被三个障碍分隔开了，或许这三个障碍只是同一现象的不同表现形式：

（1）从亚洲到欧洲的通道在某种程度上变得更为通畅，固守在小亚细亚、巴尔干半岛和阿尔卑斯山脉一线高原上的种族，就像是成了横亘在两侧平原低地居民之间的一个楔子。

（2）地中海的屏障作用变得比从前更加突出。

（3）撒哈拉的沙漠环境变得更加明显，并成为最大的障碍。

① 这一点还需斟酌。在漫长的史前时期里人类仍然有进步，在某些情况下，进步似乎归因于在气候变坏的刺激下，人类只有尽力去适应新的情况。——原书注

这三个障碍把原始的人种划分成了四个分支，在气候和其他地理条件的影响下，他们逐渐适应了环境的变化，并形成了各自的固定特征。

（1）在北方的是北欧民族，起初他们的人数相当少，而且皮肤白皙，无法承受阳光的过度曝晒。

（2）在阿尔卑斯山脉以南，是一个生活在蔚蓝天空之下和美丽的自然环境当中，以讲究品位、追求形式和色彩著称的民族。

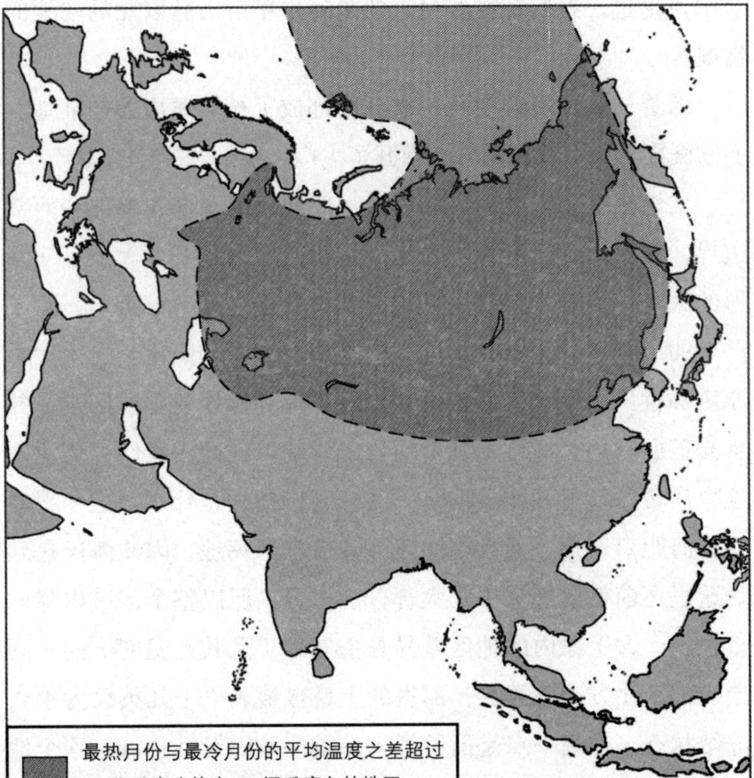

图 7–2　极端气温的地区

（3）被封闭在地中海和沙漠之间的，是生活条件艰苦、难有发展空间的柏柏尔人，以及对每年河水涨落节奏的刺激有积极反应的埃及人。

（4）撒哈拉沙漠以南是皮肤黝黑、能够承受强烈阳光曝晒的黑人。

关于撒哈拉沙漠以南的辽阔大地的情况，我们将在后面叙及。撒哈拉沙漠和阿尔卑斯山脉之间陆地的情况已在前面的章节中讨论过，我们现在要讨论的是阿尔卑斯山脉以北的陆地的情况。

随着气候环境的变化，非洲南部成了被隔离出去的陆地，而欧洲则对来自亚洲的影响敞开了大门。

从地图上可以看到，沿着欧、亚两洲的东部、南部和西部边界，有一片巨大的带状高地。带状高地内是一个大致呈三角形的大平原，其中仅有个别地方的海拔超过了600英尺，除了严寒的北方之外，它在其他方向上都与海洋相隔绝。这个大平原堪称世界之最。我们已经谈论过高地和低地的本质区别，并且知道西欧的多样性特征对历史的影响。在此，我们只需注意这个广袤区域的几个共同点，注意它们指的是什么。这个平原与大海距离遥远，而且中间还隔着带状的高地，因此海风在到达这里之前就已经失去了大部分的水分，所以整个区域内降雨量很少。大平原内的地区差异是由气候（尤其是温度）的不同造成的。北方为苔原区，那里的土壤自地表以下几英尺为永久冻结状态。往南一点是能够抵御冬季严寒的针叶林区，这个地带在盛夏时地面也不会完全干燥。再往南的整个地区属于草本植被区，有些地方较其他地方更干燥一些，但大部分地区均为

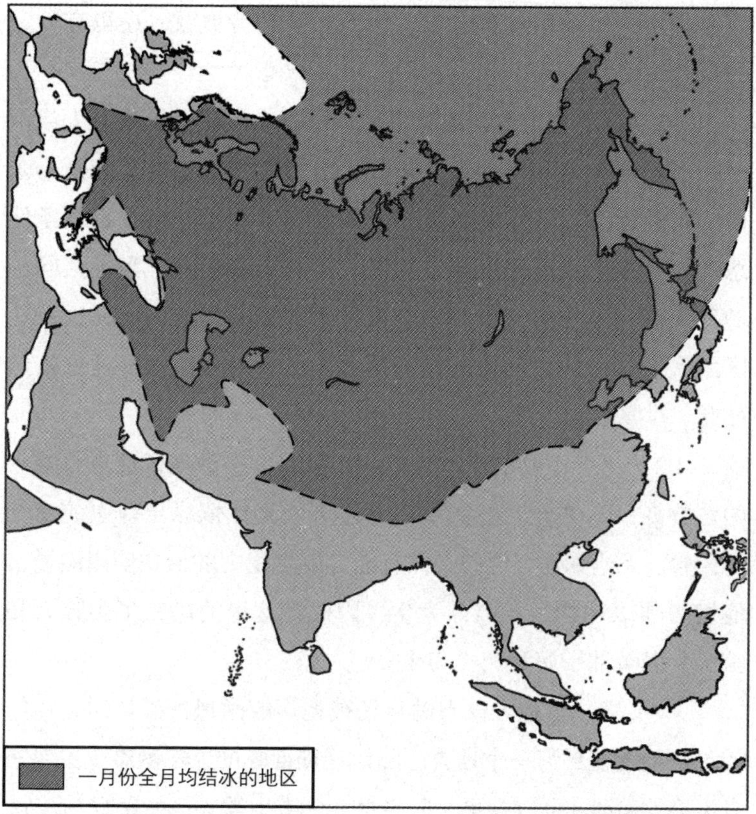

图 7–3　寒冷地区

草原。与海洋距离遥远还造成了另外一个结果：由于空气中缺少在烈日下能减轻热度、在日落时能蓄积热量的水分，因此极端的气候无处不在。

这些条件在五个方面影响了大平原上的居民。

（1）由于季节的节奏性变化而产生的对进步的刺激作用。因为有盛夏与严冬的交替变化，人们的生活方式必定不同于生活在热带平原地区的野蛮人，他们必须勤劳勇敢，还得有一定的身体耐受力。

（2）由于整个地区地势平坦，既没有沙漠赋予埃及人或沼泽赋予巴比伦人那样的天然防御，也没有罗马人拥有的便于防御的自然地势，这里的民族只能依靠自我保护。由于自然条件恶劣，如果个人或家庭各自为政，势必无法生存，为了共同抗御敌人和自然灾害，就必须有某种形式的组织。因此，这一地区的人们过去的生活方式是部落式的（直到现在很多地方依然如此）。

（3）由于主要出产物是草，而且在大多数地区这也是唯一的植物产品，因此，这些部落显然不能直接依靠土地上的出产物为生。无论如何，他们必须有能力以更集中的形式使用能量，他们必须以动物及其产品为生。因此，这里的民族多为牧人和骑手，以黄油、奶和肉类为生。

（4）当一个地方仅有的草场被耗尽或被风沙破坏时，他们就不得不迁徙到另一个地方。陆地迁徙面临的天然困难（主要来自沿途的障碍）可以靠更大的力量——求生欲——去克服。此外，由于一个地方并不比其他地方具备更好的防御手段，因此在某个地方停留下来的诱因是不存在的。而部落为什么要不断迁居的理由却很充分，因此，游牧和漂泊精神就成了他们生活的一部分。

（5）同样，因为在早期他们除了依靠自己之外得不到任何保护，一旦战胜了敌人，他们只好将其全部杀死，以免命运逆转时自己也会遭遇同样的结局。由此，他们变成了一个残酷的民族。

在整个历史时期中，无论是因气候日渐干燥被迫离开其游牧地，或者仅仅是出于其天生的不安定性格而离开，这些中央大平原上的游牧民族对于定居在其周边的其他民族来说，或多或少都是个令人不安的因素。他们总是一次又一次地从山的另一边出现，所到之处但知蹂躏和破坏，而不知建设和创造。我们已经知道亚述帝国是如何在来自北方的部落的入侵下变得一蹶不振的，而后者也在不久之后陷于灭亡。或许在更早的时候，我们还可以找到这些来自山外的游牧民族出现在东方地区的痕迹，而早期希腊文明也曾一度被来自北方的入侵者所征服。不管怎样，可以肯定的是，当我们对世界历史中的真实事件了解得更为透彻时，这些游牧部落对历史的影响也就变得愈来愈清晰。

如前所述，在史前时期，欧洲基本上是与亚洲相分隔的。因此，这个大平原不是连成一片，而是被分成了两个部分。[①] 在远古时代，很难说居住在这两个区域的民族所处的自然条件，都有助于把他们塑造成草原民族，不过至少他们属于不同的种族。所以，来自大平原的入侵者分为两类，一是来自北欧的留着大胡子的条顿人，二是来自亚洲平原的胡须很少的鞑靼人和蒙古人。种族间的这一差异与地理因素所造成的其他方面的差异之间是对应的关系。碰巧，在欧洲这一半平原上的民族，比亚洲那一半平原上的民族接受了更多的文明的影响。我们知道，由于自然条件的作用，欧洲南部已是文明社会，而当时的亚洲南部却仍未开化（原因我们将在后面讨论）。无论如何，亚洲的高原地带在范围上比欧洲要广阔得多，这给人们的思想和行动制造了更大的障碍，所以亚洲的那一半平原与各文明中心隔

① 指东欧平原和西西伯利亚平原。

绝的程度更深。东方的气候条件也比西方更为严酷。由于亚洲的面积比欧洲大得多，很多地方都与海洋处于隔绝状态，其心脏地带的温度也更趋于极端。亚洲高原的高耸与宽广，使得能够到达其中心的雨水非常稀少，与海洋（尤其是西面的海洋）相距遥远，也使其降雨量比欧洲部分要小。

因此，欧洲的平原居民虽然也是野蛮人，但却比亚洲的平原居民更为文明。后者有平原居民的特征，只是发展十分落后；他们对土地的依恋程度要更深一些，不太愿意到处迁徙。可以想象得到，我们所知的早期人类活动以欧洲人居多，但是很可能在大多数情况下，这些蛮族的入侵与其说是因为他们有着强烈的迁徙欲望，不如说是因为受到了他们后方的亚洲游牧民族的压迫。

这些游牧民族部落的人口都不太多。虽然出于生存的考虑必须具有某种形式的组织，但是对于一个流动的部落来说，其组织形式也不大可能发展到能够容纳大量的个体而不产生混乱的程度。而较少的人口的一大优势就是赖以生活的牲畜群也比较小，因此更容易找到合适的牧场。不过，尽管所有的部落可能规模都不大，但在他们所到之处，他们的人数通常会超过定居在那里的民族。于是，这些定居的民族被迫退让，并去压迫其他的民族，而其他遭受攻击的民族则会选择避走他乡。因此，这些部落的游牧性质越突出，他们对定居民族及其组织造成的破坏也就越大，而他们在历史进步方面却几乎没有留下丝毫印记。他们就像一阵旋风那样掠过大地，然后转瞬间就消失了。

牢记地理条件导致的所有这些结果，我们再来看一下历史的细节。

在罗马帝国之前，有关这些游牧民族对文明世界历史的影响情况，我们只有一些模糊的概念。事实上，据说有一些神秘的北方部落，曾经令古代的一切文明民族（包括亚述人、波斯人和希腊人）都畏惧不已。

在罗马帝国国力强盛的几个世纪中，野蛮人被挡在了大河[①]的另一边，但是当帝国一分为二，古老的罗马城的地位被君士坦丁堡取代之后，部分是迫于纯粹的野蛮人的压力，部分是受掳掠的野心所驱使，整个帝国统治下的疆土便沦陷于蛮族游牧部落的铁蹄之下。

最先到来的自然是日耳曼部落，包括卡蒂人和阿勒曼尼人，以及哥特人和汪达尔人——正是这些部落的入侵最终导致了西罗马帝国的瓦解。他们在罗马帝国境内建立了一些王国，最初在名义上仍然效忠于罗马，但是将帝国维系在一起的纽带却逐渐废弛了。

在3世纪时，法兰克部落的到来一度给意大利和西班牙带来了纷争，但是它很快就消失在了其他的民族当中。这些先期到来者是否受了来自大平原部落的巨大压力的影响，我们只能加以猜测，但是我们知道在4世纪末，1个世纪前就已出现在多瑙河下游的哥特人，开始压迫法兰克人、日耳曼人和罗马人，而他们又受到更为可怕的匈奴人的压迫。5世纪初，在阿拉里克统治下的哥特人，以维护法律和秩序的名义入侵意大利，罗马遭到了洗劫。但在阿拉里克死后，罗马的实力依旧很强大，于是他的继任者退到高卢南部和西班牙北部一带，并在那里建立

① 指作为罗马帝国北部疆界的莱茵河与多瑙河。

了一个历时3个世纪的王国。只要这座帝都还保留着一点权威的影子，它就仍然承认罗马城的权威。

5世纪中叶，在“上帝之鞭”阿提拉统治下的匈奴人也从东方来到了这里，他们一直深入到了如今法国的腹心位置，直到在世界上最伟大的战役之一——夏隆战役——中遭到重创。

25年后，又一支哥特人从东方来到这里，并在作为罗马帝国废墟的意大利境内，建立了一个他们自己的王国。①

到6世纪时，斯拉夫民族出现在东罗马帝国的边界，从那里向北一直到波罗的海的大片土地上都有他们的踪影。他们刚一出现，帝国版图上所有入侵者和掠夺者中最危险的阿瓦尔人，就从千里之外冒了出来。日耳曼人在多瑙河畔的定居点受到了威胁，史称伦巴第人的部落被赶出了家园。这些伦巴第人被迫转而入侵意大利，他们在那里建立了一个王国，并以其名字将阿尔卑斯山脉和北亚平宁山脉之间的平原命名为“伦巴第平原”。占领匈牙利平原的阿瓦尔人也在那里建立了一个一直持续到9世纪的王国，就像一个楔子插在了南北两侧的斯拉夫人的中间。斯拉夫人迁徙到了多瑙河以南的罗马帝国境内，成了抵御更危险敌人的防御者。这是一系列斯拉夫小国的创立时期，它们时而独立，时而沦为一个强国的附庸，这种状况一直持续到20世纪初。塞尔维亚、克罗地亚、卡林西亚和达尔马提亚，全都起源于斯拉夫人在7世纪时的定居点（这些定居点中的社群或多或少都是永久性的）。

几乎在阿瓦尔人入侵的同时，保加利亚人部落也开始了

① 这个奥多亚塞王国名义上效忠于东罗马帝国，实际上却是独立的。——原书注

入侵。他们在多瑙河与希默斯山[1]之间的土地上建立了一个王国——这片土地仍以他们的名字命名。从那时起，居住在这片土地上的民族在各个时期一直在为自由而战，并建立了持续很多年的保加利亚王国。但是就像征服英格兰的诺曼人一样，保加利亚人以及阿瓦尔人最终也被他们原来征服的民族同化了。

9世纪时，一系列的变化再度发生，这些对欧洲历史有重大影响的变化起源于遥远的亚洲大草原。9世纪末，来自东方的哈札尔人将50年前就已出现在伏尔加河流域的佩切涅格人从那里驱赶了出来。佩切涅格人转而又将另一个东方民族马扎尔人驱赶到了更远的西部，于是西方世界再次因遭遇入侵而陷入混乱。像往常一样，这些马扎尔人（或称匈牙利人）的到来是以劫掠为特征的，但在较短的时间内，他们在喀尔巴阡山脉内部的草原上建立了一个有组织的匈牙利国家。马扎尔人直到今天仍然待在那里，这是个有着东方血统的民族，却为周围以西方文明为理想目标的国家所接纳。佩切涅格人和库曼人占据了原来马扎尔人在俄罗斯南部的聚居地，直到12世纪，他们仍被拜占庭帝国视为一支不可忽视的力量，不过那已是遥远的往事。

到13世纪时，大平原成了成吉思汗的天下，在300年的时间里，他的继任者们几乎征服了整个中亚，并且不时派遣军队对周边的国家进行时间长短不等的劫掠和征服。13世纪的俄罗斯、波兰和匈牙利都遭到了蒙古大汗手下的将军的蹂躏。后来，美索不达米亚也被几乎与之齐名的忽必烈汗所征服。到14世纪，帖木儿统治了亚洲的大部分地区，他的一位后裔于16世纪入侵

① 希默斯山（Haemus Mons）：巴尔干山脉的古称。

印度，建立了莫卧儿王朝。

最后到来的是突厥人，他们的入侵路线是取道小亚细亚的草原，而不是经由乌拉尔山脉与里海之间的门户。[①] 11世纪中叶，突厥人获得了整个这一地区的控制权，并在短短的几年内（到威廉征服时期），又夺取了南边包括耶路撒冷在内的广阔土地。始于这一时期的十字军东征即由此引发，但在其他方面对欧洲政治的影响还要到很久以后才会发生。13世纪时，在来自东部边境的蒙古人的侵凌下，早先塞尔柱突厥人统治的王朝的实力实际上已经大为削弱，直到奥斯曼土耳其人[②] 崛起成为一支新兴的力量。他们先是效忠于塞尔柱人以抵御蒙古人，然后将权力全部夺到手中，继而又向欧洲扩张。尽管直到14世纪中叶，欧洲的很大一部分土地才落入土耳其人的手中，但是在那之后不到一个世纪的时间里，君士坦丁堡就在1453年被最后攻陷，罗马帝国终于走到了尽头。到16世纪，甚至匈牙利也沦入了土耳其人的统治之下，而且直到17世纪末方重获自由。

因此，展现在我们眼前的是这样一幅画面：来自大平原的一个又一个民族，对定居在平原边缘的民族不断地进行侵扰，注意这种侵扰不仅发生在欧洲，而且也发生在西亚、印度和中国。从史前时代一直到最近的几个世纪，大平原上的游牧民族对于平原边缘的民族的固定环境而言，充当的是一种溶剂的作用。如果用化学术语作个比喻，就是结晶过程受到了阻碍。已经形成的结晶被溶解，但是过一段时间后，又总是会形成新的

① 这一迁徙可能是由那些可萨人主导下的马扎尔人的入侵引起的。——原书注

② 土耳其人是突厥人与属于欧洲人种的地中海原始居民的混血后裔，其名称来自塞尔柱人和奥斯曼人这两个不同的中东伊斯兰教民族。

比以前更大的结晶。越来越多的地理单元被拥有稳定政府的定居民族所占据，远离大平原的埃及几乎从未受到游牧民族的影响。但是，正如我们所看到的，亚述、希腊和罗马却是怀着越来越严重的忧虑，恐惧地望着它们北部边界上的群山，从山隘中冒出的游牧民族，其迁徙的动力来自远方的草原环境。与早先的国家比起来，罗马帝国更容易遭受这些游牧部落的入侵，因为它的边界一直延伸到了南欧诸山脉的北部和东端，它的边境遭受攻击的可能性远远超过了早先的帝国。因此，罗马帝国的后期历史与大平原上的民族的历史有着更为密切的关系，以至于在数百年的时间里，当稳固的国家组织已经在西欧产生时，东欧仍然饱受来自草原势力的侵扰，而东罗马帝国也像西罗马帝国一样，最终在草原民族的入侵下走向覆灭。

在世界历史上，这些民族的影响是十分明显的。同样明显的是，这种影响是在多种地理条件的作用下产生的。现在，我们来看看这一过程中是否有真正的进步，是否有真正的能量积蓄。浪费肯定在所难免。罗马帝国的伟大“事业”在很大程度上是被毁灭掉了。可是，这难道就没有一点可取之处吗？罗马帝国的毁灭，果真就是一种绝对的浪费，而不是在新的更完善的机器出现以前，对旧机器施行的必要“淘汰”？

这一进步过程表现为三种形式。

（1）亚洲和西方的未开化民族都是勇敢而勤劳的民族。大多数的早期民族，如埃及人、巴比伦人、希腊人、罗马人和腓尼基人，都生活在较优越的地理条件下，但是正因为大平原的地理条件十分艰苦（其原因在于大平原地处北方，可以利用的自然能量很少），大平原上的民族具有某些优于南方民族的素质，这些素质往往能够导向更大的进步。恶劣的气候、荒瘠的土地以及敌人的威胁，这些因素都使个人勇气成为必不可少的品质。大体上，北方民族的勇敢要胜过公元2世纪以后的意大利统治者。对后者来说，个人勇气对于稳固国家的重要性，早就被抛到脑后去了。

（2）在条顿民族中，这种个人特征表现为其他形式。个人的自主性固然重要，但是局部利益却要服从整体的利益。在后来的时代里，除了其他事物之外，这两种观念的结合物常常见于封建制度的发展过程中。不过，早期的地理条件有利于培育出这样一种观点：个人自由应该像希腊，有序管理应该像罗马。这种个人特征显然也体现在追求进步的其他道德观中。家族之爱，以及一切由爱而生的优点，在欧洲北方比在南方更容易培养。

（3）亚洲野蛮民族的入侵虽然是破坏性的，但对于促进物质层面的巨大进步也并非没有作用。他们使西方对世界有了更为广阔的视野。这些入侵使西方民族深刻地认识到，这个世界远比地中海地区要大。有些旅行者甚至抵达了中国，并带回了在那里的见闻。世界事务变得非常重要，由此而来的是可以利用的能量也大为增加。此外，甚至可以这样说，入侵部落带来的人们视野的扩大，对于催生导致哥伦布及其追随者完成地理大发现的一系列事件，也起到了非常明显的作用。

第 8 章

绿 洲：伊斯兰教

在上一章中，我们了解了大平原对历史进程的影响。此外还有一个草原，虽然没有前者辽阔，但面积同样很大。后者对历史进程也产生了影响，只是因为地理条件不同，所以对历史的影响也不相同。在前述的大平原中，沙漠的面积相对较小，大部分土地的植被都较干草原为优。另一方面，阿拉伯地区却有着大片的沙漠，其余则几乎全是干草原。

阿拉伯地区的长度约有 1,500 英里，相当于从伦敦到高加索的距离，宽度约为长度的一半。它并非全都是沙漠，有很大一部分是干燥的草原。其中分布着若干多少称得上肥沃的绿洲，而其他地方则逐渐过渡为完全的沙漠。

这种干草原加绿洲的陆地就是真正的“阿拉伯”，亦即阿拉伯人的故乡。这样的地理条件产生了如下几个结果。

因为这是一片草原，其中的居民往往是游牧民族，但是，

（1）由于它比亚洲的草原更干燥，因此在同样大小的区域内，它所能供养的人口也较少。

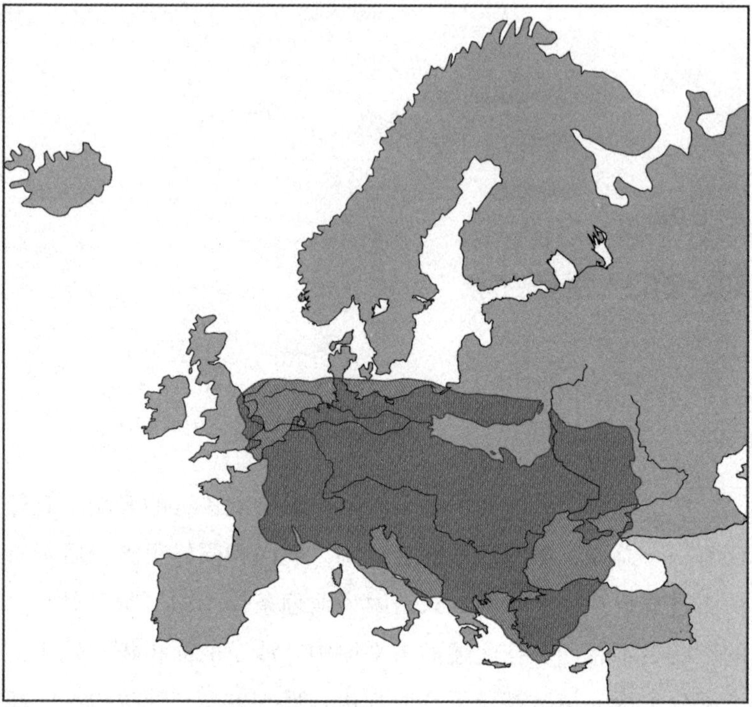

图 8–1　欧洲与阿拉伯地区的面积比较

此地图系按相同的比例尺绘制而成。

（2）由于有绿洲存在，部分居民会成为定居者。

（3）于是，这里的居民分成了截然不同的两类，一类是游牧民，另一类是绿洲居民。由于后者数量太少，影响力也甚微，主导此地权力的往往是那些夹在绿洲之间的草原上的游牧民族。因为他们对绿洲仍有所依赖，与纯粹的游牧民族相比，阿拉伯草原上的游牧民对某个地方的依附程度要更高一些。如此，便不时地会出现一些统治了几个绿洲和其中的草原的小政权。

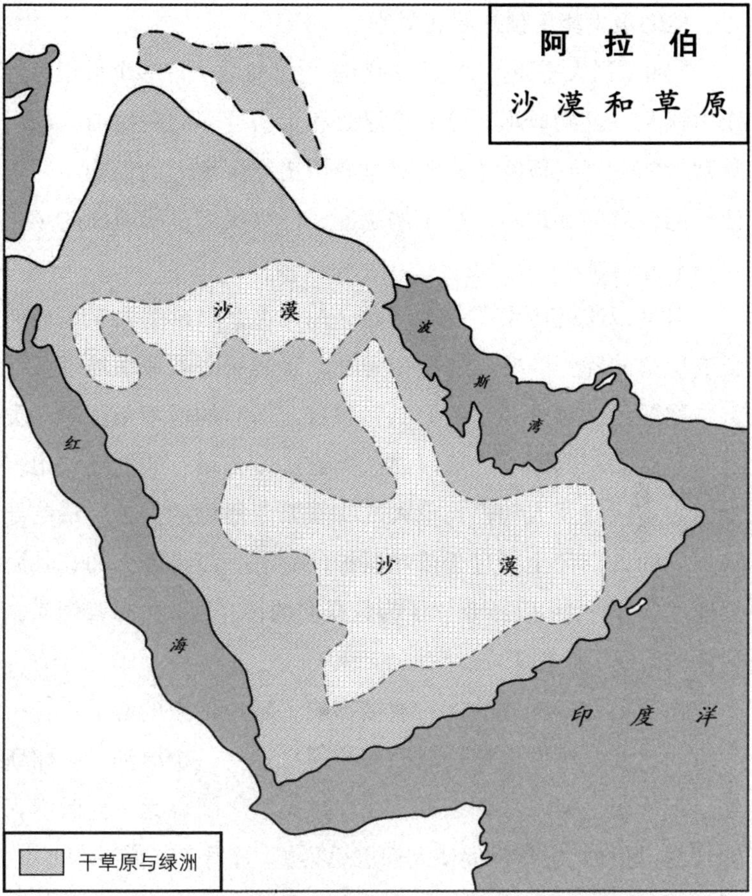

图 8-2　阿拉伯半岛的沙漠和草原

（4）此外，由于草原实际上被早期无法通行的沙漠和海洋所包围，阿拉伯地区的居民成了一个与外界隔离的民族。一方面，他们不会受到外来的入侵和劫掠；另一方面，他们对外面的民族也不能产生大的影响。由于这样的草原政权既小又缺乏凝聚力，他们很少能干预外部的事务。

因此，当大平原上的居民的影响力已持续了许多个世纪时，作为埃及、巴勒斯坦、巴比伦尼亚和希腊近邻的阿拉伯人却仍默默无闻，直到很晚才开始对世界历史产生重大的影响。尽管他们同样有向邻近地区扩张的趋向，但移民的进程时断时续，并不十分明显。

但是，这就产生了一个问题——“那么阿拉伯人又是如何影响历史的呢？”要回答这个问题，我们就必须考虑地理条件起作用的另一种方式。我们已经知道，不同的地理条件对人类身心产生的不同影响，可以使人类进步或落后。我们还知道，沙漠为古代埃及人和巴比伦人的物质繁荣提供的保护，最终导致那里的人们产生了过于依赖保护的心态。而希腊人却在其所处地理条件的作用下，建立了为数众多的相互独立的城邦国家，这使他们成了政治家。

物质条件以同样的方式直接影响了阿拉伯人的心灵。从一个绿洲出发，慢慢地穿过草原和沙漠抵达另一个绿洲，一路所见全都千篇一律，单调乏味，往往数英里之间也无一丝吸引人的景色，这种状况常常促使人们沉思冥想。置身于茫茫沙海之中，不知不觉地会让人感到自身的渺小和无能——绿洲可以善加利用，多劳动就可以获得更多的回报；但是对于沙漠来说，再多的付出也是徒劳，沙漠是不可征服的。此时，人们就会觉得在万物之上，必定存在着一个默默不语的主宰。人生中的一切际遇，在不同程度上使人们认识到，人不可能自由地为所欲为，而各个民族都有其各自的宗教，以此来解释周围的世界中让他们不得其解的事物和现象，尤其是用来解释他们自身活在世界上的目的究竟是什么。大多数种族和部落都觉得自己受到诸多因素的影响，他们有很多需要解释的事物，而许多事物之间显然并无关联，于是就产生了很多的神。然而，对沙漠中的阿拉伯居民来说，沙漠的影响是超过一切的。即使他们认为存在很多神，也仍普遍倾向于承认有一个至高无上的神。因此，世界三大一神论宗教——犹太教、基督教和伊斯兰教——均诞生于阿拉伯半岛及其毗邻地区，的确是不足为奇；而其中之一用“你应该”（Thou shalt）和“你不应该”（Thou shalt not）两个短语来概括其独特教义的做法也并不奇怪。他们发现在某些方面的进步是不可能的，他们明白在生命的奥秘中有一些关键性的东西，并认为除非在某些方面受到指导，否则人的能量就会丧失掉，而指导能量使用的头脑，必须接受这种人生观的教育。

我们不能就此认为所有人都有很强的宗教信仰，且渴望他人也成为其信仰的皈依者。野蛮人敬畏神灵是因为他们害怕神灵，他们并不传播自己的宗教。但是相应地，当人们认识到有些事情不该做，因为那样做是一种错误，从长远来看是浪费能量；有些事情应该做，因为这样做是正确的，从长远来看可以节省能量。当他们领悟了生命的意义，他们就一心希望别人也皈依受教，要别人接受他们的想法。这种观念在野蛮民族中几乎看不到，尽管他们打了无数场战争，但宗教战争却十分少见。然而，随着时代的推移，宗教战争和宗教纠纷也日益增多。这看起来像是一种倒退，其实并非如此，因为事实上这是人类认识升华的一个过程（尽管这种认识是含糊不清的），这说明人生有了目标，而且运作能量比能量本身具有更大的价值。

由此我们可以明白，为什么较高级的宗教都有很多信徒，而较低级的宗教信徒很少；尤其是能够明白，为什么阿拉伯人在穆罕默德的教诲下领悟了其存在的意义后，会提出教化世界的使命。

综上所论，我们知道了阿拉伯人是一个与外界隔离的民族，他们的一神论宗教是如何来的，他们如何以传播该宗教而著称，以及随之而来同时也必然存在的世俗权力。这一切都是地理条件导致的结果。我们现在必须仔细留意的是，他们在多大程度上实现了自己的目标。

现在要注意的是这种目标出现的时代，以及当时的世界形势。阿拉伯人使世界伊斯兰化的企图之所以未能成功，部分是由于地理动量（geographical momentum）的作用，这种作用来源于前述各章中地理条件已经造就的世界格局，部分是由于固有的自然地理条件。我们已经知道，巴勒斯坦的重要性缘于它的位置处于埃及和巴比伦尼亚之间，因此，称它具有半东方的特征似乎是很自然的。但是因为它毗邻海洋（地中海），自打它有史以来，其人民就兼顾东西双方。在早期腓尼基水手扬帆西去的时代，它就处于希腊人的征服范围之内，它的人民在很大程度上接受了希腊文。而当基督教应运而生时，不仅圣书是用希腊文书写的，而且这块土地本身也成了西方的大帝国——罗马帝国——的一部分。

因此，如果基督教要传播，自然是在罗马帝国内部进行传播，这主要是因为在罗马帝国境内，罗马主教曾经是教会的公认领袖，事实上，其地位就相当于东罗马帝国在君士坦丁堡的主教。不过，基督教的一支曾向东方和南方扩散——向东到了美索不达米亚和伊朗，甚至越过大平原到达了中国，向南则到了阿比西尼亚、印度和锡兰①。在阿比西尼亚和马拉巴尔②，直到今天还存在着某种形式的基督教。但在罗马帝国内部和外部的基督教之间却存在着一个差异。帝国内部的教会体制是帝国本身的模仿品，当罗马的权力已经变得徒有虚名之后很久，教会仍然拥有强大的势力。除了叙利亚和埃及等边境地区以外（那里对教会和国家的忠诚度比较低），帝国各地的基督教一直是一个同质的整体。而在帝国之外的土地上，基督教的处境则与帝国内部迥然相异，它非但属于异端，而且也未得到部落内所有成员的信奉。它只是一个传教的教会，再加上环境的本质差异，其结果就是使它因分歧而发生改变和弱化，整体变得脆弱不堪。因此，那些曾经属于罗马帝国的土地抵挡住了伊斯兰教势力的侵袭，而其他地方则向它屈服了。

在这个时期，地理动量对历史的影响还有另一种方式。基督教的存在，或许在某种程度上影响了穆罕默德的心灵，使他意识到了生命的意义，并促使他开始执行自己的使命。然而，这只是点燃易燃物的火柴，对领袖如此，对他的追随者亦然。若不是他们的思想在漫长的时间里饱受沙漠环境的熏陶，他们也不可能接受穆罕默德的教诲。我们还要注意的是，阿拉伯——真正的阿拉伯——受外界的影响非常小，基督教从来没有渗透进它的内部。以马拉巴尔的基督教为例，它之所以存在时间非常长，是因为虽然新的环境因素使它有所变异，但它仍然优于周围土地上的其他宗教。同样地，由穆罕默德创立的新宗教，也优于最初与之竞争的所有其他宗教。

---

① 锡兰（Ceylon）：斯里兰卡的旧称。

② 马拉巴尔（Malabar）：印度西南部沿海地区，包括今喀拉拉邦的大部分以及卡纳塔克邦的沿海地区。

现在，我们必须把伊斯兰教的传播和阿拉伯人的征服区分开来。阿拉伯人征服的土地面积虽然不小，但是与伊斯兰教传播的范围相比就小多了。伊斯兰教宣扬的“唯一真主”的教义要求人们奉献一生，它给了阿拉伯人征服世界的动力。当阿拉伯人达到其征服的极限时，伊斯兰教仍然在继续传播，甚至在那些后来又征服了阿拉伯人的民族中也在传播。我们首先要关注的不是伊斯兰教的传播，而是阿拉伯人的征服。

南欧的基督徒居民有良好的组织，所以抵挡住了阿拉伯人的进攻；而东方的基督教缺乏组织，对阿拉伯人的推进几乎毫无抵抗力。这些结果是早先的政治环境和地理动量造成的。但是在西南方向，阿拉伯人的征服完全受地理条件的左右，那里的广袤沙漠无人能够逾越。被称为“撒拉逊人”（Saracen）的阿拉伯人，只是在非洲的北部边缘一带才获得了政治上的统治权。

当时，阿拉伯人在东、西两个方向上的征服进行得非常迅速。那些土地均为干燥或湿润的草原，与阿拉伯人生长的环境很类似。他们依赖的食物就是驮载他们和其行装的牲畜。因为早已习惯了草原上千篇一律的景色和四处为家的生活，阿拉伯人可以不受土地的羁绊而迅速采取行动。那些被阿拉伯人首先侵占的土地，是由地理因素和过去的历史所决定的。

现在再来看历史事实。在7世纪的前30年中，阿拉伯半岛在穆罕默德的领导下获得了统一。此后的20年中，撒拉逊人不仅征服了埃及、叙利亚、美索不达米亚、伊朗、图兰以及印度的一小部分，而且还使这些地区皈依了伊斯兰教。但他们随后却遇到了挫折。与叙利亚不同，小亚细亚已经彻底实现了基督教化，而且处于东罗马帝国的控制之下，这使得撒拉逊人在托罗斯山脉的西北从来没有获得过一个持久的立足点。此外，阿拉伯人本质上属于陆地居民，从陆地向非洲北部及更远的国家发起进攻是很困难的，尤其是东罗马帝国仍然拥有一支舰队，能为其遥远的殖民地提供一些帮助。不过，撒拉逊人控制了腓尼基和埃及水手们从前的孕育地，到了时隔50年之后的8世纪初，在海军远征军的帮助下，穆罕默德的继任者终于将非洲北部海岸纳入了其统治之下。撒拉逊人甚至越过直布罗陀海峡，在几年之内征服了整个西班牙，这是距离罗马中央集权政府最远的土地。唯一而且重要的例外是，西班牙西北山区的一部分仍然掌握在基督徒的手中。

这一统治只维持了1个世纪多一点的时间。它的发源地是阿拉伯半岛，但是如同其他的发源地那样，阿拉伯半岛的环境并不具备崛起的政权所需要的条件，于是大马士革和巴格达相继被选为统治中心。部分由于北方基督教国家的存在，部分由于南方的撒哈拉沙漠，这个帝国的版图呈狭长形。而所有的狭长形国家都很难通过一个政治中心来实施管理，埃及和罗马帝国便是如此。如果首都不在中央位置，管理的难度还会增加。因此，撒拉逊人的这一统治自然地就划分成了两个部分，每个部分各有一位哈里发，而两位哈里发都自称是穆罕默德的合法继承人和整个阿拉伯帝国的统治者。这发生在8世纪中叶，其时西班牙与帝国的其余部分正式分离开来。大约在同一时期，出于同样的原因，位于非洲北部海岸西半部分的柏柏里[①]，也因

① 柏柏里（Barbary）：北非地中海沿岸地区，范围从埃及延伸至大西洋。5世纪时，汪达尔人曾入侵这里，533年左右又为拜占庭人征服。7世纪时，撒拉逊人（阿拉伯人）占领了该地区，后来又分裂为几个独立的伊斯兰教国家，统称“柏柏里国家”，包括摩洛哥、阿尔及利亚、突尼斯和利比亚。

为与统治中心相距遥远而分离出去，获得了实质上的独立，只是其信仰仍然为伊斯兰教。不到一个半世纪之后，阿拉伯半岛与非洲领地的其余部分也宣告独立，成了第三个哈里发的属地，在名义上一度也将柏柏里国家包含在内。这四个部分（西班牙、柏柏里、埃及和东方哈里发统治的其余部分）开始有了各自的历史，将它们维系在一起的原因，与其说是因为它们都是撒拉逊人的征服地，不如说是因为它们都有共同的信仰。甚至作为征服者的撒拉逊人也并非全都出自同一种族，而是包括了从前的征服战争中被裹挟进去的很多民族。地理条件的天然差异使他们之间的反差更为突出，并催生了即使宗教认同也无法弥合的彼此间的敌意。

在西班牙的西方哈里发国家，其强盛一直维持到 11 世纪初，然后分裂成了无数的小王国，并在北方的基督教国家的持续推进下不断丧失土地，最后只剩下一个南部山区中的格拉纳达王国，而这个王国最终也在 15 世纪末被征服，整个伊比利亚半岛又全都回归到了基督徒的统治之下。

在东方的哈里发国家中，身居巴格达这片缺少活力的低地的撒拉逊人统治者，对其治下各地区行使的名义上的控制权，只维持到了大约公元 800 年，之后就不得不越来越多地依赖雇佣的突厥士兵来扑灭各地不断发生的起义。于是世俗政权很自然地就从撒拉逊人手中转移到了突厥人的手里，尽管直到 13 世纪中叶，巴格达的撒拉逊人哈里发国家才被蒙古人完全摧毁，但是真正行使统治权的其实是名称各异的突厥人总督，伊朗高原上也出现了独立的突厥人国家。我们已经知道，这些突厥人最初来自大平原，他们是异教徒，顶多接受过非正统的基督教的布道。与伊斯兰教接触之后，他们就成了该宗教的皈依者。因此，撒拉逊人统治的灭亡对伊斯兰教的势力不仅没有造成破坏，反而使其得到了扩张，从来没有被撒拉逊人征服的小亚细亚也逐渐突厥化和伊斯兰化。而侵入印度的突厥势力，也建立了比撒拉逊人从前所建的国家数量更多且长期存在的信奉伊斯兰教的国家。

当地中海不再是罗马帝国的内湖之后，伊斯兰化的北非和阿拉伯半岛与基督教国家之间的联系就被长时间隔断了。它们的世俗权力并未强大到足以穿越撒哈拉沙漠，但是穆罕默德的宗教——沙漠居民的宗教，却逐渐从一个草原传播到另一个草原，从一个绿洲传播到另一个绿洲，直到最终越过撒哈拉沙漠这个天然的巨大屏障，使许多部落皈依顺从。对基督教国家来说，这意味着敌对的部落又增加了，因为这些部落成了一个敌对宗教的拥护者。

地中海的功能也因此而发生了变化。早期它曾经是一个障碍，后来，它成了腓尼基人的交通要道和希腊人的防御屏障。我们知道，罗马人以地中海为根基建立了海上霸权，并征服了它边缘上的所有土地。随着罗马的衰落，其海上霸权也趋于瓦解。由于东罗马帝国的海军力量不足以控制整个地中海，柏柏里国家和西班牙遂落入了撒拉逊人的手中，但是撒拉逊人也未能完全控制地中海。因此，这种情况与早先罗马和迦太基之间的冲突很类似，虽然双方都曾在很大程度上控制过这片海域，但地中海仍构成了隔开对立双方的鸿沟。海中的岛屿在撒拉逊人和基督徒之间交替易手。克里特岛和西西里岛在被基督教势力收复之前，曾被撒拉逊人控制长达几个世纪之久。

在波斯湾和印度洋也出现了新的局面。阿拉伯海军在这里没有任何竞争对手，他们早期的统治范围从大西洋海岸经地中海、波斯湾、红海和印度洋一直延伸到印度，掌握了东西方海陆交通的锁钥。这种状况使阿拉伯人自然地成了商人，结果锡兰尽管从未被撒拉逊人纳入其统治之下，却在8世纪成了阿拉伯人的一个贸易中心。

撒拉逊人的权力瓦解，哈里发们的分裂以及阿拉伯、埃及和柏柏里地区事实上的独立，在很长一段时期内对阿拉伯人的贸易并未产生影响。直到11世纪初西方的哈里发国家衰落之时，在罗马帝国废墟上新诞生的城邦国家热那亚、比萨和威尼斯，才开始抢夺当时仍然掌握在撒拉逊人手中的海上贸易和制海权。他们在海上所具有的优势，使基督徒的十字军得以从海上出发，向巴勒斯坦的伊斯兰教势力发起进攻，此时，撒拉逊人的统治已被更为严苛的突厥人政权所取代。然而，即使在这样的局面下，阿尔及尔和摩洛哥的摩尔人在一定程度上仍然继续控制着地中海西部，并以海盗和劫掠者的身份存在了许多个世纪。更重要的是，甚至在更长的时间里，阿拉伯人的贸易在印度洋上没有任何对手，这主要是因为当时东西方之间存在着陆路的障碍。事实上，直到我们今天的这个时代，当这道障碍被破除之后，①阿拉伯人在那里的商业优势才衰落下去。即便如此，如今在印度洋海岸仍然随处可见阿拉伯人的小商船出没的身影。

由此，我们看到了沙漠对历史的影响。由于自然气候条件的作用，撒哈拉沙漠和伸入亚洲的阿拉伯大沙漠带，在过去和

① 指苏伊士运河于1869年11月通航。

现在都是伊斯兰教的源泉和发祥地。在此过程中消耗的能量也产生了一种进步，因为撒拉逊人征服并控制地中海和印度洋地区的结果，是使西方人熟悉了经由海上去往东方的通道，其功效就如同来自大平原上的入侵使西方人了解了通往东方的陆路通道一样，从而使获取更多的能量成为可能。这是沙漠连同横跨欧亚非三洲大陆的斜线水道的位置共同作用的结果。由于沙漠带横穿这条水道，又因为连在一起的是陆地而非海洋，所以阿拉伯人能够掌握制海权。此外，沙漠环境不仅在许多个世纪里影响了当地居民的思想，而且通过他们影响了沙漠以外的其他民族。与前述的地理条件相比，所有这些因素都有可能对人类的思维产生更大的刺激作用，引导人们对事物寻本溯源，而这反过来又推动了后来的历史进程。

第 9 章

大 洋：地理大发现——伊比利亚半岛

地球的形状对于人类始终是非常重要的，因为热和冷、雨水和干旱、森林和草原的分布，从根本上取决于地球围绕其轴线自转的方式，以及地球相对于太阳的方位角。我们现在进入的阶段便是，地球的形状以另一种方式展现其重要性的时期。

到这个时期为止，在普通人的眼里，世界是不是平的似乎并不重要，而且几乎所有的人都认为世界是一个平面。但是有学问的人却知道，这个世界是一个球体。亚历山大港的埃拉托色尼甚至计算出了地球的大小，他的思路比哥伦布的还要准确。这样的计算是有可能做到的，因为埃及与其每年受河水泛滥之利的宝贵土地，需要进行仔细勘测，所以人们知道从赛伊尼或阿斯旺到亚历山大港的准确距离。但是在埃拉托色尼的时代，地球的形状对历史并没有直接的影响。这只是一个科学事实，有关它的知识对于当时的人类生活并没有实际的影响。当人类能够利用“地球是圆的”这一知识来为自己谋取利益时，地球的形状才开始以另一种方式对历史产生支配作用。

但是人类对地球形状的发现过程也很重要，因为这种发现与其他事实有关。正如我们所看到的，阿拉伯人的影响力部分取决于他们对其领海的控制。罗马帝国的重要地位也归功于同样的事实。腓尼基人和希腊人的政权几乎完全建立在航海术的知识之上。这些活动大部分发生在地中海，不过也有船舶的确周游到了其他地区的海岸。腓尼基人的船舶有可能曾驶向印度。阿拉伯商人肯定到过中国。阿格里科拉[①] 曾经扬帆围绕苏格兰航行。维京人渡海来到了我们的海岛[②] 和冰岛，甚至有可能到了格陵兰，并于中世纪早期在整个欧洲西部海岸建立了或多或少带有永久性质的定居点。

海洋的发现对世界历史有着巨大的影响。我们已经谈到过，水上行动比陆地行动更为便捷，但是其范围也有局限性。出于对未知事物的恐惧，早期的航海家们关注的区域仅仅局限于内海和大洋边缘的沿海交通。陆地中间的海是最重要的，所以陆地的分布具有支配作用。由于人类在知识上的局限，直到400年前，人类所知的范围仍只有一片大陆和众多的海洋，这片广袤的欧亚非大陆向北一直延伸到没有无冰通道的北部边缘。对于非洲的最南端，人类则不敢去冒险，尽管许多古老的地理学家认为非洲是可以绕航过去的。的确，当时的人们认为整个世界是一片被“汪洋大海”（stream of ocean）包围的大陆，没有任何迹象表明在大海的另一边还会有其他的大陆，而且实际上存在着被一片大陆隔开的两个大洋。

---

① 阿格里科拉(Agricola，公元40—93年)：古罗马将军，曾任不列颠总督，在任时征服了苏格兰，直到高地地区边缘。

② 指英国。

15世纪末的成就，不仅在于发现了通往东印度群岛的海上航道，还包括发现美洲，以及麦哲伦航海绕过合恩角。由于瓦斯科·达·伽马和麦哲伦的航行，人们才发现海洋是连在一起的，而哥伦布和麦哲伦还发现大洋是可以安全穿越的。地球的形状和海洋的一体性的发现，使得此后的沿海交通变成了远洋运输的附属物，海上强国也被大洋强国所取代。这些发现的影响，有些是直接的，有些却要到后来才能感觉到。

现在我们要注意的是，地球的形状和海洋的一体性为什么会对历史的发展开始产生影响。我们已经知道这个世界是如何逐渐变大的，越来越多的陆地和海洋为人类所认知，不同地方的特产也为世界各地所使用。蛮族部落的入侵对于扩大人们对世界的认识助益良多，而阿拉伯人在传播东方海洋的知识上也起了很大的作用。认识上的这两种进步刺激了人们的头脑，但是通过海路可以抵达东方的知识对于历史进程有着更大的直接影响，因为取道海洋比取道陆地更为容易。马可·波罗通过陆路前往东方，完成了他的不朽旅程，但他返回时却尽可能选择了海路。

必须记住的是，阿拉伯人（基本上都是穆斯林）的世俗权力，并不取决于使用强大的军事力量，而是取决于对广大贸易地区的支配。这种支配之所以能够实现，是因为三大洲的陆地是连在一起的，而海洋却不是这样。这种支配之所以有效，是因为阿拉伯人占据的陆地位于地中海、波斯湾和红海之间，有着非同寻常的重要意义。阿拉伯人事实上已经掌握了曾经属于罗马人、亚述人、波斯人、中亚人以及非洲东北部居民的所有的转口贸易。这种贸易在规模上不能与现代的贸易相比，因为那时的交通比现在要困难得多，但是他们已将当时的世界贸易尽收囊中。贸易的概念也得以持续扩展，人类开始对贸易有了依赖。人们愈来愈多地发现，用一个地区生产的物品跟另外一个地区生产的物品进行交换是有利可图的。也就是说，从整体上讲，人们发现耗费一些能量将产品从一个地方运送到另一个地方，而不是在同一个地方生产它所需要的全部产品（即便这能够做到），更能够达到节省能量的目的，尤其是在人们逐渐习惯了完全通过水路前往东印度群岛之后。

此外，罗马帝国已经文明化。权贵与他们的眷属已经习惯了奢华的生活，对于占据过多的能量和积敛超过其吸收能力的能量已习以为常。虽然罗马在政治上已经失败了，但是在意大利的城市中仍然存在着习惯了奢侈生活的人，也就是说，这些人已经习惯了意大利本身无法供给的各种食品、衣饰和家庭陈设。所有这些都得靠阿拉伯商人从地球的各个角落搜寻运来。

欧洲的文明在整体上也有了进步。一些新的国家在罗马帝国的废墟中诞生，并在东方的游牧民族、南方的阿拉伯人和北方半岛的强悍海盗等势力直接或间接的威胁与冲击下逐渐成形。这些新国家的生活水准逐渐提升。当冬天土地没有产出时，人们发现如果在吃的咸肉里加入香料（特别是胡椒），吃起来会更为可口；食欲和消化能力的增加，使得食物中的能量更容易被人体吸收。因此，香料贸易变得十分重要，这种贸易也为阿拉伯人所掌握。所有这些依靠运输得来的商品，其价值是与其数量成正比的；它们既能通过水路运输获取，也可以通过陆路运输得到，在陆地上是靠骆驼或马来驮运，而这个生意的利润，大部分都由阿拉伯人获得。

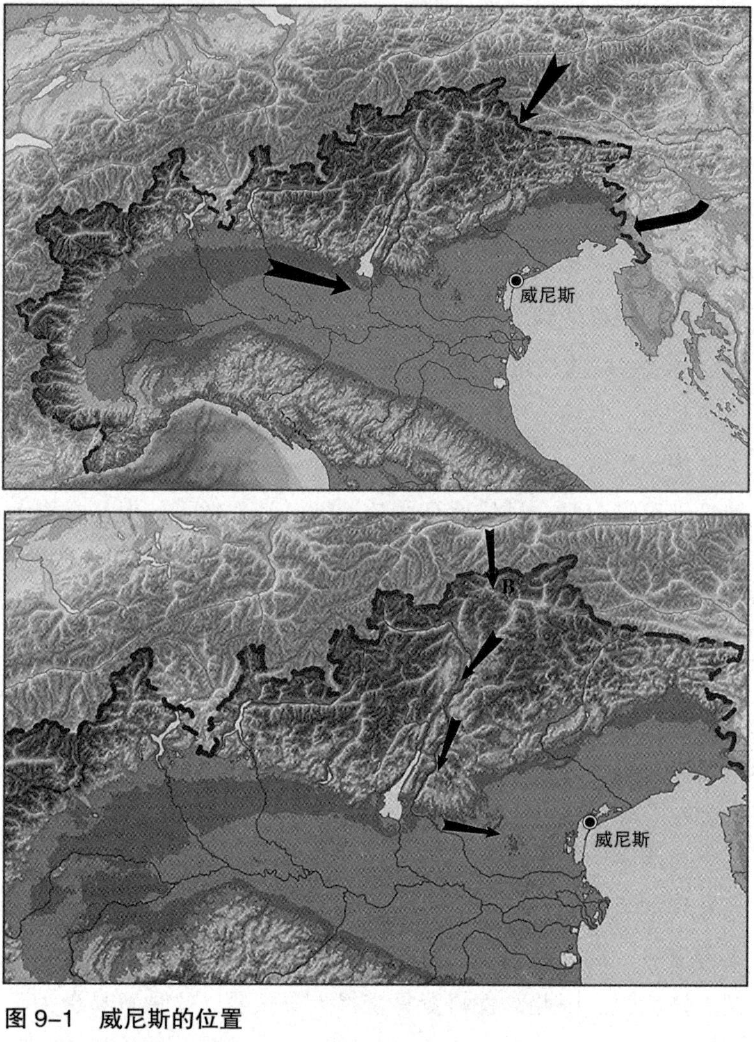

图 9–1　威尼斯的位置

（上图）威尼斯远离内陆，背靠伦巴第平原，通过绕行和穿越阿尔卑斯山脉的通道，可以前往北方的低地。

（下图）布伦纳山口（B 点）是穿越阿尔卑斯山脉地势最低的通道，经此可以抵达威尼斯。

但是阿拉伯人并没有征服欧洲，而在欧洲的适宜地点，却出现了一些有巨大影响力的商业城市。这些适宜的地点自然位于意大利北部，那里是奢侈品的消费地，而且有进入欧洲北部地区最便捷的通道。位于多沙潟湖中的威尼斯有陆地和海洋的保护，在很长一段时间里一直贸易兴隆。热那亚共和国和比萨共和国也是重要的贸易城邦。意大利北方的庞大人口“需要就近得到大量的货物”，“所以，驶往热那亚和威尼斯的、运载着来自东方的贵重货物的船只，远远超过了驶向其他地方的”。于是，通过这样的贸易，这些港口城市的地位也变得更加重要，尽管这样的城市数量很少，但是成功的经营却使它们获得了巨大的利润。

由于有价值的商品只能从东印度群岛运来，于是人们很自然地认为那里是一个富庶之邦。随着时间的推移，部分西方国家又萌生了一个想法：与其付钱给阿拉伯人转一道手，不如自己前往这些新发现的陆地把“财富”载回来。

现在让我们把注意力转向那些大洋边上的陆地，它们在现代政治史中被称作葡萄牙、西班牙、法国、荷兰、德国、丹麦、挪威和英国。这些地区全都直接或间接地受到了以地中海为中心的文明的推动，但是直到大洋的一体性被发现以前，它们全都处于世界的边缘。虽然罗马帝国已经崩溃，但人们关注的中心仍然是地中海，众多道路汇聚于地中海及其东端，这里的贸易规模是最大的。

乍一看，这些地方中的任何一个似乎都有可能发现大洋的一体性。从某种意义上讲，是挪威人发现了这一点。那里的贫瘠土地迫使人们依靠捕鱼勉强维持生计。图 9–2 中的小图内所示的地区有岛屿充当保护屏障，形成了一条“大北路”，其中

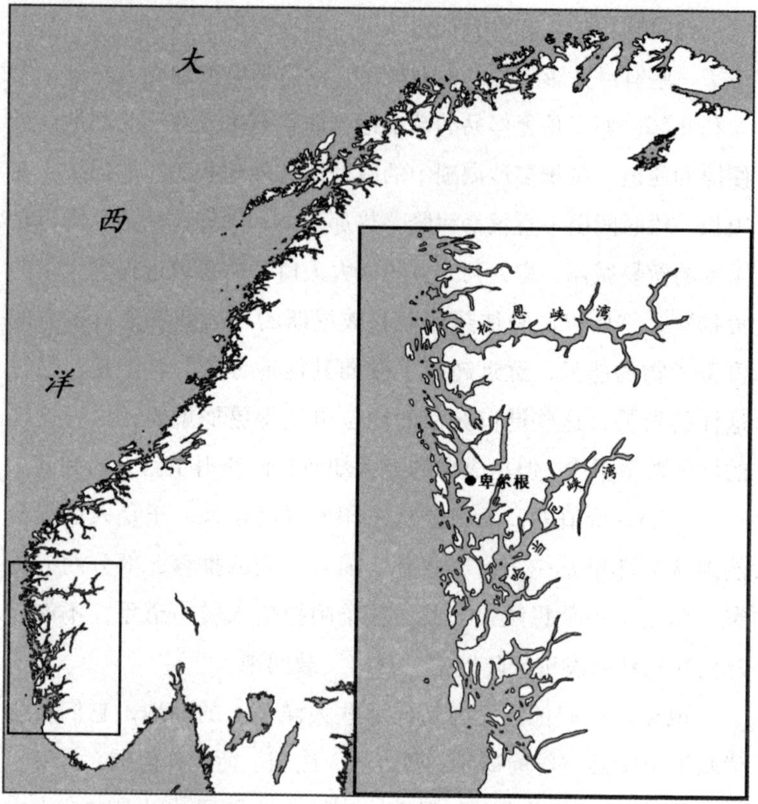

图 9–2　挪威的沿海通道

小图内是可供船舶航行的有岛屿护卫的水道，它构成了挪威的“大北路”。卑尔根位于这条主干道上，位置介于松恩峡湾和哈当厄峡湾两条大辅道之间。

有无数峡湾构成的小道。这里有着孕育吃苦耐劳的水手的摇篮，他们或是横渡大洋向西进发，或是沿着海岸一路南下，一旦找到立足之地，便作为佃农或渔民安顿下来。丹麦人和撒克逊人本非天然的水手，他们之所以穿越北海，与其说是出于对海洋的天生喜好，不如说是受身后游牧民族的压迫所致。在斯温和克努特一世父子的统治下，他们曾经以北海为根基建立了一个短命的帝国，但这并未导致大洋一体性的发现。这个北方帝国与早期以地中海为根基的罗马帝国属于同样的类型，人口稀少，自然资源贫乏，而且只存在了很短的时间。甚至古代挪威人对美洲的发现也没有影响历史的进程。那只是远离世界的一片土地，不仅寒冷，而且可资利用的能量也少得可怜。无论在当时还是后来，人们对于是否存在一个或两个大洋并没有很大的兴趣，因为这对人们的日常生活并无影响。

在紧邻大洋的其他陆地的沿岸，渔民和水手们乘坐小海船通过许多河口进入内陆，但是海洋并没有与大规模的世界交通发生联系。阿拉伯人控制了直布罗陀海峡，所有的海上运输仅限于在局部地区内进行。

鉴于这样的地理事实，那么，由伊比利亚半岛来担负发现大洋一体性的重任，应属最自然不过之事，而伊比利亚半岛当然也应该是这一发现的最先获利者。我们已经知道，整个半岛几乎都被穆斯林占领了，然而在他们到达西方之时，第一波屠戮狂潮已经沉寂下来。原来的居民得以幸免于难，他们虽然已经屈服，但是其生活却困顿不堪，备极艰难。

在北方，面对比利牛斯山脉和坎塔布连山脉的森林屏障，阿拉伯骑兵不敢轻易深入，所以那里还有小部分未被征服的居民，他们不仅有自由之身，而且是基督徒。在坎塔布连山区出现了一个名叫莱昂的小国，在比利牛斯山脉的幽静山谷里也诞生了一个纳瓦拉王国。它们向穆斯林发起反攻，并逐步取得进展，收复失地并将其再度基督教化。随着每个王国重要性的提升，低地区和高地区之间的天然差异又开始表现出来。莱昂西边的低地区宣布独立,形成了葡萄牙的核心。在扩大的纳瓦拉王国里,东部的埃布罗河河谷一带分裂出去形成了阿拉贡王国,西部的高原上形成了卡斯蒂利亚王国,只剩下北部的多山地带仍然叫作纳瓦拉。后来,卡斯蒂利亚和莱昂合并,组成了一个更大的卡斯蒂利亚王国。于是到了14世纪,在伊比利亚半岛上出现了三个基督教国家,其中只有卡斯蒂利亚与残存的伊斯兰国家格拉纳达仍有联系。

葡萄牙已经完成了驱逐摩尔人的工作。葡萄牙本是在对抗摩尔人中应运而生的一个基督教国家,这种对抗成了这个国家继续存在下去的理由。因为葡萄牙人都是基督徒,习惯了为信仰而与摩尔人作战,所以即便是渡海踏上非洲之土去跟摩尔人打仗,身为基督徒的他们也欣然前往。因此到15世纪中叶,在非洲海岸上便出现了一个“阿尔加维海外省”,而发现大洋的时机也终于成熟了。

大洋的发现有可能因为某个人的睿智而加速。不出人们所料,这个人是一名葡萄牙人,不过他的行为只是加快了事件发生的自然过程。在“航海家”亨利王子成长的时代,贸易掌握在作为商人的阿拉伯人手中。1418年,亨利王子在圣维森特角旁边由岩石构成的萨格雷斯海岬建立了一个天文台,并在随后的几年中不断派遣船只沿非洲海岸向南航行。他的探险目的十分明确,就是要发现通往东印度群岛的海上通道。

最初的进展十分缓慢。在摩尔人的故土摩洛哥以外,浩瀚无际的撒哈拉沙漠一直延伸到了海边。在那里,向西南方向吹去的信风已经失去了水分,无法带来植物生长所必需的降雨。

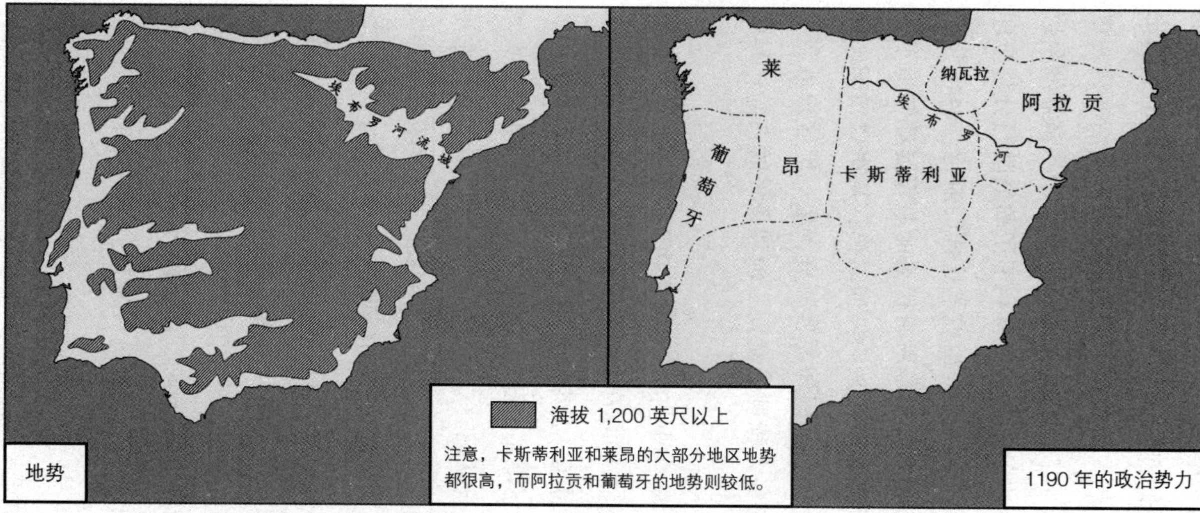

图 9–3　伊比利亚高地及其支配对分裂各邦的影响

更何况，这些从非洲海岸的摩洛哥吹向西南方向的恒定不变的信风，使欧洲的水手们害怕没有风助他们返回，因此不敢继续向前航行。对于那些想要冒险继续前进的胆大水手们而言，诺恩角似乎在说着“不”。[①] 因此，为什么从来没有人从非洲西边绕航过去是有充足理由的。但是，亨利王子的鼓励与分享东印度群岛财富的欲望相结合，最终促成了这样的航行。1447 年，这一探险目标向国外公布，于是所有优秀的基督徒都知道了。教皇也承诺，从那时起直至未来的任何时候，从诺恩角到印度之间所有被发现的土地全都归葡萄牙所有。想一想这份承诺中所代表的历史动量在多大程度上受到了地理条件的支配，是很有意思的。

亨利王子未能活着看到他的计划的成功，但是在占据萨格雷斯的 80 年中，葡萄牙水手沿着非洲海岸成功地开辟了南航的水道，迪亚士绕过了诺恩角，瓦斯科·达·伽马驶向印度并带回了香料，这说明他抵达了那里。此后，在历史上就不再有两个大洋而只有一个大洋，并且从那以后世界贸易就转到了跨大洋的水手们手中，因为货物经由海上运输更节省能量。文明的又一个伟大进步就此得以实现。达·伽马从印度回来后，不到五年时间，过去常常带来香料的来自亚历山大港和贝鲁特的桨帆船，进入威尼斯港时就成了无货可运的空船。在他回来后的 12 年内，葡萄牙完成了对东印度群岛的征服，阿拉伯人在阿拉伯海和马六甲海峡被击败，葡萄牙在印度沿岸建立了自己的势力。

葡萄牙之所以能够率先获得这一发现，应归功于其所处的

① 诺恩（Non）在英文中的意思就是“不”。

位置和亨利王子的贡献。由于伊比利亚人民是基督徒和热忱的罗马天主教徒，教皇承诺葡萄牙享有其发现的独占权的敕令，就不大可能被葡萄牙的对手卡斯蒂利亚所无视。向南方的进军激发了人们的浓厚兴趣，尤其是当有船只抵达了几内亚海岸，并将那里的产品带回欧洲之后。

于是，直到那个时候，“地球是圆的”这一事实才开始变得重要起来。如果地球是圆的，那么就还会有另一条去往东印度群岛的通道—— 一条方向朝西的通道。这条通道对任何人都敞开着。由于伊比利亚半岛位于地中海的西端，居住在地中海周边的水手直到此时一直都在从事世界贸易。当葡萄牙忙于进行海外征服，尤其是在葡萄牙人早先并无必然成为水手的理由的情况下，在葡萄牙的号令下，很多热那亚、威尼斯和比萨的水手能够找到就业的机会，这乃是最自然不过之事。这就难怪哥伦布——身为一名热那亚人，熟悉贸易环境，在世界商贸气氛浓厚的葡萄牙居住多年，作为一名水手曾去过马德拉岛、亚速尔群岛乃至冰岛，熟悉“地球是圆的”这一理论——会认为向西航行是有利可图的。

但葡萄牙对此却不感兴趣，它所有的精力都放在了探索已知的向东的航线上。意大利各城邦所希望的，与其说是开辟一条新的路线，不如说是让地中海成为东方之途的一部分。英国此时还不知道世界贸易究竟为何物。正是在卡斯蒂利亚，哥伦布为自己的想法找到了同道，尽管他花了很多年工夫才破除了人们对于大洋一直抱有的畏惧心理。就像亨利王子那样，虽然伟大的工作是由一个人完成的，但是如果没有哥伦布，在较短的时间内这也可能由其他人来完成，而哥伦布就是地理条件造就的这样一个人。

哥伦布地理大发现的真正价值，可以从欧洲强国对此事的反应中看出来。在哥伦布于1493年回来后的七周之内，罗马教皇颁布了一道诏书，声称如果地球是圆的，则将西半球给予西班牙，东半球给予葡萄牙。此时，那些由哥伦布在试图到达东印度群岛的途中所发现的陆地，尚未被划入重要之列。在东印度群岛的葡萄牙人只是将原来阿拉伯人经营的商品，改为由自己的船只来运输和经营。而在新大陆，却不存在贸易转移，也没有香料可运。那些跟着哥伦布出海的越来越多的西班牙人只有三个想法：打仗，传播基督教，夺取黄金和白银。他们的心里并没有贸易二字。这种情况并不奇怪。几个世纪以来，卡斯蒂利亚人已经习惯了为基督教而战，而他们自己的高原上出产的贵金属是不适合用来交易的。

但是，尽管西半球被授予了西班牙，西班牙人却并没有征服其中的所有土地。受他们控制的那部分土地是由地理条件决定的。从大西洋的风向图上可以看到，信风的方向是吹往西南，所以哥伦布没有沿正西方向，而是沿西—南—西方向横渡大西洋，结果他到达的是现在被称为西印度群岛的位置。在后来的航行中，他到达了南美洲和中美洲。由于巴拿马地峡十分狭窄，他也听说了太平洋的存在。不出几年，西班牙人越过了地峡，在太平洋海岸建造了船只。但是，哥伦布从不知道北美洲的存在。因此，西班牙的统治从西印度群岛延伸到墨西哥，在南方则沿南美洲的太平洋海岸，将拥有贵金属矿产的山区全部包括在内。土著居民或被杀害，或迫于武力而改宗，并被卖为奴隶，成为其新主人的苦工，这使得在西班牙人征服的土地上，甚至连通

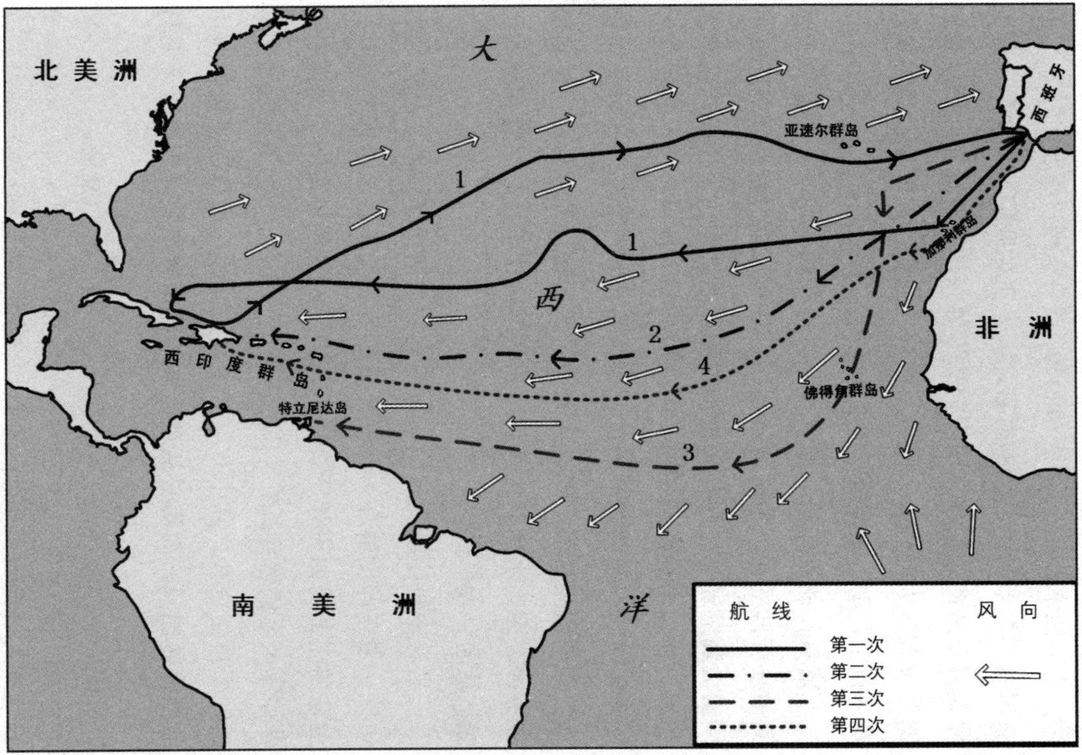

图 9-4　哥伦布的航行

图中只画出了第一次返航的路线。哥伦布在向西航行时聪明地利用了信风，返航时则借助了西风带。

用语言也变成了西班牙语。

在墨西哥被征服之际，麦哲伦正在努力完善哥伦布的工作，为了谋取香料贸易的利益，他向西航行到了东印度群岛。身为葡萄牙人的他亲自游历了东印度群岛，或许还到过摩鹿加群岛[①]，并意识到香料贸易是巨大的财富之源。正如我们所知道的，葡萄牙人对于从西边前往东印度群岛不感兴趣，西班牙人则对香料贸易没有多大的兴致，但是与葡萄牙的竞争促使他们也为麦哲伦提供了资助，就像他们曾经给予哥伦布帮助那样。

麦哲伦的工作兼具迪亚士和哥伦布两人之功。与迪亚士及其前任相同的是，他必须找到一条从南边绕过把大洋分隔开的广袤大陆的通道，而与哥伦布的相似之处在于，他必须横跨从未有人穿越过的浩瀚大洋。所不同的是，他南下的航程比迪亚士走得更远，他跨越的大洋比哥伦布跨越的更大。然而，正因为类似的困难过去已经有人克服过，这使得他取得成功的希望也更大，因为水手们比从前更乐意继续干下去，尽管实际的困难比从前要大得多。

虽然麦哲伦身死途中，他的尝试却取得了成功。他们从西边抵达了东印度群岛，并把那里的香料（丁香）带回了家乡。远东的土地为西班牙所有，而西班牙的占领也留下了果实——菲律宾至今仍然背负着一位西班牙国王之名。[②] 西班牙统治这里达四个世纪之久，其中有三个多世纪，驶往这里的是来自西边的西班牙船只，而不是从东边来的葡萄牙船只。当西班牙人与

① 摩鹿加群岛（Moluccas）：在印尼语中称作马鲁古群岛（Maluku）。

② 1542 年，继麦哲伦之后来到菲律宾的西班牙航海家洛佩兹，以当时的西班牙王储菲利普（Felipe）的名字将该群岛命名为菲律宾群岛（the Philippines）。

摩尔人鏖战之时，教皇把一份有名无实的统治权赋予了他们，结果菲律宾直到今天仍然在承受这一恶果。

然而，西班牙人去往东印度群岛的路线却是一条失败之路。西线不仅要比东线长得多，而且这条超长的路线要跨越达半个地球之宽的广阔大洋（一端是中国北部，另一端是南美洲的南部）。这片浩淼的水域中没有陆地。海上运输比陆地运输更为容易，对于给定的结果也比陆地上花费的能量更少；但是人只有在陆地上才可以生产东西——使能量成为可用的。在这片茫茫大海上，什么东西也生产不了。遥远的东印度群岛只有香料，而且只有葡萄牙人看重它的价值，西班牙人并不把它当回事。西班牙人瞧不起经商，他们眼里只有黄金和白银。

因此，海洋一体性的发现使葡萄牙人取代阿拉伯人控制了世界贸易，而地球形状的发现使西班牙人控制了美洲的大部分，尽管这片大陆上的巴西为葡萄牙所有，因为人们认为它处在属于葡萄牙的那一半世界之内。

第 10 章

大　洋：大洋强国——荷兰与法国

大洋的发现，在一段时期内让西班牙和葡萄牙分享了由此带来的利益；在教皇权威的支持下，他们的饕餮大宴看起来像是会永久持续下去。但是，教皇既不能改变地理条件，也无法改变这些条件对于人们的心灵所产生的支配作用。

我们已经知道，水路运输之所以优于陆路运输，是因为在远距离输送货物时，前者比后者的费用更为低廉。伊比利亚半岛虽然面向大洋，但是对于大部分运往欧洲大陆的货物来说，这个与欧洲其他地区几乎隔绝的半岛显然并不是一个适宜的卸货地。威尼斯背后的伦巴第平原是一片人口稠密的地区，这部分缘于其自身的富庶，部分缘于我们已知的其过去的环境。里斯本的背后却是人烟稀少的地带，与伦巴第平原完全不同，西班牙的大多数地区均为贫瘠的高原。因此，运入里斯本的大部分香料必须通过较便宜的货物运输路线，才能转运到内陆地区。

我们在此无法详尽讨论宗教改革和文艺复兴的起因。在很大程度上，这两者都源于当时的人们具有比从前更为广阔的视野，而这种视野，则来自我们所知的由地理条件支配的历史事件的刺激。不过要注意的是，虽然文艺复兴影响了整个欧洲，但是宗教改革开展得最如火如荼的地区，却是距离罗马天主教会统治地最远的那些地区，这就如同在未受犹太教影响的土地上，基督教的地位是最为稳固的。与一直处在罗马教廷管辖下的地区的居民相比，天主教会的教义对于那些地区的居民的吸引力要小得多，更何况二者所在地区的地理条件也有所不同。北欧的历史动量不同于南欧，天主教会这部机器与那里的环境不太适应，存在更多的摩擦。印刷术的发明使北欧的这些地区节省了巨大的能量，这些节省的能量被转作他用，尤其是使新教以前所未有的速度传播开去。因此，在北欧与南欧之间存在着一种潜在的对抗，这种对抗一有机会就会变得十分明显，这是不足为奇的。作为新教徒的荷兰人于是就起来造了天主教西班牙的反。

荷兰人的能力以及他们争取自由的愿望取决于地理因素的作用。在中世纪时，逐渐开化的北欧与已经文明化的南欧之间的交流是十分必要的。问题是摩尔人控制了直布罗陀海峡，而陆地上又没有道路，于是河流就显得非常重要。在欧洲北向的河流中，只有莱茵河发源于欧洲南部的阿尔卑斯山脉。再者，从西欧地图上可以看到，深邃的莱茵河谷所穿过的重重高地，海拔均达到数百英尺。这条河谷是西北欧的主要通道，来自英格兰的羊毛（中世纪的英格兰就类似于现在的澳大利亚），就是经由这条通道运往佛罗伦萨和比萨等意大利北部的制造业重镇的，因为这些城市中有消费得起上好的毛织衣物这类奢侈品的居民。羊毛属于大宗商品，这也促进了其他商品的运输。最终，在有大量羊毛输入的尼德兰出现了许多毛纺厂。这些制造业城

图 10–1　莱茵河河谷

莱茵河河谷平原的周围全是高地，与外界几乎呈隔绝状态。

镇均位于现在的比利时境内，不过荷兰的重要性也随着比利时的发展与日俱增。比利时人很少出身于水手，而荷兰人则堪称现代意义上的海员。作为近岸浅海岛屿上的居民，他们只能靠捕鱼勉强维持生计。此后，当富裕人口逐渐向西部聚集时，他们通过向富人社区供应鱼类获得了丰厚的利润。随着捕鱼业的兴旺，荷兰人的财富和渔民的数量也增加了。这样的交流很自然地导致了比利时商人雇佣这些渔民从事海上运输。在西班牙和葡萄牙，其人口中只有很小一部分以水手为业，因为只需很少的船只就足以运载送往伊比利亚半岛的所有香料和金银。由于荷兰拥有的船只数量庞大，当为自由而战的战斗无望取胜时，居然有人认真地提议，将所有荷兰人都转移到船上，到海外另寻一个新家园。因此，在尼德兰有商人群体和商船，而从这里往南，有进入欧洲大陆心脏地带的最便利的水道。这就难怪比利时城市安特卫普会成为欧洲最重要的商业中心，而荷兰人在从事其他贸易的同时还兼营香料运输，并从中赚取了巨大的利润。

尼德兰的比利时部分与海相通，但这里的居民是商人和制造业者，而不是海上承运商。东印度群岛的财富滚滚流入这个地区，但他们的土地却不易防守。荷兰人第一个享有自由的中心位于莱茵河入海口外最远的岛屿上。他们可以引水淹没自己的土地，使来犯的敌人遭殃（他们也确实这样干过），而自己却能乘坐平底船接近被围困的城市，他们很快就发现自己拥有了制海权。比利时则没有这些优势，所以未能摆脱西班牙的统治，而荷兰不仅成了一个商业国家，而且一度成了海洋世界的霸主。

此时，西班牙人犯了一个根本性的错误。黄金、白银以及所谓的宝石本身并不是财富。习惯上它们是巨大能量的象征，但它们本身并不是能量。西班牙征服的任何土地均没有带来能量的积蓄，这种征服几乎没有给西班牙带来什么真正的财富。弹丸之地的尼德兰创造的收入，相当于西班牙从墨西哥和秘鲁所得全部收入的四倍。一方积蓄了大量能量，饶有富余；另一方则能量少有积蓄，没有剩余。西班牙的大洋霸权完全建立在他们的黄金之上，而荷兰的大洋霸权依靠的却是他们以自己的能量创造更多的可用能量这一事实，随着他们积蓄的能量不断增加，西班牙人从东印度群岛获得的很大一部分黄金，最终也转移到了荷兰人的手中。对土地单纯的军事征服，并不能带来能量的积蓄。

葡萄牙的地理位置虽然不像荷兰那样适宜与欧洲的其他国家通商，但是借助其控制的香料贸易也实现了能量积累。西班牙不仅征服了大洋彼岸的土地，而且一度也把葡萄牙置于自己的控制之下，毁掉了葡萄牙的发展潜力。荷兰则抓住了这个机会。1578 年，荷兰在“沉默者”威廉（威廉一世）的领导下，彻底摆脱了西班牙的有效控制。在与西班牙的对抗中，荷兰人无视教皇的敕令，纵横四海，从敌人手中夺取任何一块有可能与之开展贸易的土地。这些土地大部分已归葡萄牙人所有，但不管是西班牙还是葡萄牙，这时在荷兰人眼里并没有什么区别。又过了不到半个世纪，荷兰人已经航行到了世界各地。几年之后，权力达到顶峰的荷兰人成了东印度群岛的主宰，他们在巴西和圭亚那建立了殖民地，他们发现并且绕航了合恩角，“合恩角”之名即得自于荷兰的一个小渔村。他们在几内亚海岸拥有贸易站，他们在去往东印度群岛途中的开普敦进行殖民，毛里求斯（以荷兰的莫里斯王子命名）和锡兰成了荷兰的属地，他们还控制了北美的门户新阿姆斯特丹。此外，他们还掌握了欧洲大部分的航运业，甚至承担了美洲与法国和西班牙之间的货物运输业务。就像他们所说的，他们使自己成了“海上马车夫”。葡萄牙和西班牙拥有的大洋霸权全都落入了荷兰人手中，但西班牙仍然保留着其征服地。

然而由于地理的原因，荷兰的大洋霸权也像西班牙和葡萄牙那样无法长期维持下去。积蓄能量固然是一种进步，遥远国度的产品固然可以用更便宜的价格获得，但还有一些东西是必不可少的。

任何引擎都需要“包装”和保护，要尽可能地防止机器把能量浪费在无用功上，并防止它受不利因素的损害。要做到这一点，就必须以适当的方式消耗能量，而这样消耗的能量越少，经济性也就越高。荷兰的自然条件不能提供自我保护所需的足够能量。莱茵河三角洲的面积太小，难以供养大量的人口，因此拥有共同利益和情感的群体的人数必然不多。西班牙并不是真正的海洋国家，而荷兰却是，当二者之间发生竞争时，制海权便会落到海洋国家的手中。但是，当竞争发生在荷兰与其他海洋国家之间时，就会出现其他需要考虑的因素。

此外，虽然莱茵河三角洲地区的沼泽和水道对于保护这个海洋国家厥功至伟——就像威尼斯的潟湖和巴比伦的沼泽曾经显示过的那样，荷兰摆脱西班牙的统治获得独立，也是因为有这些沼泽和水道。1 个世纪之后，同样因为有这些沼泽和水道，荷兰才能够与法国对抗，但也正因为荷兰的边境需要防卫，本来就十分缺乏的人力还要预留一部分来进行防御，因此当它受到来自陆地和海上的双向夹击时，就只有屈服认命了。

现在我们要讨论的这个国家，在一力促成荷兰衰败的同时，又竭力夺取了海上的霸权，这个国家就是法国。

我们已经知道罗马帝国在整个西欧、伊比利亚半岛、高卢和不列颠南部的扩张是如何进行的。在罗马帝国的统治下，这些地方开始在历史中有了一席之地。我们也知道罗马帝国是怎样被外来部落推翻的。最终，在从未承认过罗马人统治的北方日耳曼部落中，崛起了一个被罗马教皇承认的国家。而且，因为教皇承认其为既往历史的代表，这个国家被冠以帝国之名。[①] 这个帝国包括近代的法兰西和德意志，但不包括伊比利亚半岛，正如我们所知道的，后者此时仍在穆斯林和摩尔人的控制之下。这个帝国最初很自然地分裂为三个部分：西边部分为罗马人所有，东边部分则为非罗马人占据，中间部分则有待商榷。前面两部分自然比中间部分更为重要，并或多或少地将其吞并了。然后，西边部分逐渐形成了法国，但是应注意在罗马时代尚不存在法国，在查理曼帝国初期也不存在。在罗马帝国和条顿人的帝国[②] 统治时期，被称为“法兰西”的这片土地得到了开化，但当时尚不存在法兰西国家。现在要注意的是被称为“法兰西”的这片土地的自然单位。我们已经知道罗马时代的马赛和罗纳河河谷入口的重要性，罗马人在征服伦巴第平原之前就已经统治了这片土地，这是他们的第一个行省。这里有由沿海平原组成的一片低地，即罗纳－索恩河谷以及比利牛斯山脉和南部高

---

① 指查理曼帝国（亦即加洛林王朝）。

② 条顿人（teuton）是古代日耳曼人中的一个分支，后来逐渐与日耳曼其他民族融合，后世常以条顿人泛指日耳曼人及其后裔。此处指由日耳曼人建立的法兰克王国。

原之间的缺口。位于阿尔卑斯山脉和比利牛斯山脉之间的缺口内的这个高原，有着高地区的经济条件，并因此而与其两边的低地区形成了很大的反差。整个高原仅有东南边缘为陡峭的塞文山脉。从塞文山脉中部的最高点到布列塔尼方向有一道很高的分水岭，奥弗涅高地即坐落于此。分水岭的两边是阿基坦平原和法国北部平原，其土壤为不同岩石的碎屑充分混合的产物，土质十分肥沃。加龙河以及穿过普瓦捷门户（gate of Poitiers）的卢瓦尔河河谷地带亦为物产丰饶的沃土，同时构成了来往于两侧平原之间的便捷通道。

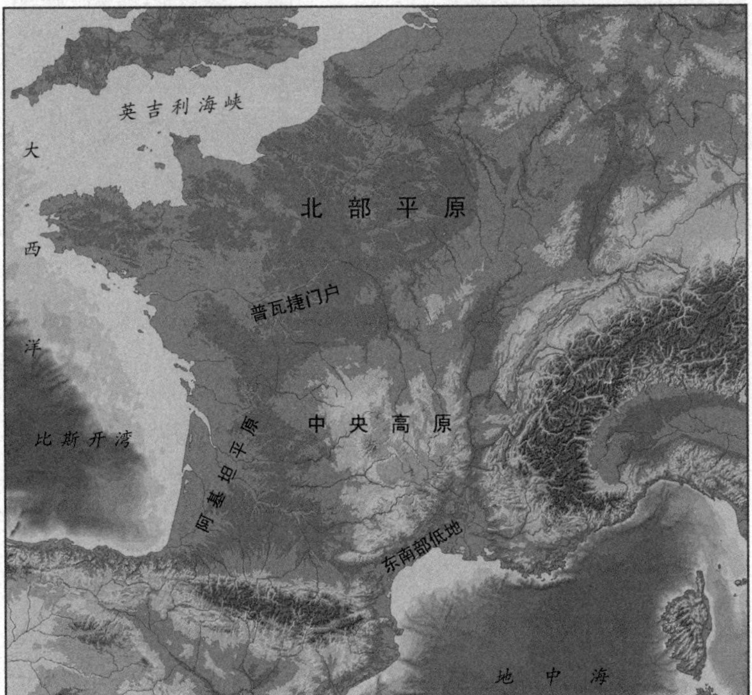

图 10-2　法国的自然地势

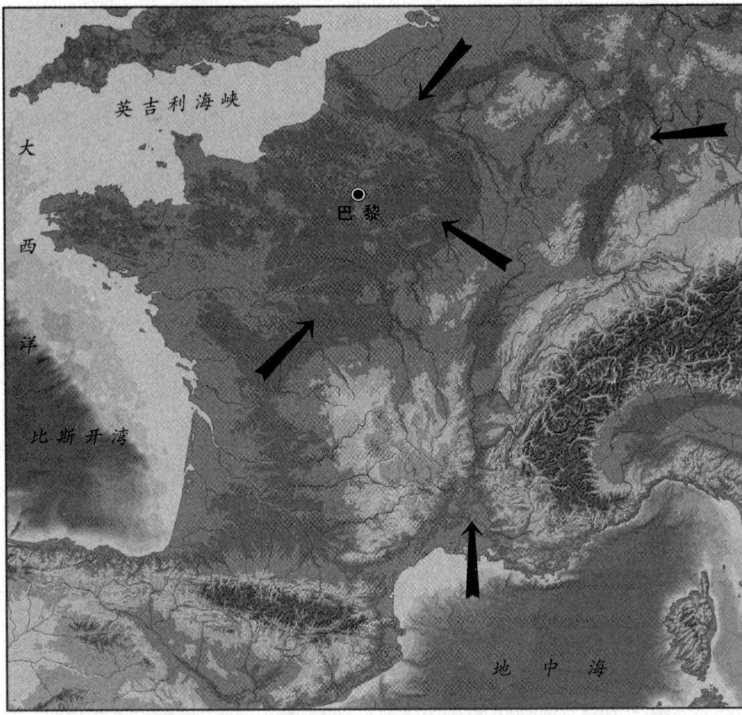

图 10–3　巴黎的位置

法国的天然道路均指向巴黎。

中世纪时期并没有道路，因为罗马时代的道路已经年久失修和废弃了。那时的交通主要是靠河流，有些甚至是我们现在不宜利用的河流。在北部平原，水道的作用可谓无可匹敌。塞纳河及其支流几乎从源头开始就能通航，从东北方向流下的瓦兹河在巴黎下游不远处汇入塞纳河，来自东方的马恩河则在紧挨着巴黎的上游与塞纳河相汇，约纳河则来自南方。这些水道都在巴黎汇合。但这还不是全部，在奥尔良汇合的卢瓦尔河的两段河道，也构成了通向巴黎的两条路线。上半段河道通向阿基坦平原，下半段河道通往南部高原中的高山河谷。此外，漫长的罗纳－索恩河谷既是通往南方的朗格多克平原的通道，也是翻越科多尔陡坡[①] 的便捷之途，所以，甚至这个地区也能与巴黎发生接触。

因此，如同罗马帝国的发展是以罗马城为中心，法国的发展是围绕着巴黎进行的。当意大利南部受到来自北方的内陆民族攻击时，罗马城就变得十分重要；维京人曾沿着欧洲海岸航行进入塞纳河，并溯流而上直到河中的一个小岛，巴黎就是从那时开始变得重要起来的。因为小岛在这里形成了一个方便的过河点，人们就在那里建了一座桥，结果桥梁阻断了船只的通行，使这里成了维京人入侵的终点。挡住了维京人的巴黎，便以这种方式凸显了它的重要性。

那时，诺曼人统治者不仅是英格兰的征服者，也是现在的法国西部各地的统治者。对平民大众来说，受什么人统治并不重要，但大体上讲，英格兰的统治者就因为其统治地是英格兰，因此与巴黎的统治者相比，受信任的程度就要低一些，最终，各个地区都承认巴黎的统治者具有最高的权威。尤其是在英格兰国王及其代表无意中将英吉利海峡南边的领地视为外土时，这一进程更加快了步伐。例如“黑太子”[②] 从波尔多向南的一路蹂躏，除了劫掠以外并无其他任何理由。

---

① 科多尔陡坡（Côte-d'Or）：法国勃艮第地区著名的石灰岩陡坡，科多尔省即由此而得名。

② “黑太子”（Black Prince，1330—1376）：英格兰国王爱德华三世的长子，英法百年战争前期英军最著名的指挥官，以残暴著称。

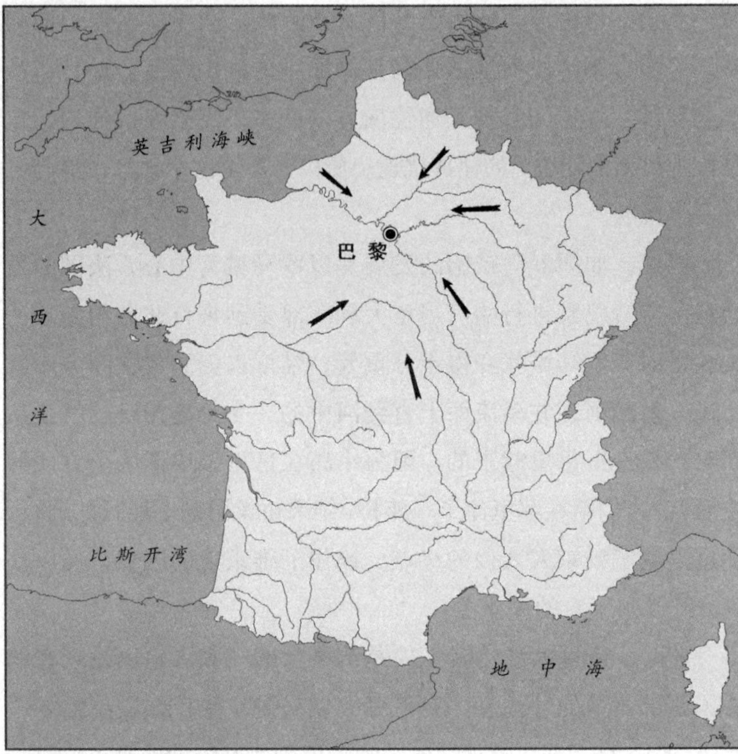

图 10–4　法国北部平原的水道

这些水道均汇聚于巴黎。

既然法国是一个以巴黎为中心的国家，它的实际边界就显得不那么重要，但它的北部、西部以及南部的一部分无疑都是以海洋为界的。在南部的西侧有比利牛斯山脉形成的一个高原地区，法国在这个方向的边界也十分清楚，唯独在它的东部没有这样的明确疆界。

在这一疆界中的法国，其大部分历史都是国家统一的演变史。这里的人民几乎全都从事农业生产。此地气候宜人，夏无酷暑，冬无严寒，雨量充沛，而且大部分土地均很肥沃，生产的粮食足够其人民所需。没有什么诱惑或压力迫使他们向海洋发展，也没有什么诱惑使他们远离自己的土地（只有东部除外）。法国既有陆军也有海军，但后者仅用于防御。由于从海洋中获益甚少，以水手为职业的人数量并不多。

这就是那时的法国，它的东南部处于地中海古代文明的传播范围之内，所以马赛是一个希腊化的城市，普罗旺斯则是罗马在意大利半岛之外的第一个行省。法国的语言是一种拉丁语方言。它位于西班牙与荷兰之间，面向大西洋，拥有攫取大洋霸权的机会，但是由于东部疆界的不确定性，似乎又使它倾向于向陆地方向扩张；然而若是它愿意，也能够做到自给自足。

此后，法国的历史就在三种倾向中摇摆：一个时期内自给自足的信心占了上风，另一个时期向陆地扩张的企图又起了支配作用，再一个时期获得海洋霸权的欲望又居于统治地位。同时，由于巴黎的中央集权政府，使得每一项政策都能得到系统化的集中。

于是，法国就成了荷兰人海上霸权的终结者，但是由于自身利益上的分歧，它也未能获得海洋的支配权。

到15世纪中叶，以巴黎为中心的法国宣告完成统一；到15世纪末，普罗旺斯、布列塔尼和勃艮第公国也并入了法国。前面两个地区与巴黎的中央势力距离遥远，最后一个则位于没有明确自然边界的有争议的中部地区，这使它与东方的陆权国家之间产生了纠纷。在此后的50年中，法国的对外关系史就是试图保持这条新的东部边界，而它的内部史则告诉我们，法国统一于巴黎的专制君主的权威之下，而此时的巴黎已是欧洲最好的城市。

从那时起又过了半个世纪，统一的中央集权的法国，不得不设法解决传入整个北方地区的教义改革所引发的宗教冲突。到1600年，这些问题有了一个解决办法，统一的法国仍然信奉天主教。

此时，荷兰人正在开拓他们的海外事业。法国统治者的目标开始受到这些新形势的影响，然而，由于东部陆地边界的不确定，使得政策上出现了分歧。黎塞留[①]意图建立一个伟大的海权国家，以增加法兰西王国的财富，但他同时也打算向东扩展边界，使法国拥有更多的农用地。这种双重企图带来的结果是，荷兰被摧毁了，控制着法国边境另一边土地的奥地利被削弱了，最终法国自身也受到了重创。之所以会出现这样的结果，主要还是受了北方新出现的海洋强国的影响。因此，我们现在就要来讨论影响了历史进程的英国的地理条件。

① 黎塞留（Richelieu，1585—1642）：法国红衣主教，法王路易十三时期的著名政治家和主要大臣。

第 11 章

大 洋：大洋帝国——英国

英国与其他国家之间的一个显著区别，就是唯有英国是一个面积相当大且能够供养大量人口的岛国。但是，要想理解英国在历史上扮演的特殊角色，我们就必须先来考察它的地理条件。

1. 气候。英国像前述的其他海洋国家那样，拥有温和的气候。沿西北欧海岸盛行的西风，使得这里半英里深的海水的温度高于同纬度其他区域海水的常温。在冬天，这可以防止土壤、河流以及沿海水域发生冻结。英国的位置也足够偏北，夏季温暖而不炎热，除此之外还有海洋的调节作用。因此，这里全年都能够进行土地和海上的劳作。冬天的寒冷使人振作，又不至于让人冷得麻木；夏天的热度也不至于使人无精打采、丧失活力。能量总是可以得到节省。此外，西风带来的气旋风暴所产生的降雨，使得草木在四季都能够生长，夏天遭遇干旱的可能性也很小。甚至遭人诟病的反复无常的天气变化，也不失为一种恒定的刺激因素。

2. 地形。在大不列颠岛上有两块低地，位于东南部的较大

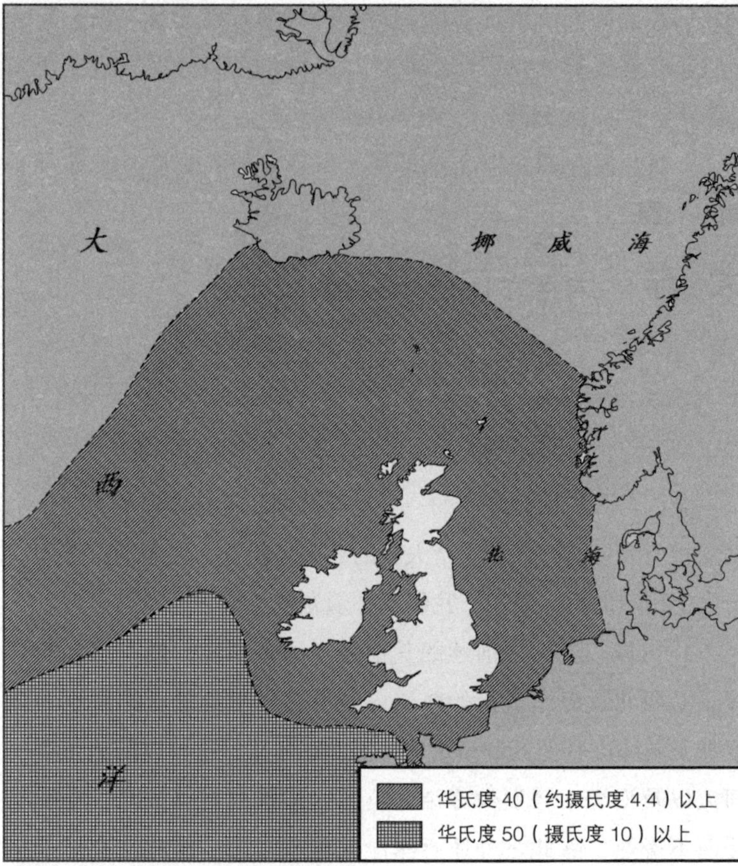

图 11-1 一月份英国周围海洋的温度

的一块是英格兰的重要组成部分，而位于福斯湾和克莱德湾之间较小的一块是苏格兰的重要组成部分。[1] 爱尔兰岛上的低地从中央一直延伸到东西两边的海岸。因此，在这些低地上都有大

① 它们都是“低地”而非“平原”。——原书注

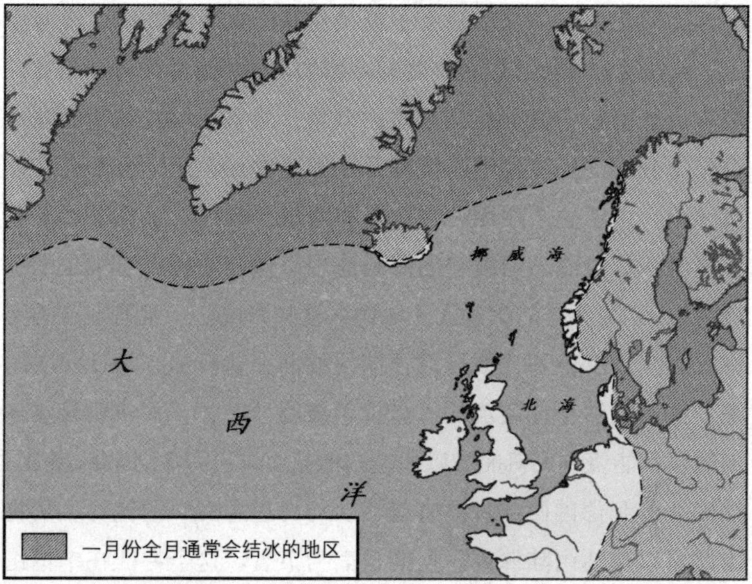

图 11-2　温暖的海湾

图中显示了英国特殊的气候位置。

片的可耕地。这些区域的面积都相当大，英格兰的低地可以与法国的低地相媲美。虽然在小政体并存的时代可能不太稳定，但是当文明的进步足以让一个政府控制整片低地时，这个政府可以相当单一和稳定。

3. 潮汐。现在，如果我们看一下西北欧的海水深度图，也就是海平面以下的地形图，就会看到英国坐落在一片恰好被海水覆盖的岩石台地上。如果这片土地再抬高大约 600 英尺，英国就不仅会跨越多佛尔海峡，而且也会跨越整个北海和英吉利海峡，与欧洲大陆连在一起。这具有重要的意义。南大洋产生的潮汐波向全球传播，以极快的速度掠过印度洋、大西洋和太平洋，但它引起的涨落只有 1 英尺左右。当潮汐波接近浅海岸时，其速度会减慢，但是高度却会增加。如果这片浅海岸很宽，潮汐的涨落就会变得相当可观；但是，如果潮汐波到达的陆地海岸十分陡峭，波浪的高度则几乎不会增加，而且也不会有什么涨落。由于这个原因，在挪威和西班牙的海岸就几乎看不到什么潮汐。显然，像波罗的海和地中海这样的封闭海域是没有潮汐的，因为大洋的潮汐波无法进入这些海域。[①] 唯有在英国海岸，以及从汉堡到比斯开湾顶端的欧洲大陆海岸，每日两次的潮汐涨落能够保持河流的入海口不被泥沙淤塞，并使船只在任何时候都能绕开大帆船难以通过的地方而进出海洋。因此，英国、法国北部和德国西部都具有能够从外海进入河口的优势，货物由此可以直达内陆深处，使能量大为节省。这个特征在中世纪时尤为突出，那时的人们已经忘记了如何建造道路，而铁路则还无从谈起。

4. 英国在旧大陆中的位置。在美洲被发现以前，英国与欧洲西北部地区一样，属于世界上所有重要地区之外的边缘地带。英国位于世间万物的终点和道路的尽头。虽然摩尔人到达了普瓦捷，保加利亚人跨过了莱茵河，但无论是来自东方的草原民族还是来自南方的穆斯林，都未曾抵达过英国的海岸。因此，英国是与世隔绝的。它与似乎应该拥有自己历史的西西里岛不同，因为西西里岛既位于东方和西方、南方和北方之间，又身处希腊人和腓尼基人之间，罗马人和迦太基人之间，基督徒和穆斯林之间，诺曼人和撒拉逊人之间，以及土耳其人和西班牙

① 这一点需要斟酌。其实它们还是有局部的潮汐，只不过可以忽略不计。——原书注

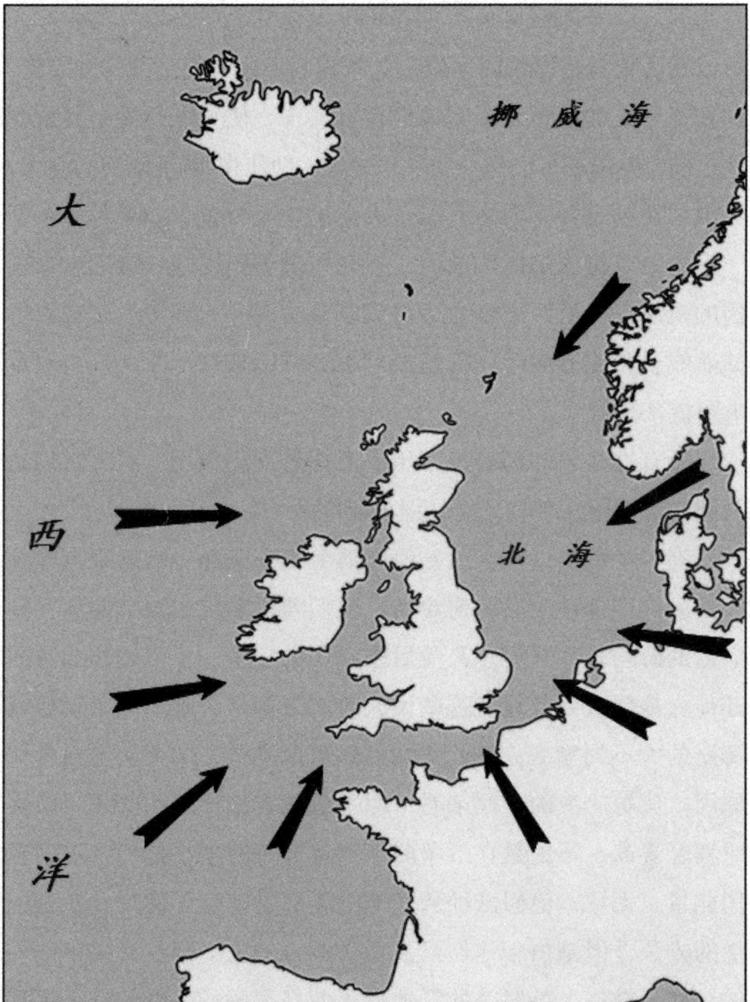

图 11–3　进入英国的通道

此图显示，在围绕英国的大半个圆周上都有进入的通道，挪威北部的通道只能算是其中不起眼的一条。

人之间。由于西西里岛是古代和中世纪环地中海世界的中心，所以其历史只是以相同地位在此相遇的不同势力之间的冲突史。在葡萄牙人和西班牙人完成地理大发现、使大洋凸显出其重要性之前，英国基本上是一块孤立之地，即使在20世纪初的今天，英国之重要也并非因为其居于大陆的中心位置。如果我们考察一下来往于英国的船舶航线，就会知道英国周围有接近半个圆周的范围——从西边经北边再到东北一线——事实上没有通行的航线。正北方向至今仍然没有地方可以来往，因此攻击也不大可能来自这个方向。

所有这些条件都对英国历史发挥着支配作用，有时它们是共同在起作用，有时又是分别在起作用。

许多个世纪以来，孤悬海外的大不列颠岛一直是来自欧洲大陆的许多部落最后的避难所，他们通过多佛尔这个距离大陆最近的海角来到这里，又受后来移民的压迫一步步朝西北方向迁徙。是什么力量促使这些民族渡海来到从大陆上可以望见其海岸的大不列颠岛，对此我们虽然可以推测，却无法道出具体原因。从每一波的移民来看，似乎后来者都比之前的那一波文明程度要高；不论是在战争时期还是和平时期，他们都更会利用能量。无疑，他们已经从其他民族那里学会了使用和积蓄能量的方法，但是由于他们只是模仿者，历史上很少有关于他们的记载。最终，英格兰的低地成了罗马帝国的一部分，大不列颠岛开始与世界有了联系。

随着罗马人的离去，不列颠作为一个岛屿的影响得以继续存在。那时的不列颠还没有中央机构，作为一个岛屿常常受到来自北海的海上民族从各个方向发起的成功的攻击。撒克逊人、朱特人、盎格鲁人以及丹麦人和维京人从四面八方发起进攻，在这里建立小国，并引入他们的习俗和生活方式，其影响直到今天仍能够感觉到。甚至有一段时期，一个以北海为根基的帝国一度将整个英格兰的低地都纳入其统治之下。

最后，诺曼人又渡过了英吉利海峡，威廉和他的子嗣们对英格兰的低地实施了强有力的统治。这种统治很自然地以伦敦为中心。伦敦靠近潮汐水道的顶端，且坐落在北岸沼泽中第一块坚实的地面上，它既是泰晤士河下游河谷地带中的道路汇合点，也是河流汇聚的良港。从唐斯到奇特恩斯之间，没有哪个地方的条件能与伦敦相比；只有在通过南安普敦水道进入的另外一个盆地中，才可能产生另一个中心——温彻斯特。法国北部和西部的平原地区，似乎一度也处在这个英格兰中心的统治之下——安茹王朝的疆域就从切维厄特一直延伸到比利牛斯山脉。因此，英国作为一个岛国的事实开始以另外的方式支配历史。对那些讲其他语言的外来者怀有的本能的猜忌心，此时就出现在了法国人民的身上。他们对来自海峡对岸说英语的伦敦统治者的憎恨，远远超过了对讲法语的巴黎统治者的厌恶。最终，在以巴黎为核心的统一之下，形成了法兰西国家。不过海峡群岛从未属于法国，诺曼人在征服英格兰之前就占据了这片群岛，这一事实在许多个世纪里一直提醒着英国人：海洋不是一种保障，而是一条进取的通道。

此后，英格兰低地的中央政府逐渐将其控制区域扩展到低地之外。长期以来，具有不同特征的威尔士高地一直自成一体。苏格兰的低地区在很长时期内都有自己的中央政府，保持着独立状态，因为它有广阔的高沼地作为防御屏障，遍布英格兰北部和苏格兰南部的这片高沼地中居住的只有抢牛的盗贼。在罗马时代以及之后的1,000多年中，不存在一个统一的大不列颠，由于经济条件上的差异，这里的高地总是培育出不同的政治环境。但是最终，整个岛屿成了一个中央集权的政治单位，它既受海洋的保护，也以海洋作为防御的工具。

在这个政治单位内，虽然低地区仍旧是分开的，但能量的积蓄却在持续进行。以牧草为食的绵羊出产羊毛，而牧草一年四季都能生长；强大的政府能够抵御入侵的威胁，并防止出现无政府状态，使养羊业的发展得以不受影响。羊毛出售给海外的客商。由于人可以常年工作，船舶能够运载货物深入内陆，逐步发展的贸易也促进了能量的积蓄。这种进步之所以可能，不仅因为有四周的海洋提供保护，也是因为有一个中央政府。事实上，英格兰是近代欧洲第一个中央集权的国家。

而在此期间，英国一直处于世界的角落里。大洋和美洲的发现，使英国受到了两个方面的影响。

（1）就像葡萄牙、西班牙、荷兰和法国那样，英国发现自己正对着大洋。从英国出发，也如同从这些国家出发一样，人们可以而且确实能够方便地驶向世界各地，他们甚至试图找到东印度群岛。在哥伦布远航的大约12年前，布里斯托尔的商人派出船只进入大西洋，试图发现好歹能作为前往东方香料产地的跳板的岛屿。

（2）当前往东印度群岛和美洲的海上交通线建立起来后，英国南部海岸与它的联系便密切起来，但西北部仍与所有交通线相距遥远，并且也远离外来的攻击。

于是，就像我们从已熟知的规律中所预料的那样，英国此后的历史，即为其从前的历史以及地理条件所支配。周围的海域成了护卫她的屏障，中央集权政府又能够积蓄能量。因为安全有保障，英国在中世纪诞生的国家中占有了一席之地。那里的居民中有很多是水手，作为国家财富之源的商人们认识到海外贸易有利可图，从而为能量积蓄奠定了基础。海洋不再是未知的事物。但是一开始，英国并没有从东印度群岛的发现中获得很大的利益。葡萄牙与荷兰先后夺取了原本属于意大利各城市共和国的大部分贸易份额，而西班牙则控制了出产贵金属的地区。的确，英国水手远比西班牙士兵优秀，后者虽然拥有“无敌舰队”，但他们的海上技能并不娴熟。英国的舰船虽然比西班牙的要小，但因为它们本是商船，专为航海和水手们所造，因此更容易操控；而西班牙的大船就像浮动的城堡，是为海上作战的士兵而建，而且只适合效仿陆地作战的方式。像雷利和德雷克这样的英国水手，也曾试图从西班牙的西方领地上带回财宝，但英格兰的统治者与西班牙的统治者不同，他们还不习惯征服的概念，所以并不急于占有遥远的海外土地。甚至由雷利开辟的弗吉尼亚殖民地（他在那里寻找黄金，却一无所获），除了带给后世的人渡海耕种这片土地的想法，也并未产生什么结果。

英国的繁荣也不像葡萄牙和荷兰那样，立即受到了贸易观念的影响。最初，在宗教改革之前，葡萄牙在教皇的裁定下享有贸易的垄断权。后来，荷兰人因为控制了东印度群岛的产品进入北欧的主要航线，自然地成为了“海上马车夫”，并积蓄了足够的能量，使他们摆脱西班牙的统治赢得了独立，先于境内尚无明显交通线的英国实现了繁荣。但是，英国与荷兰是如此接近，于是英国商人很快就竭力用遥远土地上的便宜产品供应本国，并因此发现自己与荷兰处于竞争和对立的状态，于是自然产生了敌意。英国卷入了与荷兰和法国的冲突，并在1个世纪多一点的时间内，不仅变成了一个海上强国，而且成了大洋的霸主。

这场争斗从16世纪末一直持续到18世纪初，但这个时期的前半段都花在了有名无实的和平上。从1600年荷兰人把一磅胡椒的价格从3先令[①]提高到6先令，英国出于自卫考虑成立了英属东印度公司，直到1651年克伦威尔颁布《航海条例》，期间英国贸易不断扩张，并与荷兰人产生了越来越多的冲突，但还没有发生实际的战争。值得注意的是，在这个日趋紧张的时段里，黎塞留也试图建立法国的海上霸权（1628年至1642年间）。但是，这种尝试并未建立在法国人民的自然活动之上，其政策也没有坚持下去，因此其结果也不如预期。

《航海条例》宣布，所有进入英国及其殖民地的产品（数量一直在逐步增加），必须由英国或产品生产地（或制造地）的船只进行运输。这是向荷兰人发起的挑战，与荷兰的战争自然也随之而来。这场争夺海洋霸主地位的角逐持续了60年，且可以划分为标志明显的四个阶段：（1）英国单独对抗荷兰。（2）英国对抗荷法联盟。（3）英法联盟对抗荷兰。（4）英荷联盟对抗法国。

（1）第一阶段从1652年开始，到1665年结束。在共和国时代的第一场战争中，如果说有什么不同的话，那就是英国略占优势。在查理二世时期的第二场战争中，英国总体上的表现

---

① 先令（Shilling）：英国的旧辅币单位，1英镑等于20先令。

▲ 纳尔迈调色板出土于埃及赫拉孔波里斯，在其正反两面的图案中，国王纳尔迈分别头戴白冠和红冠，象征着上、下埃及的统一。

▲ 这件古埃及彩绘木箱侧面的精美图案描绘了法老作战的场景，象征着法老足以战胜任何敌人（此处为亚洲人）。法老不仅是地上的国王，也是天上的神。

ΔΡΚΟΣ
ΚΡΟΚΟΔΙΛΟΣΧΕΡΣΑΙΟΣ
ΚΡΟΚΟΔΙΛΟΠΑΡΔΑΛΙΣ

◀ 阿卡德国王纳拉姆－辛（头戴角盔者）为战胜山居的卢卢比人而雕刻的胜利石柱（约公元前2230年），是美索不达米亚文明重要的文化遗存，也是阿卡德时期保存最完好的雕刻之一。

▼ 亚述人头飞牛雕像（公元前8世纪）。守护王宫和庙宇的人头飞牛是智慧、速度与力量的象征，令人充分感受到君主的至高地位。

◀《尼罗河风光》（约公元前100年），出土于今意大利帕莱斯特里纳，是现存最早的古典时代马赛克镶嵌画之一，表现了古埃及的神明和尼罗河每年一度的洪水。

▲ 亚述国王辛那赫里布王宫中的浮雕，表现了公元前 722 年亚述征服以色列王国的场景，以色列人被迫离开家园，流散到亚述帝国各地。

▲ 马萨达城是以色列犹太古国的象征，也是犹太人的圣地之一。地势险要的山崖构成了天然的堡垒，希律王曾于约公元前 1 世纪在此建造了宫殿。

▲ 亚述国王萨尔贡二世王宫中的浮雕，描绘了一艘腓尼基人的船，船上载着雪松木。在当时，这种船可能用于将大船上的货物运到海滩。

► 提尔紫是一种紫色染料，用于提取提尔紫的贝类十分珍贵，因此擅长航海的腓尼基人从这种贸易中赚取了大量财富。图为查理大帝（742—814）裹尸布的碎片，由金丝和来自君士坦丁堡的提尔紫制成。

▲ 锡拉岛上的阿克罗蒂里城遗址中的两幅壁画（约公元前1550年），是克里特文明重要的考古发现。船队航行的场景可能代表了一场宗教节日中的狂欢活动，也有学者认为这是一个战斗场面或祈求丰收的仪式。

▲ 三桨座战船由腓尼基人最先使用，后来在希腊和罗马得到大规模应用。其前身是单层桨战船，在此基础上将桨手由 1 层增加到 3 层，可容纳 200 余人。

▲ 威廉·冯·考尔巴赫《萨拉米斯海战》（1868 年）。公元前 480 年，希腊舰队在萨拉米斯海湾重创波斯舰队，取得了决定性的胜利。

▲ 亚历山大大帝石棺上的浮雕描绘了激烈的战斗场面，从面部表情和肢体动作上，就能明显看出希腊人与其蛮族对手之间的不同。

▲ 威廉·透纳《狄多建设迦太基》（1815 年）。狄多是提尔国王的妹妹，于约公元前 9 世纪末在突尼斯湾建立了迦太基城（在腓尼基语中意为“新城”）。

▲ 科内利斯·柯特《扎马会战》（1567 年）。公元前 202 年的扎马会战是第二次布匿战争中的最后一场大战，罗马执政官西庇阿击败了迦太基名将汉尼拔。

▲ 一枚表现亚克兴海战（公元前 31 年）的玛瑙印章。屋大维化身为海神尼普顿，手持三叉戟，驾着战车在海上驰骋。

► 图拉真纪念柱（公元前 113 年）由罗马帝国皇帝图拉真在征服达西亚后所建，是罗马帝国对外扩张时期国力强盛的象征。

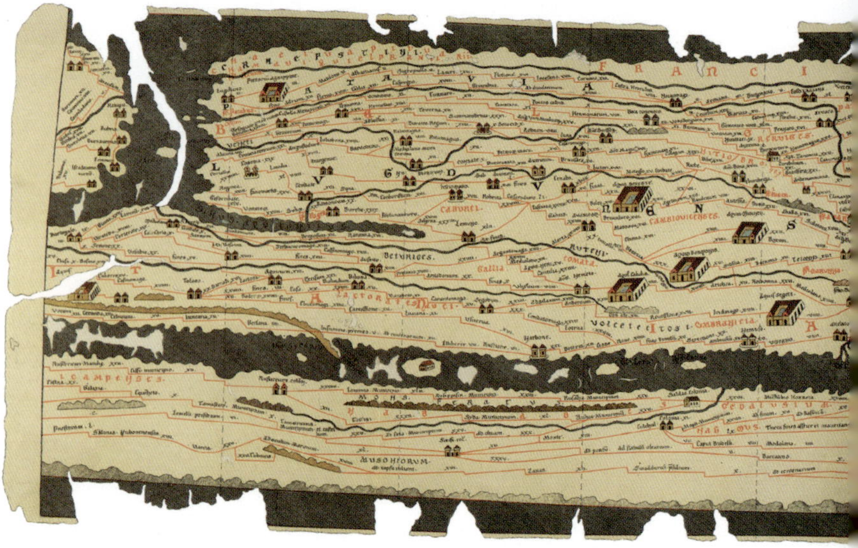

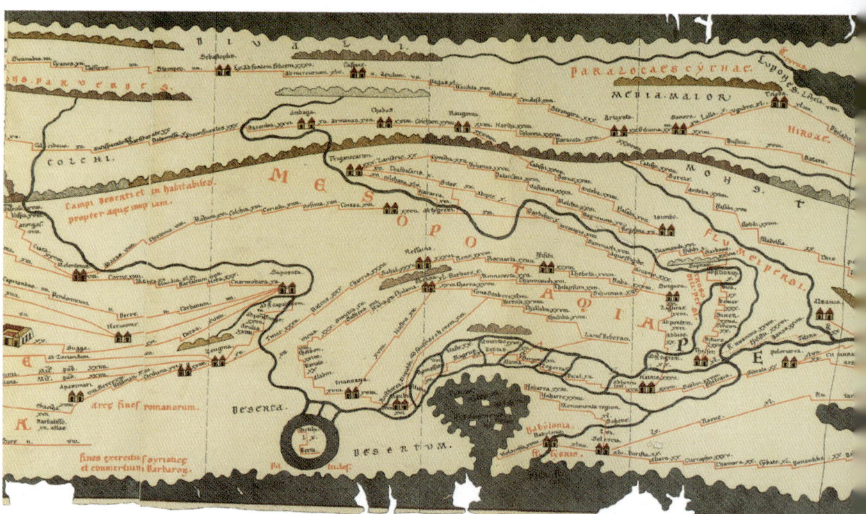

▲ 19 世纪的《波伊廷格地图》（约 1300 年）副本，展现了英格兰、法兰西、阿尔卑斯山（上图）以及罗马世界的东部界限——伊朗、伊拉克、印度和朝鲜（下图）。

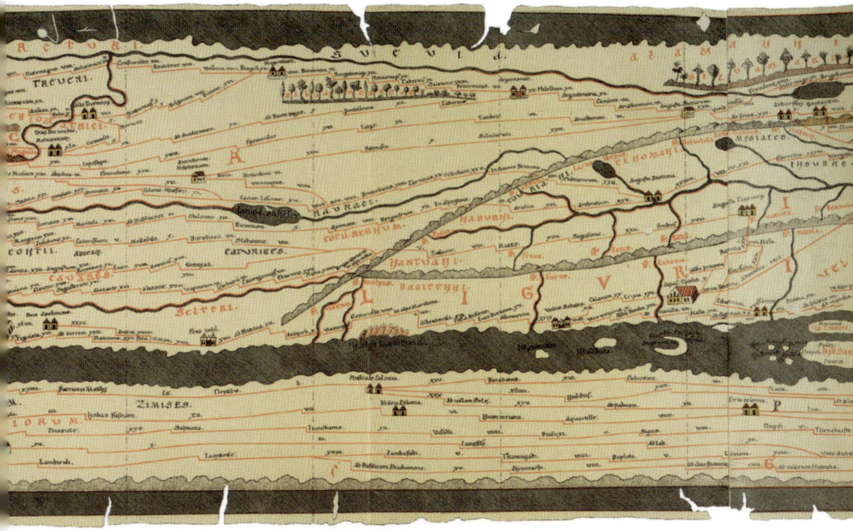
TREVERI
ZIMISES.
INSVBRES

Hic Alexander Responsum accepit

▲ 自 3 世纪起，日耳曼人中的法兰克人和哥特人等势力突破了罗马帝国的西部边境，帝国面临内忧外患，进入了所谓的“三世纪危机”。在卢多维西的石棺上，雕刻着罗马人与西哥特人作战的场面。

► 意大利蒙扎大教堂中弗拉维斯·斯提利科（约 359—408）的象牙浮雕。斯提利科是西罗马帝国的摄政，也是帝国最后的伟大统帅之一。他是一名罗马雇佣兵队长之子，而且是汪达尔人和罗马人的混血。

▶ 西哥特王国国王雷克斯文斯的王冠（7 世纪下半叶），1858 年出土于西班牙托莱多，由黄金和宝石制成。王冠上刻有雷克斯文斯的名字，但他本人并不佩戴，而是将其悬挂在教堂中。

▲ 大马士革古城建于公元前 3 世纪，是中东地区最古老的城市之一，自 661 年起成为倭马亚王朝的首都，进入了巅峰时期。图片中央的建筑为倭马亚大清真寺，是伊斯兰教最主要的清真寺之一。

▲ 两名持刀的骑兵在战斗，来自一部在中世纪的阿拉伯国家十分流行的骑兵战术与训练手册（1366 年），作者是乌玛尔·沙斐。书中不仅提供了骑兵作战的技巧，还包括骑手训练和竞技的内容。

▲ 手持长矛的马穆鲁克在训练（约 1500 年），来自一部芙鲁西雅抄本。“芙鲁西雅”（furusiyya）在阿拉伯语中的意思是“马”，亦指为马穆鲁克精英提供马术与战术指导的手册。

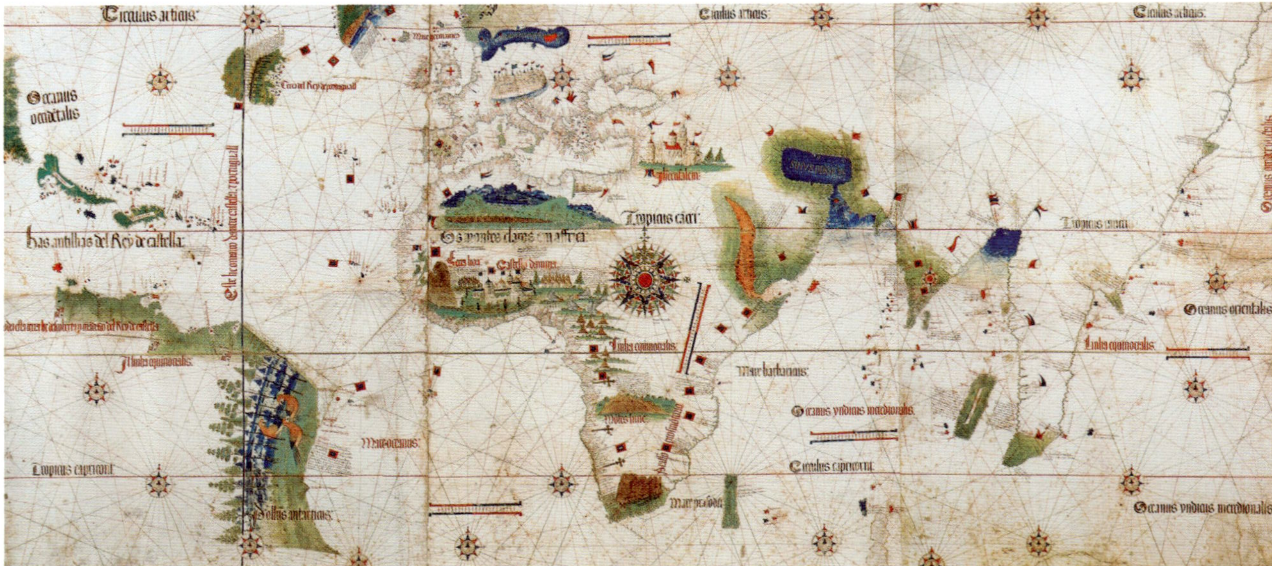

▲ “坎迪诺平面球形图”是现存最早的展现葡萄牙人地理发现的地图，1502 年由一位佚名制图师制作，并由阿尔贝托·坎迪诺从葡萄牙偷运到意大利。图中展示了 15 世纪末欧洲人的地理探索范围。

▲《伊丽莎白一世与西班牙无敌舰队》（作者一般认为是尼古拉斯·希利厄德）。西班牙为了保障其海上交通线和在海外领地的利益，建立了当时世界上最庞大的舰队。在1588年的格拉沃利讷海战中，“无敌舰队”被英国皇家海军击败。

▲ 约翰·范德林《哥伦布登陆》。1492 年 10 月 12 日，克里斯托弗·哥伦布登上了美洲大陆。直到今天，美洲的 10 余个国家仍将这一天或这一天前后定为“美洲发现日”或“哥伦布日”加以纪念。

▲ 描绘宽文时代（1661—1672）长崎的屏风画，荷兰人的船只停泊在港口中，附近是他们的货仓和居所。由于日本统治者排斥外国商人及其货物，出岛上的荷兰人生活十分悲惨。

▲ 亨德里克·科涅里茨·弗鲁姆《1602年10月荷兰战船在佛兰德海岸撞沉西班牙帆船》（1617年）。在1602年10月的多佛海峡海战中，英荷两国舰队击败了西班牙。荷兰于1648年正式独立后，很快进入了商业鼎盛时期，并成为17世纪的海上殖民强国。

► 位于英国塔维斯托克的弗朗西斯·德雷克雕像基座上的铜饰（约瑟夫·勃姆，1883年）。1567—1580年，弗朗西斯·德雷克先后进行了3次探险远航，英国女王伊丽莎白一世亲自赐予他骑士称号。

▲ 安东尼·让·格罗《阿布克战役》（1806 年）。在国内局势稳定后，拿破仑于 1798 年率军远征埃及，意在切断英国与其属地印度之间的交通线。1799 年 7 月 25 日，拿破仑的大军取得了阿布克战役的胜利。

▲ 克拉克森·斯坦菲尔德《特拉法尔加海战》。1805 年 10 月 21 日，英法两国舰队在西班牙的特拉法尔加角外海面相遇，双方进行了持续 5 个小时的决战。法国舰队遭受重创，主帅维尔纳夫被俘，而英军主帅纳尔逊中将也在战斗中阵亡。拿破仑被迫放弃进攻英国本土的计划，而英国的海上霸主地位则得以巩固。

◀ 俄国《沙皇官秩书》（1672年）中的双头鹰图案。1497年，双头鹰作为国家徽记首次出现在俄罗斯的国玺上，而且现在仍是俄罗斯的国徽图案和国家象征。

▼ 双头鹰标志源自拜占庭帝国的国徽，其源头则是罗马帝国的单头鹰标志，以罗马帝国继承者自居的神圣罗马帝国自然也沿用了这一标志。这幅图由大汉斯·布克迈尔于1510年创作。

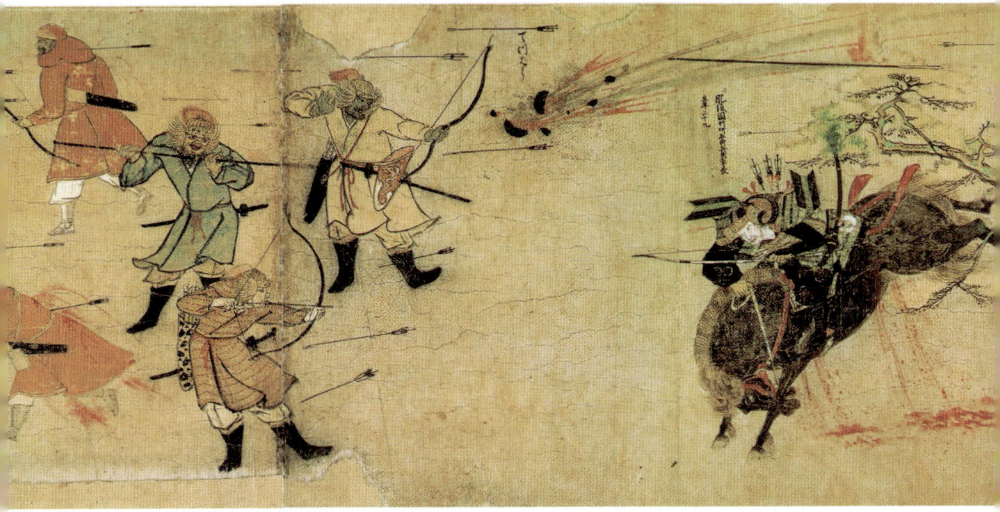

▲ 1274年，元世祖忽必烈派军远征日本，元军在战斗中使用了可投掷的火器，令日本武士军队伤亡惨重。(《蒙古袭来绘词》前卷2“文永之役”词五、绘五～八)

▲ 威尼斯人马可·波罗跟随父亲和叔叔沿陆上丝绸之路前往中国，于1275年到达元朝大都(今北京)，并在中国游历了17年。(《加泰罗尼亚地图集》，1375年)

◀ 桑奇大塔是印度早期王朝时代的佛塔，位于中央邦首府博帕尔附近的桑奇村，相传由阿育王建于公元前3世纪。图为佛塔北面通道上的牌坊（约公元前1世纪）。

► 德里苏丹国的奴隶王朝和卡尔吉王朝时期建造的顾特卜塔，1199年由古德卜德丁·艾巴克负责修建，目的是纪念伊斯兰教在德里的广泛传播，是伊斯兰文化在东方传播的一座纪念碑。

▲ 阿克巴大帝正在训练战象（约 1590 年），该场景象征着他对整个莫卧儿帝国的掌控。这幅画的作者是巴萨万，他是莫卧儿帝国顶尖的宫廷艺术家。

▲ 法国人绘制的非洲地图（约 1911 年），图中标示了欧洲列强在非洲的势力范围。其中，黄色代表英国，粉色代表法国，橙色代表比利时，绿色代表德国，紫色代表葡萄牙，粉色条纹代表意大利，橙色条纹代表西班牙。

▲ 当代瑞典艺术家尼哥拉依·席恩（Nikolaj Cyon）通过研究13世纪的非洲历史，绘制了这张有趣的地图。他试图向人们展示，如果非洲没有被西方国家殖民和瓜分会是什么样。与近代由殖民者划定的大量直线边界不同，图中的非洲由众多当地政权和伊斯兰国家组成。

▲ 迭戈·里维拉《特诺奇提特兰》（1945 年）。特诺奇提特兰是阿兹特克帝国的首都，于 1325 年建成，1521 年被西班牙殖民者占领。根据传说，阿兹特克人的祖先遵循羽蛇神的指示来到特斯科科湖中央的岛屿，并在那里建城定居。

▲ 威廉·鲍威尔《发现密西西比河》。1540 年，西班牙殖民者埃尔南多·德·索托（1500—1542）率领 600 名士兵和传教士在今美国东南部进行探险，到达了密西西比河以西地区。

▲ 19 世纪中叶开始的加利福尼亚淘金潮，吸引了美国各地乃至来自拉丁美洲、欧洲、亚洲和大洋洲的探矿者。而前往加利福尼亚的快速帆船，都必须持有这种“通航卡”作为凭证。

▲ 1869 年 5 月 10 日，一颗金色的道钉将太平洋联合铁路和太平洋中央铁路衔接在了一起，第一条横跨北美大陆的铁路顺利完工。

更为成功，但她的真正实力的展现纯属偶然。在1665年秋天，英国海军虽然赢得了胜利，但其舰队却因受瘟疫影响而未能出海。此后，荷兰与英国之间的地位差距表露无遗，英国以积蓄的能量雇佣外来军队从陆地上向荷兰发起了攻击。

（2）由此导致了第二阶段的冲突，荷兰立即向法国求助，以图稳固其陆地边界。但这个阶段并没有持续多久（只有1666年至1667年两年时间），因为虽然英国再次占据了优势，但是英荷双方都明白，法国将从他们的贸易损失中获利。于是双方匆匆签订了一项和平协议，甚至还结成了维持数年的同盟。

（3）这时的法国在柯尔贝尔[①] 的领导下，再度开始了其间歇性的谋取海上霸权的尝试。在具有法国特色的集权组织下，国内的商品生产、船舶建造以及殖民地建设进行得十分协调，眼看着法国大有希望跃上海洋强国的宝座。但是，历史动量和地理条件再一次发挥了作用。一方面，人民对原有的生活方式已经习以为常，不能马上从政府的这些措施中获得好处；另一方面，地理条件再次吸引政府考虑向东部边境以外扩张，并在这些措施尚未产生大的效果之前就予以取消。在法国的陆地边界中，以与尼德兰和荷兰相接壤的东北部最为近捷。西班牙已经衰弱不堪，仍然属于西班牙的尼德兰马上落到了法国的手中，使荷兰受到了直接的威胁。这似乎正对英国的胃口，尤其是尽管法国的舰队已经变得更加壮大，但法国并不是英国的商业竞争对手。因此在1672年，经过一段紧张的时期之后，在英国追求的海洋权利越来越多的情况下，英法两国即联合向荷兰宣

① 柯尔贝尔（Colbert，1619—1683）：法国政治家。在路易十四时代曾担任财政大臣和海军国务大臣，是力促法国成为海上和欧洲强国的著名人物。

战。在此期间，荷兰很大程度上通过以其商业利润支付补贴的办法，在其盟友的帮助下缓解了陆地边境上的压力，同时，以其舰队阻止了来自海上的直接入侵。但是，这些必要的补贴却必须面对一个事实：荷兰是一个小国，在陆地上，它要抗衡的是一个幅员辽阔的中央集权的陆上强国；而在海上，其实力在那个没有陆地边境需要防御的海洋强国面前只能甘拜下风，因为后者可以通过其收益来支持战争。所以当英国于 1674 年退出这场战争时，其霸主地位已经为从菲尼斯特雷角[①] 到挪威的整个欧洲西海岸所公认。英国获得的好处并未到此为止，因为在这场战争的剩余时间里（战争一直持续到 1678 年方告结束），荷兰的运输业转移到了作为中立国的英国手中，因为英国商船在海上比那些受法国私掠船威胁的荷兰商船更为安全。

法国也谨慎地选择了向陆地而不是向海洋发展，这就等于让英国在海上得以放开手脚。早在詹姆斯一世时代，英国就声称享有超过法国的海洋控制权，并得到了法国的承认。但是，如果柯尔贝尔的方案获得成功，莱布尼茨的建议得到采纳，[②] 法国将会因其所拥有的地缘优势而变成一个海上帝国。这样一来，不仅荷兰无法承受，也会给英国带来难以克服的障碍。法国的面前还有地中海，那里此时已经没有了海上强国，如果法国能够经营好它并控制埃及，就能够掌握印度和地中海东部地区大部分的贸易。为此，法国势必会占领埃及两侧的贸易站，成为

① 菲尼斯特雷角（Finisterre）：西班牙西北海岸的一个岬角。

② 1672 年，德意志数学家莱布尼茨曾作为美因茨选帝侯的使者出访巴黎，游说法王路易十四把攻击目标从荷兰和德意志诸邦转向埃及和荷属东印度公司，但随后爆发的法荷战争使该计划以失败而告终。

一个比荷兰更重要的海洋强国。而且，它还会逐渐取代其较弱的盟友在国内的地位，强化自己在那里的地位，并使自己至少成为英国的劲敌。

（4）由此进入第四个阶段，英国与已经虚弱不堪的荷兰结成了同盟，摧毁了法国的海军和航运业。这个阶段从 1688 年持续到 1713 年，在此期间，法国在欧洲大陆上还参与了与奥格斯堡同盟的战争（1688—1697）以及西班牙王位继承战争（1701—1714）。必须注意的是，一支庞大的海军本身并不会产生制海权。在这个阶段开始时，法国海军在数量和装备上均超过了英国与荷兰两国海军的总和，它缺乏的是能够积蓄能量的海上贸易。英国的损失能够迅速得到弥补，而持续不断的资源消耗却使法国的舰船得不到补充，法国的资源都耗费在了其陆地边境的战争上。英国为法国的对手提供资助，使这样的战争能够持续下去。因此，尽管在头年过后的一年多时间里并没有爆发重大的海战，英国看上去也与大陆事务甚少关联，但是在英国历史上，这却是一个最值得关注的时期。随着英国制海权的增长，由此产生的无声压力所施加的影响成了整个对抗中的重要因素。虽然法国的私掠船给英国的海上贸易造成了一定的损失，但是这种损失在英国大幅增长的海上贸易面前却算不了什么。借助贸易得来的利润，换句话说就是凭借其积蓄的能量，英国可以在没有太大压力的情况下源源不断地支持在陆地上的战争，直到法国精疲力尽为止。

在这场对抗中，荷兰最终完全丧失了作为一个海上强国的地位。其海军所受的损失无法像英国那样得到补充，其资源像法国那样在陆地战争中消耗殆尽，于是在海上它不得不越来越多地依靠英国。荷兰在《乌得勒支和约》中一无所获，它的航运业和海军全都消失不见了。英国成了这场争斗的大赢家，商业贸易得到了飞速的发展，这是她最令人瞩目的收益。英国同时获得了葡萄牙的贸易支配权，而直布罗陀和地中海沿岸的马翁港的割让，大西洋对岸的纽芬兰和新斯科舍的到手，为英国扩展和保护其贸易提供了新的基地。

地理条件以及对它们的利用，对英国的商业贸易还产生了另外一个结果。用英国的商船运输商品，不仅比用她的对手的商船运输更为安全，从而使全球贸易逐渐落入了英国的掌控之中，而且由于英国全境变得更为安全，经商的成本也比其他地方要低得多。

用金属货币取代物物交换，是人类文明的一大进步。如果用于交换的物品笨重而难以携带，就常常会出现这样的情形：虽然一个人有很多的剩余产品，但他却难以找到既有他想要的东西同时又需要他的产品的人。金属货币的广泛应用使商品交换更加便利，换句话说，它使能量的生产效率得到了很大的提升。

现在，在所有已文明化的土地上（尤其是英国），已经取得了更多的进步。除了小规模的零售交易外，事实上几乎没有硬币的转手。英国的所有商品买卖都通过银行的簿记系统得到了简化，通过这套系统，个人或企业皆可根据其工作量（亦即其能量消耗）获得同等价值的信用。当他想要买东西时，他只需要写一张支票并把它交给别人，别人又可以将这张支票再用出去。这一切只有在一个安全的国度里才有可能进行，人们相互信任，几乎没有不必要的能量损耗。在17世纪的最后十年中，出现了建立在信用制度基础上的英格兰银行，使伦敦成了全世界独一无二的仅凭一张纸币就能随意换来黄金的地方（直到后来纽约的华尔街与它同享此誉），这绝非偶然之事。[①] 伦敦成为世界贸易的中心，因为在这里可以比其他地方用更少的能量安全地从事贸易活动。

因此，到了大约18世纪初，由于英国已经成为海上强国，大规模的贸易组织开始出现。1720年发生的“南海泡沫”事件[②]，一方面显示出英国国内有大量的剩余能量，亦即有大量的资本积累，另一方面也表明大规模的资本运作已经开始进行，而这只有在高度安全的环境中才能够实现。在西班牙王位继承战争结束前的1711年，南海公司宣告成立，它的创立源于政府希望降低其所借债务的利率。1719年做出的进一步降低利率的尝试，使人们看到了以钱生钱的一条生财之道。泡沫的破裂并不是因为安全系数不够大——该公司面值100英镑的股票从未跌破175英镑，而是因为倚赖于制海权的安全信用，很自然但却没有道理地扩展到了与制海权毫不相干的因素之上。

在18世纪，英国的贸易和海上霸主地位一再受到挑战，但是竞争的结果总是以英国领地和贸易的扩大而告终。英国唯独在美国独立战争中遭到了严重的挫折。

由于英国贸易的扩张，1739年至1748年间以及1756年至

① 在某种意义上，黄金比纸币更有价值，因为它的人为价值得到人们更广泛的认可，而不是因为它真的更值钱。黄金和纸币都不是能量，它们只是某种象征。——原书注

② “南海泡沫”事件（South Sea Bubble）：1720年由英国南海公司的舞弊行为引发的大批英国投资者破产的事件，与1719年法国的“密西西比泡沫”事件以及1637年荷兰的“郁金香泡沫”事件，并称欧洲早期的三大经济泡沫案例。“经济泡沫”一词即源于此。

1763年间，法国和西班牙两度卷入了与英国的直接或间接的战争，在此期间，它们还同时参加了欧洲大陆上的战争。而英国每一次都以她的商业利润支持法国和西班牙的对手，使它们的资源消耗在大陆战争上，与此同时，那些不断出现的商业机会也纷纷落到了英国的手中。法国在法属东印度公司、加拿大以及西印度群岛的贸易一直发展得不错，但是因为完全得不到海军的支持，这些地方不是很快被英国夺占，就是受到英国的控制，使这些地方的贸易之利化为英国所有。

迄今为止，英国在不列颠群岛以外所拥有的地区，大部分仅仅是贸易站或海军的停靠港。英国人的理想与罗马人不同，而与腓尼基人相近，也就是说，他们在意的是贸易而非征服。但是，英国也有逐渐发展起来的真正的殖民地，在那里出生的英国人已经安居下来，无意返回自己的祖国。在北美洲面向大洋的东部海岸，虽然那里的气候确实比英国更为极端，但比其他地方还是要温和一些，英国人在那里建立了一个新英格兰。另外，一个通过征服得到的新苏格兰也有了殖民，而从纽约开始向南和向西延伸，有老殖民地弗吉尼亚以及新殖民地卡罗来纳和佐治亚。由于这些地方的人口已达200万之多，需要向外扩展空间，很自然地他们就会与取道圣劳伦斯河与密西西比河两大水系进入北美大陆的法国人发生冲突。虽然法国人的人数不到英国人的二十分之一，但他们却竭力想要控制经此两大水道能够容易到达的这片面积广阔的区域。英国海军切断了法国人与其本土的联系，使加拿大成了英国的领地。

在印度，贸易竞争的加剧也导致了土地征服上的对抗，但是由于没有舰队的支持，法国的目标也化为了泡影。在七年战争（1754—1763）结束时，法国的贸易站得以保留下来，但其领地却转到了英国的手中，由于大部分的贸易都落入了邻近的英国港口，这些贸易站也变得无足轻重。因此到1763年，以和平方式建立的殖民地加上以武力征服夺取的土地，使英国统治下的土地得到了极大地扩展，大不列颠王国成了名副其实的“大英帝国”，同时英国的贸易仍在不断增加。

但是，正如在“南海泡沫”事件期间贸易的急剧扩张带来了失误，英国在殖民地的管理上也同样犯下了错误。理所当然地，各殖民地需要的来自英国的东西远多于它们输往英国的，结果它们的贸易总是处于失衡状态。换句话说，它们的能量一直在消耗，这就需要从其他方面得到补充。补充的办法就是与南边的西班牙殖民地进行非法贸易，向对方提供他们不能生产而又急需的产品。英国政府一方面派军舰去阻止这种非法贸易，另一方面又要求殖民地交税来充实英国的国库，这种不合理的做法激起了殖民地人民的愤怒。虽然税收的影响最终成了一个伤脑筋的问题，但是真正的麻烦却是由禁止这种非法贸易所引起的。

此时，法国已经意识到自己的领土扩张计划总是受挫于英国的制海权，所以，当英国的资源在美洲大陆的战争中消耗殆尽时，法国再次看到了挑战英国霸权的机会。而且，法国承认海洋是英国人的天下，所以努力克制自己不要卷入由英国人煽动和挑起的欧洲战争。结果，局势开始变得对英国不利。又因为在和平年代，英国人觉得若是不把每一分钱都花在明摆着的商业活动上，那就是浪费，结果英国海军渐渐地变弱了。因此，当战争爆发时，法国和西班牙的联合舰队实际上仍然占有优势。

但是即便如此，英国也只失去了在北美的殖民地，[1]这是因为受地理条件支配的既往历史仍在发挥作用。一方的海军拥有海上传统，胜利的传统在很大程度上仍具有指导作用，而另一方的海军对于海洋则较为陌生。尽管双方都犯了错误，但是联军方面的失误影响更大。在1783年的议和过程中，英国获得了非常有利的条款，而法国却再次遭受了财政枯竭之苦。

英国海军不仅有传统的支撑，而且拥有在海上使用和节省能量的传统优势。与他们的对手相比，英国水手掌握了更多的海战战术。在古代，肉搏战是进行战斗的唯一方法，海战与陆战的模式几乎完全一样。交战双方的舰队都排成整齐的队形向前航行，就像以密集的队形向敌军开进的希腊方阵，船只靠拢后，士兵们就一起向手忙脚乱的敌人发起攻击。熟悉海洋的形势，精通驾船技能，是进行海上作战的先决条件。如果交战双方中，一方为海上民族，另一方是陆地民族，优势即在海上民族一边，因为他们熟悉海洋和驾船技术。正如我们所知，西班牙人并不是真正的海上民族，所以在海上败在了荷兰人和英国人的手下。直到1653年之后的60年中，在当时条件的孕育下，海战原则方才诞生，它告诉我们：谁能够最经济地使用自己的战斗力，胜利就属于谁。

一条船的长度要比宽度大得多，在以众多小口径火炮武装战舰的时代，船的两侧可以比船头和船尾安装更多的火炮，因此，用战舰两侧的火炮能够进行最有效的攻击。同时，为了让整个舰队的火力得到最有效的发挥，绝不能让一艘友舰挡在敌人的

[1] 这存在一些争议。——原书注

前面。因此，作战的舰船必须排成一条直线向前开进，行进方向与开炮的方向相互垂直。为了使这条线上的所有点位都具有同样强的火力，所有参加战斗的舰船都必须具有一定的实力。这些战舰是以线式战斗队形在进行作战。这样的战斗与径直冲向敌人的战斗有所不同，而且与以前相比更需要考虑风况的影响。迎风行驶的舰队具有选择是否攻击的优势，但是如果它真的发起攻击，却存在一定的劣势，因为它需要正对着敌人航行，在这种情况下，能发挥作用的大炮寥寥无几；或者各战舰只能渐次投入战斗，而位于第一梯队的战舰就会遭受很大的损失，且一旦战败，逃生的几率也很小。背风航行的舰队没有机会选择攻击，却有更好的逃脱机会，而在受到攻击时也有可能予敌以重创。值得注意的是，在美国独立战争中，当法国舰队向英国舰队发起攻击时，英国舰队习惯性地选择了迎风部署，而法国则选择了背风列阵。

这种行动上的特征差异并不是偶然的。其原因在于，部分缘于拥有更丰富的经验，英国水兵对海战和海战原则更为熟悉。陆地上的重要军事基地，其位置的选择要有利于防御或攻击。有些地方，像是埃及和迦勒底，有天然的沙漠或沼泽作为防御屏障；而像罗马或巴黎这样的城市，其位置则便于击退外来进攻。但是在大海上，却不存在一个地方比另一个地方更容易防守这种情况。从军事上讲，就是不存在“阵地”。经验丰富的英国水兵们明白这一点，他们也自觉或不自觉地知道，在这样的情况下，最好的防御就是进攻，进攻的对象不是敌人的海岸，而是无论在何处发现的敌人的舰队，因为唯有敌人的舰队才能够对英国构成入侵的威胁。他们深知，一开始的付出越大，最终的节省才会越多。而法国人却本能地倾向于更为谨慎的政策，若无实际需要，舰队总是蜗居在港内，仅在有把握取胜的情况下才会发起进攻。两者间的区别显而易见：一个通过不断消耗能量来努力增加存储的能量，另一个则只图储藏和节省已有的能量。英国人发现，无论是在经商还是战争中，采用前一种做法都能得到更好的结果。

而更为丰富的经验，也使英国人有更多的机会找出能够取得最佳战果的进攻方法，即一支小舰队应该如何利用风况或战舰的机动性能，打败一支规模较大的舰队。

美国独立战争结束的一个主要原因，就是法国的资源（储存的能量）已经耗尽了。这并非出乎意料之事，因为我们知道，在长达一个世纪的时间里，法国的资源不断消耗，却没有得到相应的补充。巴黎的中央集权政府依靠对农夫们的横征暴敛来强撑门面，但这样做却使农民愈发贫困，来自土地的收成也越来越少，结果使城镇里的贫民阶层也饱受食物匮乏之苦。

这一事态最终导致了革命的爆发，虽然君主制被推翻了，原先的立宪制议会也被国民议会所取代，并失去了其牢牢把握的权力，但是建立在旧有的君主集权基础上的巴黎集权模式，使得政权的更迭并不会给法国境内的叛乱带去成功的机会。无论是在罗纳河河谷、波尔多、旺代还是在布列塔尼，所有针对共和政体以及当时其他形式的掌权者的反叛，全都因为孤立无援，轻易地就被来自巴黎的进攻镇压下去。

法国东部的陆地边界再一次支配了它的对外政策。一开始，新政府的愿望并不是占有更多的土地，而是传播自由、平等、博爱的新思想，但是其目的却日益为其方法所掩盖。土地扩张原本只是实现其思想的手段，但最终却成了目的本身。政府宣称，“法兰西的制度，将扩展到她的军队占领的所有土地之上”，但是这种扩展法兰西制度的想法却迷失在了她的军队占领其他国家的企图之中。在这种企图里，过去的条件支配着结果，因为最容易征服的国家就位于法国的东部边界之外。

先是凭借全民之力，后来在近代最伟大的将军[①]波澜壮阔的领导下，法国大有征服整个欧洲大陆的气势，而且，如果没有海洋强国的存在，几乎可以肯定法国将会雄霸天下许多年。但是，英国的海上力量一直在与法国交锋，并多次将其击败。英国依靠自己的舰队，并通过以贸易利润支持其盟友的老办法，阻止了法国的扩张。随着形势的逐渐变化，拿破仑清楚地认识到，英国及其商业才是他真正的敌人。

后来的博弈可以划分为四个截然不同的阶段，而在每一个阶段中，英国海洋贸易的重要性以及英国海军实力的战果，都是显而易见的。

（1）一开始，拿破仑认为英国的贸易优势、财富以及抵抗力的来源是印度。因此，1795 年至 1797 年间，当他以高超的外交和战争技艺分别制伏了意大利和亚得里亚海岸的许多小城邦，并建立了一些法兰西式的小共和国后，乃于 1798 年入侵埃及。此时，他手里还有一些法国战舰。拿破仑不仅彻底征服并重组了这个古老的国度，甚至还试图征服另一片古老的陆地——迦勒底。通过这些征服，他希望建立起一连串进军印度的跳板。与此同时，由于法国征服了欧洲南部海岸，英国与她的舰队基

---

① 指波拿巴·拿破仑。

地被隔绝开来，这在一定程度上使英国蒙受了很大的损失。于是，英国派纳尔逊指挥一支舰队前往地中海。在对拿破仑的计划和行动一无所知的情况下，纳尔逊在地中海东部搜寻了六个星期，发现法国舰队在阿布基尔湾，他只用了一两个小时，就切断了拿破仑与欧洲之间的有效联系。从 1798 年 9 月 9 日到 1799 年 2 月 5 日，拿破仑甚至连一份要函也未曾收到。他征服东方的计划变得徒劳无功，因为他不能把一个未征服的阿卡[①] 留在自己的后方，这个港口城市在不超过两艘英国战舰的帮助下，抵挡住了法国人的攻击。虽然拿破仑本人秘密逃脱，但他的军队却无法参与任何军事行动，直到 1801 年短暂和平到来的前夜才获许离开。

（2）接着，拿破仑竭力打击英国在北欧的贸易。英国与荷兰及莱茵河流域的贸易因此被截断，但是东边更远的威悉河、易北河和波罗的海仍然可以通航，因为使用这些水道的国家远离法国，一直保持中立状态。由于这些中立国的商船很安全，依靠它们运输的商品数量便日益增加，但是为了阻止法国财力的增长，英国宣称中立国不得以贸易形式帮助法国，也不得向法国运送可以帮助其重建海军的原料（如木材和苎麻之类，这些原料大部分来自波罗的海）。这种做法招致了这些国家的不满。从埃及回来的拿破仑，在以巧妙的战略在中欧战场上击败了他的对手之后，便利用这种不满，鼓动这些北欧国家——普鲁士、丹麦、俄罗斯和瑞典——联合起来，于 1800 年 12 月建立了武装中立同盟，反对英国宣称在必要时不惜诉诸武力的政策。结果，英国在欧洲就

① 阿卡（Acre）：以色列西北部港口城市，当时为奥斯曼土耳其帝国领地。

只能单独对抗法国。但是，丹麦舰队在哥本哈根的覆灭，以及俄国沙皇遭到图谋限制贸易者的谋杀，使得武装中立同盟陷于解体。这些国家明白，尽管贸易受到了限制，但在当时的环境下仍然利大于弊。换句话说，在同意英国的要求的基础上继续开展贸易活动，能够积蓄更多的能量。因此到1801年底，英国又重新与除法国以外的欧洲各国恢复了友好关系。

拿破仑再次调动大军深入意大利南部，企图再度进军埃及，但是这一尝试仍旧是枉费心机，因为英国依然掌握着制海权。甚至连拿破仑也开始渴望和平了。双方于1801年10月签署了条约草案，然后在1802年3月订立了《亚眠和约》。但是，拿破仑仍然认为"英国无法单独抗衡法国"，他公然违反和约条款，使战争于1803年再度爆发。

（3）由于对埃及和英国在北欧的贸易的攻击没有成功，拿破仑决定直接打击英国的心脏。这的确是唯一有效的办法，问题在于这样做是否有可能实现。在进行入侵准备的同时，他也尝试了老办法。他再次派军队前往意大利南部，却徒劳无功，因为英国仍然控制着海洋。法军占领了汉诺威，埃姆斯河、威悉河和易北河的河口都被封锁。法军甚至占领了库克斯港，以阻止英国与易北河流域的贸易。这样做并没有征得法军所经过国家的同意。拿破仑知道他现在的仇敌唯有英国，其他的都不在话下，为了入侵拥有海上优势的英国，他不得不为渊驱鱼，把这些国家的人民都变成了自己的敌人。

为了发动入侵，拿破仑准备了一支10万人的大军。而如何把这支大军送过海去便成了一个难题。整个法国都没有足够的船只，法国的对外贸易已经被摧毁了。而且法国也造不出船来，因为木材等物资的供应渠道都被封锁了。即使可以造船，也没有能够容纳它们的港口空间；就算有船可用，军队乘船抵达英国之后也只能缓慢地上岸。这个入侵计划必须要有数量庞大的小船，这样就可以一窝蜂地向岸边冲去，把足够多的部队送到陆地上，以战胜岸上的守军。可以选择在雾天或风平浪静时横渡过去，因为这时大战舰是动弹不了的——拿破仑专门强调了这一点。当然，如果法国能够控制海峡几个小时，成功的把握就会更大。在拿破仑的心中，他确信这需要有一支足够强大的舰队的支持。

但是，这个打击英国的图谋也石沉大海了，因为在受到保护的法国的各个海港中，新建的法国舰队的各个分舰队从来没有机会组合成一支足够强大的力量，以保护费了九牛二虎之力才汇集到布洛涅港的小船编队。因为这时英国海军的海战技能又有了进一步的提高，掌握了阻止法国舰队出港并保卫本国海岸和贸易的最理想也最经济的办法。而在法国式“节省”思维的支配下，法国人适应海洋的行为却受到了制约。英国的水兵们常常在船上一待就是几年——纳尔逊离开他的旗舰的时间从来没有超过两年，在这样的历练下，他们变得无比坚韧和顽强，舰船操作技能炉火纯青，能够处理战斗中出现的各种问题，轻易便能占据上风。

因此，从 1803 年战端一开，法国的港口就被封锁了。虽然有一些小舰队逃了出来，但是这种逃脱永远也无法按计划进行，以凑够足以控制海峡的战舰；这种逃脱也难以做到完全保密，以避免英国战舰立即发起的追击。然而，整个局势的关键之处在于，拿破仑的主力舰队被康沃利斯封锁在了布雷斯特港内，没有丝毫逃脱的机会。这种通过封锁港口所获取的优势，来自以海洋为着眼点形成的战略观，这与以陆地为着眼点形成的战略观是截然不同的。在陆地上，除了无法通行的沙漠内部，几乎到处都有人烟，一支军队只要稍有行动就会被人知晓；而在大海上（尤其是在大洋上），一支舰队可以在无人知道其行踪的情况下航行很长的距离。即使在地中海上也有过这样的例证，那就是拿破仑向埃及的航行。因此，法国最初选定了大洋彼岸的西印度群岛作为其分舰队的会合点。但是，各分舰队被困在港口内的现实，又迫使拿破仑改将比斯开湾作为其分舰队的集合地，然而这个地方的集合却无法掩人耳目，而且也便于英国舰队作出部署。事实上，维尔纳夫的确率领着一支分舰队从土伦港逃脱出来，并到了西印度群岛，但是却没有其他分舰队加入他的队伍。相反，他随后就被纳尔逊追踪。纳尔逊非常清楚这种追踪会产生什么样的结果，他不仅预料到维尔纳夫将立即返航，甚至还猜到了他返航的路线。纳尔逊选择了他能够凭借西风赢得较大优势的另一条路线，与他的舰队在欧洲水域恭候着法国人。维尔纳夫做了最后一次努力，想要与布雷斯特港的舰队会合，但是他失去了勇气，向南驶往加的斯港。拿破仑意识到入侵英国已毫无希望，于是撤回了在布洛涅港久候的大军。

直到入侵的威胁过去了差不多三个月之后，才爆发了特拉法尔加战役。这场战役是由维尔纳夫的无能引起的。已被免职的他在继任者到来之前知悉了这件事，继任者将率领舰队再度前往地中海。维尔纳夫决心孤注一掷，自己率领舰队通过直布罗陀海峡。但纳尔逊正等待着他，法国舰队的大部分被摧毁，从而阻止了入侵威胁的重演。

因此，对于熟悉海洋的一方来说，海洋就是防御的工具，可以用它来对付不如自己熟悉海洋的另一方（如维尔纳夫），以及对海战的特殊环境一窍不通的人（如拿破仑）。此后，英国在一个世纪中都未再面临入侵的威胁。

（4）拿破仑既然无法把一支大军送过英吉利海峡，就不得不通过大陆来战胜海洋。要做到这一点，就必须把所有重要国家都联合起来一致对抗英国，而他的做法就是让全欧洲都屈从于他的意志。甚至在特拉法尔加鏖战正酣之际，他的军队就已深入欧洲的腹心，数日之间便将奥地利踩在脚下。普鲁士也在1806年底被慑服。

这场角逐最终变成了资源（即能量积蓄）的问题。拿破仑竭力阻止英国从欧洲大陆的市场上获取利润，甚至来自英国的外国船只也被扣押。而英国则试图封锁法国及其征服地的所有海上贸易，只有从英国港口开出的船只和向英国交税的船只除外。英国的计划在1807年实施得最为成功，因为当时拿破仑正忙于让俄罗斯与其他欧洲国家一道采取统一行动，没有多余的军队来执行法国的法令。而丹麦和葡萄牙的舰队在英国的说服之下，在他们的国家被法军占领之前已撤离到了海外。

最后，除瑞典和土耳其外，整个欧洲都沦入了拿破仑的掌控之下，英国的地位似乎更加没有指望了，但是她依然宣称，所有的对外贸易都必须经过英国并向英国纳税，并以她的舰队强制执行。因此，英国不仅通过从全欧洲的对外贸易中提成增强了自己的实力，而且在两个方面削弱了拿破仑。首先，对北欧国家来说，即使有英国的限制条款，与英国开展贸易至少对其人民仍是有利可图的。面对这样的事实，拿破仑以军队阻止这种非法贸易的做法，使他在这些地方失去了民心。其次，拿破仑既然认为有必要阻止英国与北欧进行贸易，这就迫使他把自己最精锐的部队驻扎在北欧海岸 50 英里宽的地带上，从而无法派遣足够的军队去击退进攻伊比利亚半岛的英国军队。

拿破仑陷入了进退两难的境地。如果他撤回北欧的驻军，以对抗在西班牙的英国军队，那么英国就能重新恢复与北欧的贸易以获取资源。如果他让北欧的驻军保持不动（事实上他就是这样做的），就没有足够的力量把英国人从葡萄牙驱赶出去。他的军队是分散的，所以起不了什么作用。法国的经济形势变得越来越困顿。所有的商品，在离法国越近的地方就会越昂贵，在离法国越远的地方就会越便宜，因为离法国越远的地方进口就越容易，价钱自然也更为便宜。

甚至拿破仑最终的失败，也与他面对以下事实所被迫采取的策略直接相关，这个事实就是，英国是一个受海洋保护的岛国。由于与法国相距遥远，俄罗斯虽然同意拒绝接纳英国的商船，却不愿拒绝由其他国家的商船运来的英国货物。这对拿破仑的计划产生了致命的伤害。争吵随之爆发，紧随其后的就是远征俄罗斯的灾难。普鲁士和奥地利政府在本国人民的支持下，又重新鼓起了勇气。拿破仑继续丧师失地，因为他的能量（包括人力和物力）全都耗尽了。最后联军进入巴黎，博弈到此结束。大洋霸权的超强力量得到了证明。

第 12 章

森 林

I. 俄罗斯

在前面两章中我们已经看到，大洋的发现是如何刺激了那些住在欧洲边缘地区的民族的心灵，以及这些民族又是如何利用这种发现带给他们的优势，使毗邻大洋的自然单位变得重要起来。这种刺激要么促成了这些自然单位的成形，要么大大加快了它们成形的进程并使其结果得到了强化。西方国家对大洋的发现，连同与之相关的所有一切，是西方国家与大平原上的部落，以及与阿拉伯人和那些受阿拉伯人影响而皈依了伊斯兰教的民族之间相互接触的自然结果。

然而，在把这个故事继续讲下去之前，我们必须回过头去，看看欧洲其他国家是如何在那些强国中间寻找自己的位置的。要理解这一点，我们还必须注意另外一个重要的地理支配因素——森林——及其特点。森林的种类有很多，但它们却有着以下几个共同点。

（1）在森林中通行是很困难的。不过，个人或小团体比大团体更容易通行，步行比骑马更容易通过。因此，森林与草原有着本质的区别。在草原上，人可以很容易地向各个方向移动，而且若是有相当数量的人口，在草原上的生活和迁徙均具有一定的优势。

（2）人们可以在森林中开辟出部分空地，以建立受周围森林保护的定居点。但是在原始的条件下，很难迅速建立起大型的定居点。如果森林里有天然的果实供应，就几乎没有建立定居点的理由，也少有积累财富的诱因。

（3）在这些定居点中，人们是以农业而非游牧业为生的。森林的存在意味着在一年当中不会有长时间的干旱，所以可以种植农作物，而且收成也多于干燥的草原。

（4）其结果便是，人口数量少而分散，而这种农业社群往往具有家族化的倾向，对外人持不信任态度。

因此，这样的生活条件与我们迄今为止所关注的都不相同。在早期文明的繁荣之地中，没有哪个地方像这里一样有大量的降雨，也没有哪个地方生长了这么多既影响迁徙，又能为森林空地上的居民点提供保护的树木。

而前述的那个世界上的大平原，虽然在地形图上看起来是一个整体，但是按照森林的有无，实际上可以分为两部分。在西风的影响下，平原的北部和西北部要比南部和东部略为湿润一些，夏季也更为凉爽，水分蒸发较少。因此，尽管南部和东部只能长草，北部和西部却是森林地带。森林覆盖的地区冬天干燥而寒冷，但是在气候较为温和的大平原西部偏南一带和波罗的海西南部，则以落叶林居多。这是一片广袤的区域，既难以穿越，又不便管理，而且也难以合为一个统一的整体，所以它在历史上发挥重要作用的时间也比较晚。

应该注意的是，在西罗马帝国崩溃时，在那些因迁徙而闻名的部落中，斯拉夫人是其中之一。他们的迁徙与日耳曼各部落一样，既不是出于自身的愿望，也不是受了周围环境的刺激，而是迫于来自遥远的东方的压力，因此他们的迁徙就不可能走得太远。不管怎样，他们最后在北至波罗的海，南到巴尔干半岛之间的区域内落了脚，一部分在平原上定居，另一部分定居在丘陵地区。后来，因为入侵的东方游牧民族占据了中间的草原地带，他们又被一分为二。居住在山地中的南方斯拉夫人前面已经谈论过，我们现在要讨论的是居住在森林里的北方斯拉夫人。

在北方斯拉夫人所在的这个森林地带，其环境对游牧民族来说是完全陌生的，他们不知道应该如何去应对。阿瓦尔人和其他游牧民族从来没有到过这里，而北方斯拉夫人在森林中相对容易开辟的空地上，也建立了一定的保护措施。然而，这些相互分隔而孤立的部落处于遥远的北方，无缘接受环地中海发达的文明社会的刺激影响，因此要经历很长时间才会在文明世界中占有一席之地。而他们所接受的最初的刺激，正如我们预料的那样，仍是来自海上。

大约在公元 800 年时，由于我们不久即将谈到的大德意志帝国[①] 扩张的结果，那些居住在现在的丹麦和斯堪的纳维亚半岛上的居民，已经在外界的刺激下变得活跃起来。查理大帝对撒克逊人的征服，迫使这些北方民族将注意力转向南边。有些民

① 指西罗马帝国崩溃之后，由日耳曼民族建立的法兰克王国（其中的东法兰克王国后来发展成为神圣罗马帝国）。

族一心想的仍旧是劫掠，另外一些民族向往的则是由小部落组成的北方王国，只不过这些部落都是小而孤立的群体，因为在任何一个地方都无法获得相当数量的食物。这里的年轻人习惯于远离故乡，从海上或陆地的危险和艰苦工作中获得生活之所需。他们习惯于从自身出发来思考和行动，凡事皆依靠自己，或者有一些帮手；愿做领导的人多，愿受他人领导的很少。因此，在两个世纪的时间里，这些维京人（或诺曼人）向各个方向大批外流，他们探险、战斗、定居，在英格兰和其他一些国家建立了多个王朝。

他们对所有古老地区产生的影响起初都是破坏性的，但是对于北方斯拉夫人居住的未开化地区，其影响从一开始就是建设性的。诺夫哥罗德是这些海上民族最容易到达的中心，它在所有其他森林定居点中占据了优势地位，向诺夫哥罗德的统治者效忠的区域逐渐增大，一直向南延伸到了森林边缘的疏林草原上。扩张的脚步虽然停顿下来，但这里邻近拜占庭文明和希腊正教会，所以其人民受到了二者的影响。

由于交通困难，森林地区天然存在的内部分歧，导致这个国家在 11 世纪发生了分裂，一个个小公国交替兴起。但正如我们所预料的那样，维系它们的纽带是十分脆弱的。此后，它们即或多或少地沦入蒙古人的统治之下。然而，即便是这个可怕的马背上的民族，也未能深入诺夫哥罗德的旧城区。这座位于森林中的城市始终是俄罗斯的核心，这就像作为西班牙核心的比利牛斯山脉，其周围的环境对于马背上的穆斯林而言始终是陌生的一样。随着蒙古人统治的衰亡，在未被征服的北方斯拉夫人的鼓舞下，居住在森林地带边缘的斯拉夫人建立了一个以

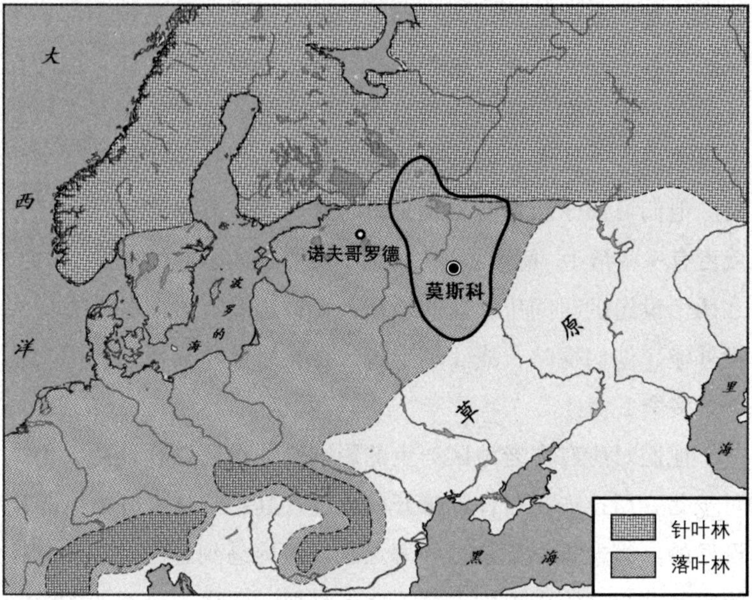

图 12–1　莫斯科公国的位置和范围

图中显示了14世纪时莫斯科公国的位置和范围，及其与森林地区的关系。

莫斯科为中心的莫斯科公国，它或许充当了森林外面的蒙古人与森林里面迫于外部压力而团结在一起的斯拉夫人之间的一种媒介。最终，在摆脱了蒙古人统治的枷锁后，莫斯科公国在15世纪末成为一个真正独立的中央集权的俄罗斯国家。在一个强有力的中央政府建立起来之后，它不久就认识到草原民族的力量就在于他们的团结和流动性，但是这种流动性很可能也是他们的一个弱点，因为由此而来的结果就是他们没有确定的中心。如果能够组织一支机动部队，集中力量对付这些游牧民族，就不难把他们纳入掌控之下。他们真的做到了，在不到50年的时间里，今天俄罗斯南部的大部分草原地带就被有组织地归并到俄罗斯人的统治之下。到 17 世纪末，这一统治一直延伸到了辽阔的中亚平原，而直到那时，这个地方对其周围的所有文明地区仍然是一种威胁。在整个人类历史中扰乱文明的因素终于得到了清除，而且被进一步组织起来，使其变成了能量的来源，而不再是毁灭能量的工具。

因此，是俄罗斯整顿了从森林地区直到极北地带的整个大平原；此后，又在曾被游牧民族劫掠一空的地区逐步殖民；通过引入灌溉，使原来只能生长少量牧草饲养畜群的土地，变成了可以种植作物的耕地；在因没有石头而无法筑路的土地上修建铁路；将莫斯科（而非圣彼得堡）建成了多民族的生活中心。

占据了欧亚大陆心脏地带的俄罗斯，除了毫无益处的冰冻的北方之外，最初与海洋是完全隔绝的。在两个世纪的时间里，这个国家的对外政策就是试图取得出海口。或是由芬兰湾抵达波罗的海，或是经博斯普鲁斯海峡抵达地中海，或是跨过阿富汗和伊朗一路向南，或是从它的远东边界抵达太平洋。但是，直到 20 世纪初的当下，这些努力并没有取得太大的成功。因为俄罗斯以西的国家早已经有了稳固的结构，而在东、南两个方向上，则存在着难以逾越的山脉。但是，由于拥有足以容纳巨大人口且仍绰绰有余的广袤疆土，以及可以组织（而且已经在组织）的使之能够自给自足的地区，占据了旧大陆心脏地带的俄罗斯，培育的人民又都是能够抗御极端气候的勇敢坚韧之辈。这个中央大地上的俄罗斯，无论经历了多少分歧和分裂，本质上仍然是一个整体，而且远未到山穷水尽的地步。

II. 德意志

剩下的就是半岛状的欧洲北部的中央地区，这是德意志的大致范围。这里的地理条件最为复杂，它的历史条件自然也不会简单。

（1）这个地区最明显的地理事实就是它的居中位置，这种“居中”与大平原位于欧亚大陆的中央在意义上有所不同。事实上，除北方以外，大平原的周围都是陆地，但在东、西两个方向上，有巨大的高原阻隔了它与其他重要地区之间的联系。虽然大平原上的部落会不时地入侵平原边缘以外的地区，但是在俄罗斯从大平原西边的森林中出现以前，反方向的入侵实际上从未发生过。即便是俄罗斯，在其大部分历史中也只受到过三个外部因素的刺激影响，即来自西北方的维京人、来自西南方的拜占庭文明与希腊正教会势力，以及来自东南方的游牧部落。而这个欧洲北部的中央地区受到的来自不同方向的刺激却有很多：其一，从罗马帝国时代起，就有来自南部和西部的文明地区的各种各样的刺激；其二，来自北方海外和远洋的刺激不仅有许多次，而且是多方面的；其三，来自东方的刺激不仅有大平原上的部落，还有来自小亚细亚的蛮族。与俄罗斯仅受过一两次刺激的影响不同，德意志受到的外部刺激的影响从罗马时代起就几乎没有间断过，而且刺激的形式不断地变化。

（2）这里的地形非常复杂。这个平原的西端与海洋相接。平原南端是隆起的舌状突出部，但也有相当大的区域比平均地势要低，部分地区为较狭窄的河谷。其他地方则可以称之为平原，像是从巴塞尔延伸到法兰克福北部一带，以及莱茵河流域的大部分区域。与之相对的是或大或小的丘陵和高海拔地区，如黑林山和波希米亚周围的高地。这些地形单元的大小差别很大。它们并不像希腊的地形那样都是些小块，而是大小不一，其结果就是使各个地方的生活方式呈现出不利于统一的多样性。

（3）生活方式的多样性并不是这个地区的全部特征。意大利也有多样性，但是在意大利半岛上，高地和低地的分布使罗马成为天然的中心。而在欧洲北部的这个中央地区，却不存在一个能够与罗马媲美的有突出特征的中心，更不用说与巴黎或伦敦相比了。对于现代意大利来说，罗马可能不是一个理想的中心，但是也没有其他地方能够取代它。德意志的中心有很多个，然而却没有哪个会比其他的更为重要。在不同的环境条件下，当多种因素的刺激使得德意志的某个地方暂时变得十分重要时，这个地方也从不会变得出类拔萃，获得足够大的历史动量，使其在新的条件下仍然能够确保它的中心地位。西北的法兰克福、西南的慕尼黑、东南的维也纳和东北的柏林，都曾在一段时期内建立过令人满意的中心。

（4）在古代，孕育俄罗斯的那片森林还覆盖着北部平原和南部高地的相当一部分。它的存在有助于隔开各个部落，而且像所有前面提及的其他地理条件那样，它也滋长了分裂的趋势。这片森林的原始状态在东方保持的时间远比在西方长久，其结果就是使西方的组织化比东方大为提前。

（5）从总体上看，除了平原地带，这个地区在冬天比我们谈到过的其他地方要寒冷得多。其他地方也很寒冷，但是持续的寒冷却很少见。在德意志（尤其是东部），土地的冻结期是相当长的。

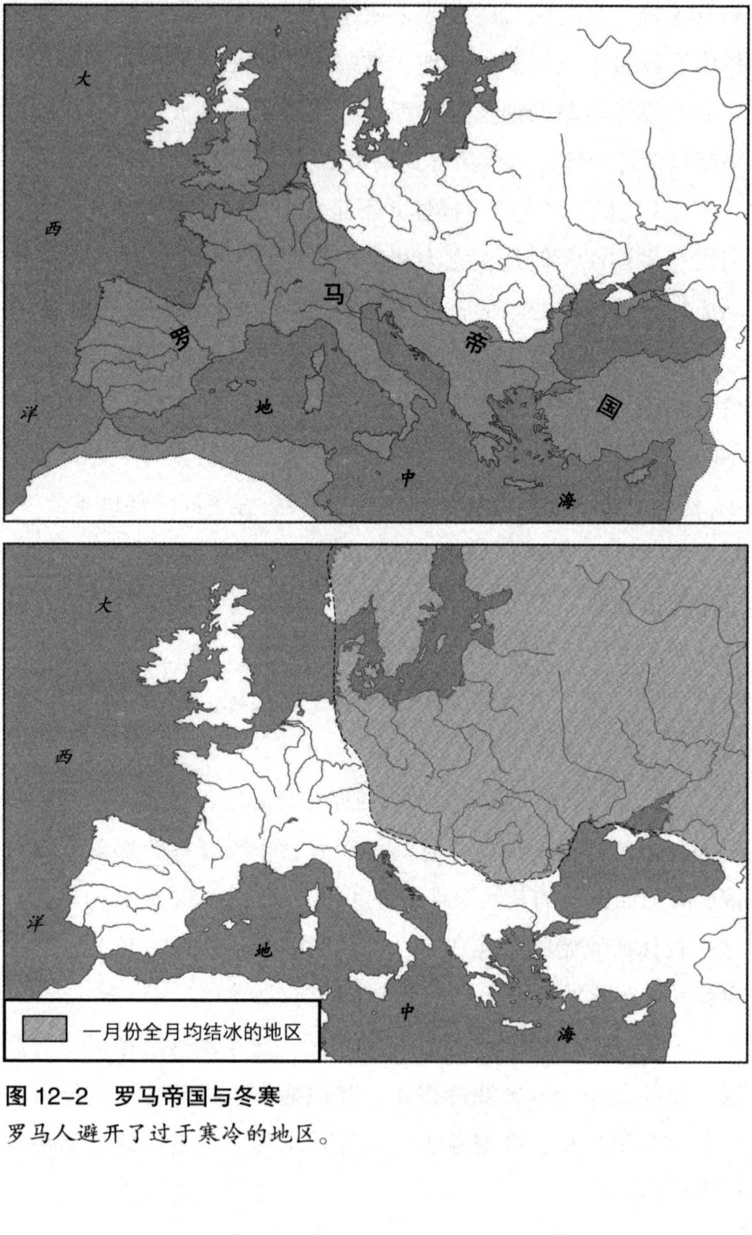

图 12–2　罗马帝国与冬寒

罗马人避开了过于寒冷的地区。

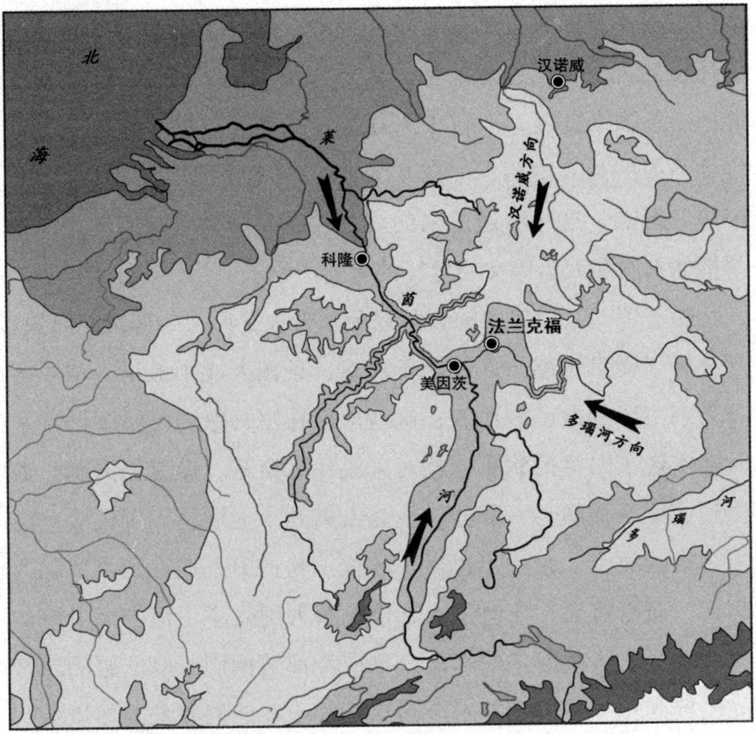

图 12-3　法兰克福的位置

汇聚于法兰克福的四条主要路线。

由于不存在一个各主要民族均认可的确定的中心，很多地方都有各自不同的特点，不同区域的居民有着不同的人生观，来自四面八方的外界刺激在各个地理单元会造成不同的反应，欧洲半岛的这个中央地区只有在政府十分强大时才能够统一为一个整体。

这个地区之所以被排除在罗马帝国之外，部分是由于森林地带交通不便，难以施行有效的统治，部分是因为对习惯于南欧环境的人来说，这里的冬天更为寒冷。从那时起，这里的社群——条顿人在西，斯拉夫人在东——尽管在林中空地里过着程度不等的独立生活，但在几个世纪的时间里仍然受到了罗马帝国的影响。这些渗透进来的观念，既有中央政府的理念，也包括如衣服和武器等文明世界的有形产物。

随着罗马帝国势力的衰落以及来自大平原上的部落的压迫，部分缘于受到诱惑，部分出于被迫，条顿人成了最早入侵奉罗马为宗主国的地区的民族，这些地区在罗马帝国统治下的和平时期实现了财富的积累，相对来说比较富裕。撒克逊人越过海洋到达了不列颠，一部分法兰克人离开了他们位于今天法兰克福一带的故土，在高卢建立了政权，勃艮第人迁徙到了罗纳河河谷，而哥特人、汪达尔人和伦巴第人则蹂躏了地中海沿岸的许多地区。这些迟来的部落或早或晚都被他们一度征服的地区的民族同化了，但是并未全部离开故土和他们熟悉的环境的法兰克人，却在从邻近的罗马帝国获益良多的同时，仍然保留了自身许多古老的风俗习惯。注意法兰克人的故乡所在的位置，它位于美因茨和法兰克福周围的莱茵河河谷一带。这里土地肥沃，气候相对温和，有便于向四周迁徙发展的低地——西北方向沿莱茵河河谷向下，可以抵达下游的开阔平原及莱茵河三角洲，东北方向经过韦特劳可以到达现在的汉诺威（即当时的萨克森），向东经美因河河谷可以抵达多瑙河和巴伐利亚，向南沿莱茵河河谷向上可以到达施瓦本。一部分进入了罗马帝国、一部分仍住在帝国之外的法兰克人，成了这片尚未产生重要作用的土地上第一个组织起来的条顿民族，这绝非出于偶然。法兰克人取道莱茵河下游，首先向罗马文明的方向推进，进入了高卢，然后再以自我为核心，把他们的权力扩张到周围的其他条顿民族身上。这些独立的东法兰克人先后两度建立了一个横跨高卢和德意志的国家，前者是克洛维在罗马帝国的废墟上建立的王朝[①]，后者是在前者已经衰落的情况下，由同样来自其东方故土的“矮子”丕平、查理·马特、丕平二世和查理大帝重新建立的一个根基比前者更为牢固的王国[②]。皈依了基督教的查理·马特击败了入侵西欧的阿拉伯人，法兰克人成了基督教世界的捍卫者，而且得到了承袭罗马帝国权威的教皇的承认，他们建立的又一个帝国的权力在很大程度上就来源于此。查理曼[③]极大地扩张了这个帝国的势力，把它的疆界向南推进到了比利牛斯山脉和伦巴第，而且还向东方和东南方向发展。但是这种扩张却成了衰弱的根源。首先，扩张使得法兰克人的势力与斯堪的纳维亚人发生了接触，并刺激了斯堪的纳维亚人的向外发展，以及异教徒的维京人向整个欧洲半岛海岸发起的攻击，因此在一段时间内，基督教世界陷入了来自四面八方的敌人的包围之中。其次，当法兰克人位于莱茵河河谷的故土仍是西罗马帝国以外唯一重要的地区时，强悍的法兰克人在条顿民族中几乎肯定能够占据领导地位，但是当有着不同特征的其他地区与文明世界发生接触时，新的刺激因素就会促使这些地区形成许

---

① 指墨洛温王朝（481—751）。

② 指加洛林王朝（751—987）。注意这里的叙述与王朝世系顺序不同，按后者的顺序应该是丕平二世（赫斯塔尔的丕平）、查理·马特、“矮子”丕平（丕平三世）、查理大帝。

③ 即查理大帝。

多小邦。甚至在查理曼统治之前，在高卢和法兰克人的故土之间就已经出现了自然分裂的趋势。在查理曼在世时，其帝国尚能保持为一个整体，但是在他死后不久，这个帝国就陷于分裂。它先是一分为三，然后又分成了四个部分，其中两个相似但并不完全相同的部分形成了现代的法兰西和德意志，其他两个部分为勃艮第和意大利北部，后者的主要组成部分是伦巴第。后来，在神圣罗马帝国的形式下，勃艮第和伦巴第再次与德意志合并，但是勃艮第的重要组成部分——罗纳－索恩河谷地区——最终并入了法国，而意大利北部却长期保留在神圣罗马帝国之内，并与帝国一道受尽了缺乏中央集权之苦。

这种由于地理环境的不同造成的不同历史条件下的各地区的自然分裂倾向，在仍然保留着帝国名义的德意志地区表现得尤为突出，因为该区域就处于从前的德意志人（或法兰克人）的政府的统辖之下。

（1）在加洛林王朝的世系中断之后，没有一个势力能够承袭法兰克人的地位并支配其他势力。最终，各方达成了一种妥协，即由众多有资格的选举人（选帝侯）选出一位皇帝。地理环境和历史条件的双重作用产生的分裂趋势，本已对德意志的统一构成了极大的障碍，而由这些因素所导致的选帝侯制度的产生，又进一步加剧了这种分裂的趋势。因为这个制度既是对分裂现状的确认，也保证了这种有组织的分裂局面能够持续下去。一位依靠与自己地位平等甚至地位高于自己的其他邦的统治者的好感选出的皇帝，其为君之道就只能是宽容和忍气吞声，结果中央权力变得软弱无力，神圣罗马帝国在大部分时间里不过是徒有其名。在一段时间内，只有能够以个人（或其家族）

之力支配其他势力的人才能被选为皇帝，并建立起有力的统治。但是这种统治能力与其说依赖于他作为一位皇帝，不如说依赖于他作为一名独立的统治者所拥有的权力，并通过当选而显示出来。该制度一直存在了几个世纪之久。有一些选帝侯来自教会，是新形势下旧势力的代表；还有一些选帝侯为世俗的诸侯，代表某些更大的自然单位，他们共同瓜分实际权力，使名义上的权力成了一个摆设。

法兰克王朝的后继者是萨克森王朝，萨克森王朝的后继者是霍亨斯陶芬王朝（或称施瓦本王朝）。[①] 此后，皇帝选举一度出现了中断，奥地利的哈布斯堡王朝在15世纪上半叶占据了主导地位，并将这种优势一直保持到19世纪初。最终，普鲁士取得了领先地位。每一位皇帝的统治范围，都是以他的原籍为起点的。我们已经知道，德意志没有足以与伦敦或巴黎相比的天然中心。因此，神圣罗马帝国的皇帝不必像英国国王那样，非得从一个特定的中心来发号施令。英国和法国都经历了王朝的更迭，但是，自从英国将政府所在地从温彻斯特迁往伦敦，法国将政府所在地从拉昂迁到巴黎之后，它们的地位就再也没有动摇过。詹姆斯必须从苏格兰远道来到伦敦，才能做英格兰的国王。伦敦和巴黎都有其悠久的传统。德意志不仅没有天然的聚会场所，而且因为有多个不同的统治中心，这就意味着任何一个地方都没有持续的传统，而其中有好几个地方都曾宣称自己是德意志的政府所在地。

（2）此外，这套本指望由一位皇帝有效施行统治的方法，

---

① 萨克森王朝也称奥托王朝，其后继者中本来还有萨利安王朝，但从内容上看，此处是将其归入萨克森王朝内一并论述的。

一方面受到了已有的分裂趋势的制约，另一方面还使这种趋势得到了进一步的强化。帝国并没有税收收入来供养一支在帝国内外都服从皇帝命令的军队。相反，德意志的封建制度远比其他地方更加根深蒂固，这个制度以分封和再分封的方法来建立其基础。从理论上讲，大领主——选帝侯即出自他们中间——有提供军队为皇帝服务的义务；然而实际上，他们却学会了用自己的军队来达到自己的目的，有时甚至会反对皇帝。因此，这个制度对于改变皇帝的弱势地位毫无助益。

就因为统治者是个弱者所以才拥护他，这种名义上的“拥护者”在关键时刻肯定是指望不上的。然而遭罪的不仅仅是皇帝，由于大领主反过来也要依赖效忠于他的小领主提供军队为他服务，而正如大领主不买皇帝的账那样，小领主有时也会不买大领主的账。分封在多大程度上才是有效的，既取决于特定的时间和地点，也取决于统治者的性格。但最终的结果是，这个中世纪的帝国实际上是由许多独立的邦组成的，这些邦大小不一，小的只有一个市镇，大的则是在一个强大领主统治下的地域辽阔的区域。

（3）早先，从10世纪到13世纪中叶，这种分裂的倾向还不是那么明显，在萨克森王朝和霍亨斯陶芬王朝的严苛统治下，那时的神圣罗马帝国还十分强大。原因之一，就在于当时还存在有助于统一的另一个条件，但是它后来却变得对分裂有利。这个条件就是教皇和教会的权威。我们已经知道，法兰克国王之所以能够当上皇帝，很大程度上是因为教皇承认他们为基督教世界的捍卫者。而且主要是因为教皇继续承认皇帝的地位，这些法兰克人、萨克森人和施瓦本人的皇帝才得以将他们的权力保持下去。

当萨克森王朝的亨利四世和霍亨斯陶芬王朝的腓特烈二世竟敢一再违抗教皇的意愿时，他们的权力便离他们而去了。因为人民相信教皇，他们深信不被教皇承认的人就不应该拥有权威。后来，当其他导致分裂的势力变得强大起来时，宗教改革又缠上了这个四分五裂的帝国。德意志与英国和法国不同，没有一个强有力的中央政府能够最终决定整体的结果。最终，它的宗教信仰变成一部分为路德宗新教，另一部分为罗马天主教，而这种局

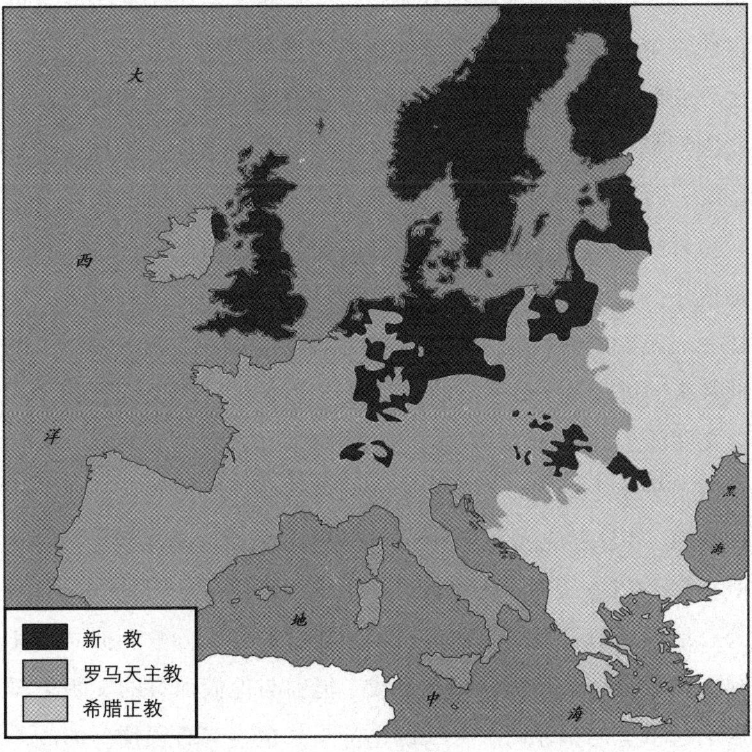

图 12-4　欧洲的宗教

德意志北部和西部为新教，南部和东部为罗马天主教。

面又进一步强化了各地区之间早已存在的差异和分裂趋势。

（4）分裂的第四个原因源自建立帝国的方式。由个人或各邦在帝国之外开拓的疆土，通常并不会扩大帝国本身的疆界。这些土地属于开拓它们的个人或各邦所有。条顿骑士团的骑士们建立了东普鲁士，但是东普鲁士并不属于神圣罗马帝国，而只与勃兰登堡有关，且使勃兰登堡选帝侯的地位变得更为重要。奥地利公爵从土耳其人手中收复匈牙利之后成为了那里的国王，但是身为匈牙利国王的他并不效忠于皇帝。后来，汉诺威选帝侯成了英国国王，但是英国并没有成为帝国的一部分。从帝国之外获取的领土赋予了那些统治者完全独立于皇帝的权力，这些因素最初显然是在促成分裂，但是事实上也埋下了日后德意志统一的种子。

另一方面，虽然在地理条件的影响下，缺乏强有力的政府造成了一定的能量损失，但是在能量积蓄方面仍然有进步。从法兰克王朝的时代起，条顿人的土地就接受了文明的教化，由此带来的进步是十分明显的。借用过去常说的一句老话就是："一方文明沃土，可以远播万里。"[①] 边境地区的土地或公有地(mark)变成了一个个的邦，而且成了向东部其他更遥远的公有地发展的基地。当法兰克人占有明显的优势时，其政府是比较轻松的，萨克森人和施瓦本人的地位也几乎未受到挑战。但是，当那些公有地因人口日益增多而变得不再像过去那么分散和孤立，其独立性变得越来越强，而且形成了能够与他们西方的文明化邻居平起平坐的国家时，分权的趋势自然也会与日俱增。因此，

① 原文为"great territories were brought within the circle of lands that mattered"。

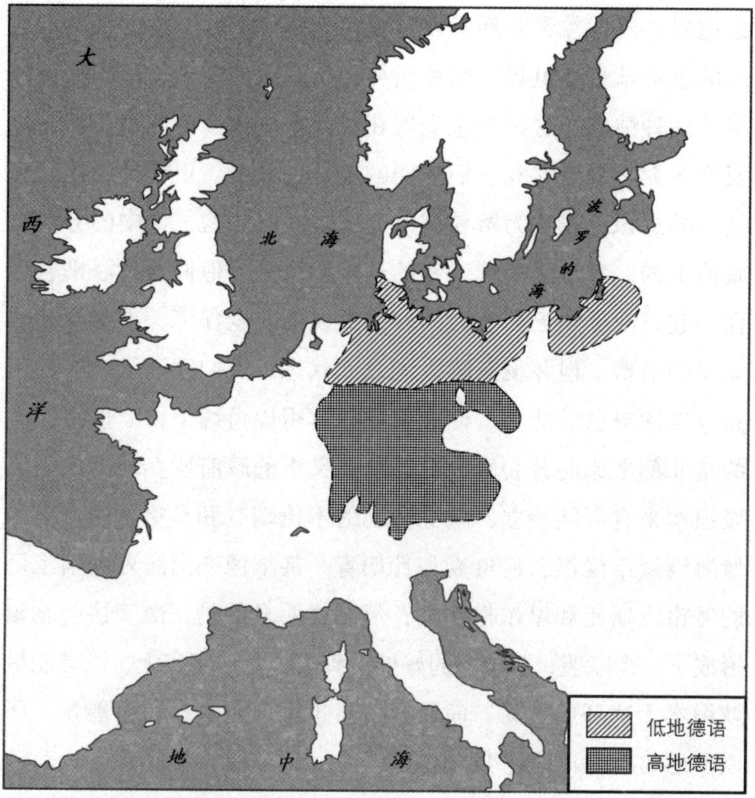

图 12-5　德意志的语言

整个德意志都讲同样的语言，但在南方和北方之间也存在差异。

甚至政府分权趋势的强化，在一定程度上也是进步的结果。

此外，也存在一种非常真实的追求统一的情感。这部分是因为德意志有共同的语言，部分是由于帝国观念的延续，部分则缘于在之前的几个世纪中，正如我们所看到的，存在一个共同的教会。就后面两个原因而言，这种情感已经扩散到了帝国的边界之外，并深入到了被包围在穆斯林和异教徒的维京人之间的整个基督教世界，而穆斯林和维京人的攻击，事实上更加深了这种情感。这种情感表现在对十字军东征的热情支持，以及许多大学的建立和它们之间的友好关系上。更纯粹的德意志统一的意识，表现为贸易城市的出现及其联盟。其中的分歧是政治上的，各地区由统治者的子嗣们瓜分，他们通过联姻联合在一起。由于缺乏强有力的政府提供的安全保障，不免存在着能量的浪费，但并没有陷入无政府状态；人们逐渐学会了如何充分发挥自己的能力，使能量的积蓄得以持续下去。值得注意的是北部平原的分裂倾向，远离名义上的政府所在地的汉萨诸城镇本来有可能独立，就像内地的不伦瑞克和马格德堡，或是像海港城市汉堡、吕贝克和什切青，甚至像充当海外前哨工厂的城市维斯比和卑尔根那样；但同样明显的是，由于这些城镇形成了一个联盟，[①] 统一的好处得到了公认。事实上，没有能量就根本无法开展贸易，而没有贸易也难以更好地积蓄能量，所以贸易的出现乃是进步的佐证。

现在就让我们来看看，德意志是如何通过适宜而有效的政治组织，取得更多的进步并积蓄更多的能量的。由于帝国的统治形式没有为帝国预备一支军队，扩大帝国边界的机会几乎等于零。在这种情况下，新领土很难获得一席之地。但是在帝国成形之后，基督教仍在继续传播，向东南传播到了来自遥远的亚洲草原的异教徒中，向东传播到了森林地带的居民当中。唯有湖泊众多的波罗的海南岸的冰碛地带很难到达，所以几个世

① 即汉萨同盟（Hanseatic League），中世纪晚期由德意志北部城市和德意志海外贸易集团创立的组织，其宗旨是维护相互间的商业利益。

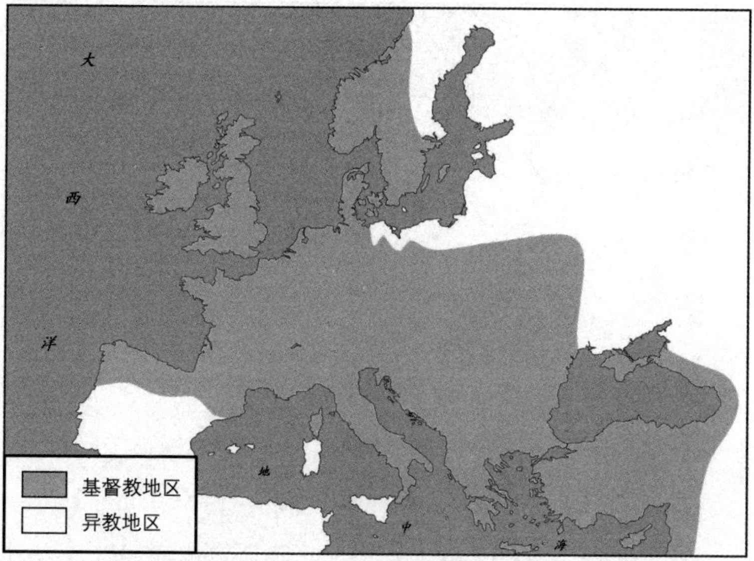

图 12–6 公元 1000 年左右基督教传播的范围

整个波罗的海南岸仍为异教区域。

纪以来那里一直为异教徒占据。因此，在西方的罗马和罗马天主教帝国，以及东方的拜占庭和希腊正教文明之间，分布着三个截然不同的地区。一是在喀尔巴阡山脉围绕下的匈牙利，居住在那里的民族是曾经威胁欧洲的所有草原民族的混血后裔，不过他们此时已经皈依了基督教，并融入了西方文明。二是以华沙为中心却没有天然边界的波兰，那里居住着森林里的斯拉夫人部落，他们在来自西方的攻击的刺激下形成了一个整体，且在罗马教会的传教士的影响下皈依了天主教。最后一个是北部的波美拉尼亚及其东边的立陶宛，那里是异教徒居住的土地。

这些地区在帝国之外存在的时间越长，就越难以融入帝国

图 12–7　神圣罗马帝国东部的三个自然区域

之中。波西米亚是以布拉格为统治中心的一个自然区域，那里居住着斯拉夫民族，它也被纳入了神圣罗马帝国之内。而远在东边且不易到达的波兰，虽然在几个世纪的时间里都被帝国声称为其领地，而且第一个由波兰人建立的国家，其西部地区几乎立刻就变成了德意志的附庸，但是波兰却侥幸地得以及时建立起来，阻止了帝国的吞并。

当时，这些地区一方面对神圣罗马帝国的东部边境构成了一定的威胁，另一方面又给征服和扩张提供了机会。但得到这

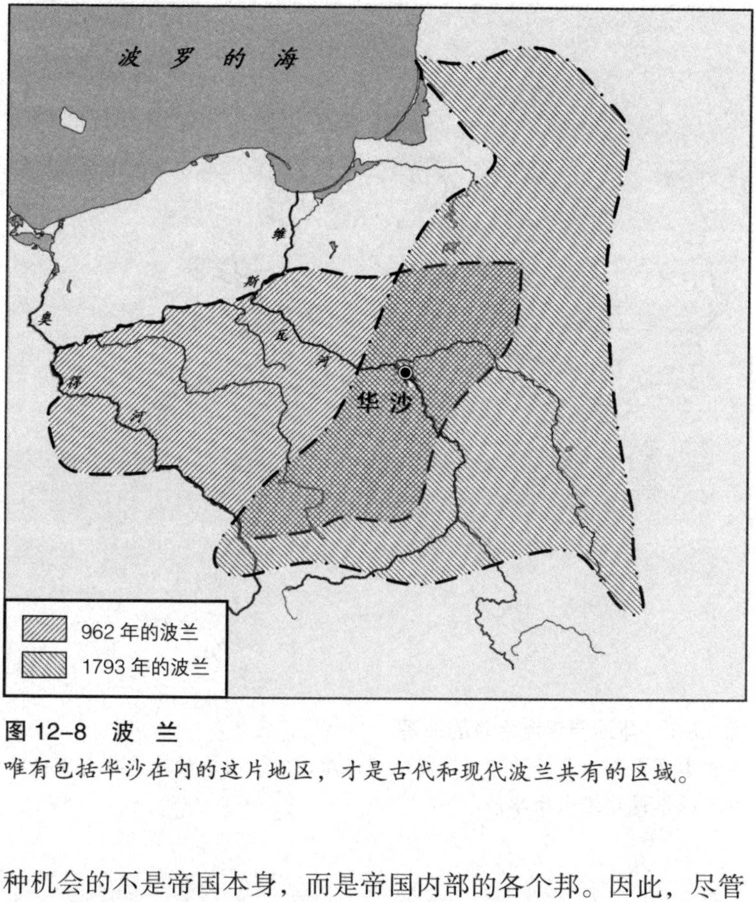

图 12-8 波 兰

唯有包括华沙在内的这片地区，才是古代和现代波兰共有的区域。

种机会的不是帝国本身，而是帝国内部的各个邦。因此，尽管早期德意志的中心位于西部，但是后来其权力却集中到了东部，这并非出于偶然。东方的威胁既能阻止帝国的分裂，又能使各邦结成联盟应对共同的危险，而一旦抓住了扩张的机会，各个邦就通过向东扩张、把帝国之外的土地收入囊中而获得了发展。尤其是分别以北部平原和南部高地为基础的普鲁士和奥地利两个邦逐渐变得越来越强大。后者最先发展起来，查理五世企图

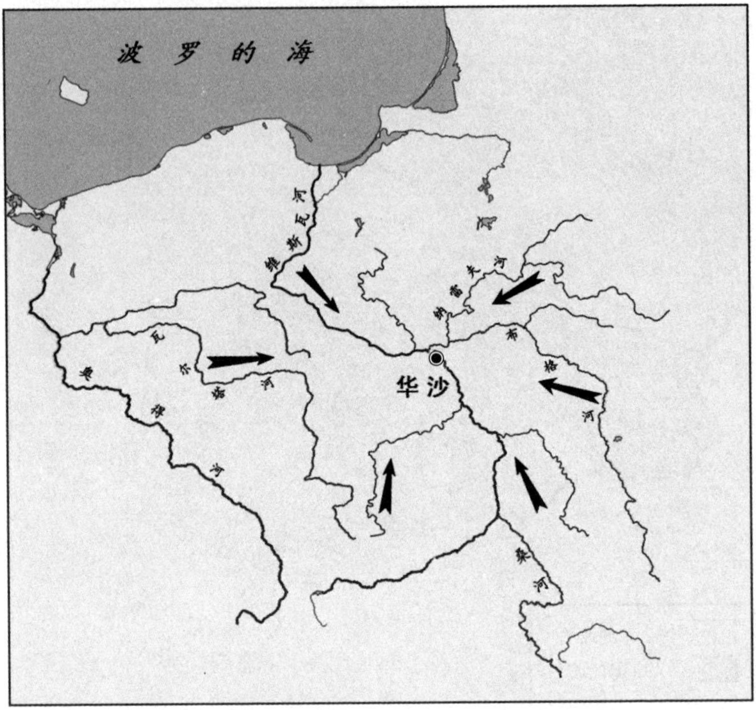

图 12–9　华沙与河流水系的关系

波兰本质上即以华沙为中心。在修建道路以前，河流的地位非常重要。波兰的水道均汇聚于华沙。

统一欧洲这片半岛状的腹心地带，但没有成功；前者经历了较长的发展时间，然而在普鲁士的统治下，德意志最终实现了统一。尽管直到目前为止，奥地利仍然处于这个政治体系之外。

1. 奥地利。从地图上可以看到，横跨欧洲的阿尔卑斯山脉和喀尔巴阡山脉形成的巨大高地，除了中间的一小段外，其他地方都是连绵无间断的。因此，除了两座山脉相接的这个地方之外，其他地方都很难逾越。无论是在和平时期还是在战争时期，要想从高地的一侧到达另一侧，几乎都得通过这个缺口，而维也纳及其周围所在的这个小区域，就成了多条路线必经的汇聚点。这里可以抗击来自东南方向的游牧民族（如匈牙利的骑兵）的进犯，当这些进犯被挫败后，又可以从这里向外进行扩张。最初，这里是神圣罗马帝国方便和天然的边界，地位极其重要。在共同的危险面前，这个地方与其西北的土地更容易合为一体，而这里的统治者也必定会成为帝国中的一个重要人物。因此，神圣罗马帝国的皇位被哈布斯堡家族（奥地利王室）占据了几个世纪之久，的确是不足为奇。此外，部分通过联姻的方式，但更多的还是通过武力征服的手段，奥地利统治者将匈牙利攫为己有，以此获得了更多的权力。他还借助婚姻成为了匈牙利的王位继承人。[①] 由于土耳其人摧毁了东罗马帝国并占领了匈牙利，哈布斯堡王朝逐步地把他们驱赶回去，并将收复的基督教国家的土地纳入其有效的统治之下。因此，当拿破仑最后终结了神圣罗马帝国时，以维也纳为中心的奥匈联邦[②] 仍然存在，这是个便于管理许多地方的首都。

在德意志东部的各个邦中，奥地利是最先发展起来的，因为来自东南方向的威胁比其他任何方向都更为明显和紧迫。其中的原因有两个：首先，由于东罗马帝国的存在，以及整个欧洲东南部文明的推动作用，促使喀尔巴阡山脉和巴尔干高地围绕下的这个地区产生了有组织的社会；其次，这些有组织的社

① 指德意志的阿尔布雷希特二世（1397—1439）。他是哈布斯堡王朝的奥地利大公（1404—1439 年在位，在哈布斯堡家族中称阿尔布雷希特五世），1437 年起任匈牙利国王和波希米亚国王，但他未能加冕成为神圣罗马帝国皇帝。

② 原文为“the state of Austria-Hungary”，指奥地利帝国，即奥匈帝国的前身。

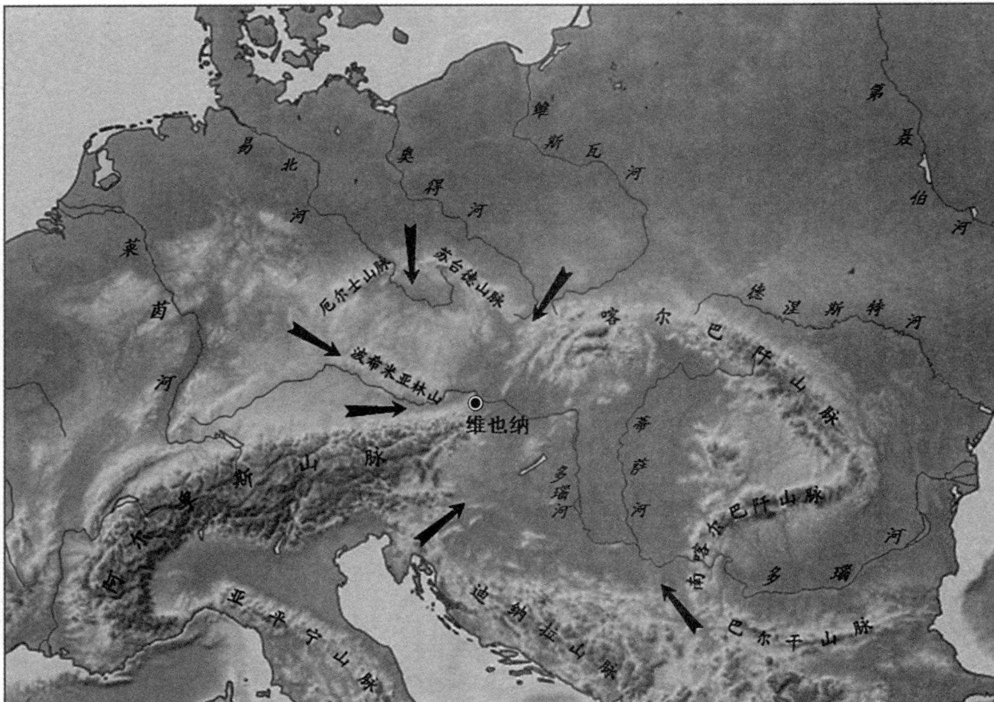

图 12–10　维也纳的位置

会所在的地区仍为半草原地带，对来自更远的东方的其他游牧部落完全是敞开的，直到俄罗斯从森林中冒出来，才挡住了后者的通道。由于来自东南方向的攻击有更好的组织，比来自其他方向的攻击更为频繁和严重，因而很自然地，这里也会出现一个对抗这种攻击的国家。

2. 普鲁士。来自森林和沼泽地区的威胁，对于坐落在喀尔巴阡山脉和波罗的海之间的普鲁士而言从来就谈不上严重。在这片土地上行动的困难程度，与在大草原上行动的便捷程度恰成对照，所以在东北部边境上没有必要投入太多的防御力量。事实上，从某种意义上讲，正是东南部的威胁第一次使东北部边境具有了某种形式的重要性，是马扎尔人的进攻激发了萨克森公爵亨利一世和他的儿子奥托大帝的才干。获得了权力并在组织上经受了训练的萨克森人，将他们得来的成果竭力应用在其他方面，于约 930 年建立了北方公有地（North Mark），并在世纪中叶创立了勃兰登堡主教辖区。之后，他们又在约公元 1000 年时，试图使东边更远处的信奉异教的普鲁士人皈依基督教，但并没有成功，直到宗教改革思想开始渗透进基督教国家时，这种努力才有了真正的进展。在大约 1200 年时，殖民者和传教士再次造访了东普鲁士，不过由于事情进展并不顺利，他们只好祈求条顿骑士团的帮助。他们组织了这个国家并将其基督教化，在他们的统治下，日耳曼人开始向这里殖民，但这片土地的宗主国是波兰，而不是神圣罗马帝国。即使到了 16 世纪初，当它成为身居骑士团大头领之位的霍亨索伦家族统治下的一个世俗公国时，这一地位仍未发生变化。甚至在 1 个世纪之后，当勃兰登堡选帝侯继承了这个公国时仍是如此。要想成为普鲁

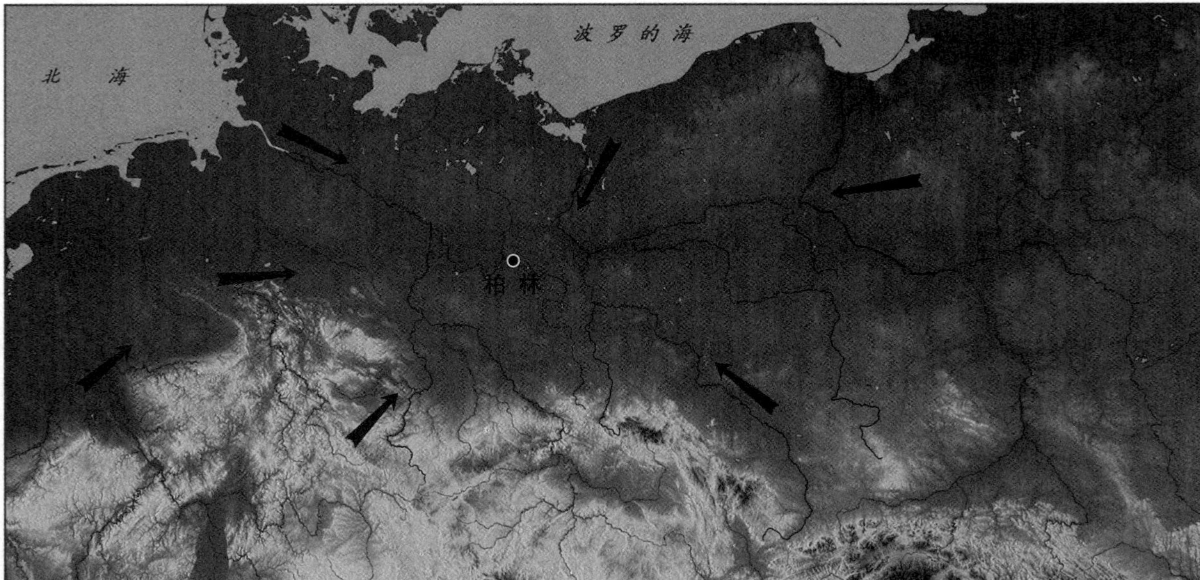

图 12-11　柏林的位置

柏林位于平原地区，是天然的陆路交通线的汇聚点。

士的独立的统治者，就必须有一次来自东北方向的真正的入侵，这种统治才能够巩固。这次入侵来自瑞典。在这场对抗中，普鲁士获得了独立，波兰则被削弱，而曾经身为波兰国王的萨克森选帝侯，最终也变得无足轻重。

与此同时，宗教改革斗争在德意志仍然四分五裂时骤然而至。奥地利的哈布斯堡王朝由于历史和地理的关系站在了罗马一边，支持古老的天主教；比南方高地更为古老的北部平原，尽管从未有效地团结在一起，对于外来的帮助却持更加开放的姿态，由此变成了新教地区，并因此而保持了下去。这进一步强化了南北之间的自然差异。政治上的对立取代了宗教狂热，使普鲁士和奥地利成了死对头。一场顺理成章的争斗发生过后，普鲁士得到了奥地利所失去的东西。争斗的高潮出现在 1870 年，曾于四年前击败奥地利的普鲁士最终控制了北部平原，统一了整个德意志，并与法国发生对抗。在普鲁士的主导下，一个现代的德意志帝国得以成形，其版图覆盖了整个说德语的区域，只有奥地利和莱茵河河口地区除外，后者在大洋贸易被发现之后获得了独立。这就是德国，一个占据了欧洲中心位置的现代国家，当它处于强有力的统治之下时，便拥有了中央位置的优势。

这个国家以勃兰登堡的柏林为中心，勃兰登堡位于奥得河河谷与易北河河谷之间，穿过北部平原的东西走向的天然通道，在这里与由奥得河河口至法兰克故土的古老道路汇合。由于国家建立的时代较晚，因此也更为现代，与意大利、法国、西班牙甚至英国比起来，需要打碎的旧制度更少，更确切地说，就是必须抛弃旧的制度。统治者们明白，德意志是一个整体，必须承认这个事实。恰逢其时的工业革命使德意志如愿以偿，修建了从柏林向四面八方平均辐射的铁路。柏林不可避免地成了德意志的地理中心，就像英国的伦敦或法国的巴黎那样，迫使这片土地变成了一个战略和经济单位。工业体系使能量的积蓄变得十分容易，教育体系指导人们如何节省能量，以及如何以最佳的手段寻找节省能量的新方法。大事业靠煤矿的能量来建设，小事情由人们以最佳的方式用最少的能量来完成。“德国制造”取代了往昔的耻辱，并作为座右铭以巨大的白色字体涂写在完成横跨大西洋的旅途之后、喷吐着蒸汽进入南安普敦水道的大德意志邮轮的船舷两侧。

这个国家有一支处于中央权威绝对控制下的装备完善的陆

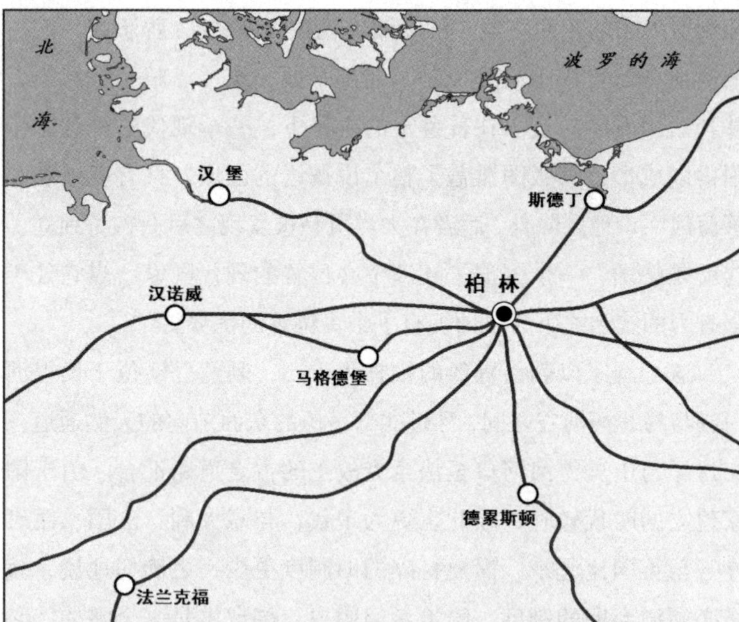

图 12–12　柏林的铁路网

军，能够保护国土免受来自陆上的攻击。自查理大帝的时代以来，普鲁士的勃兰登堡第一次成为了德意志的主宰。换句话说，德意志第一次受到与大海有联系的一方土地的统治，这是汉萨同盟的所在之地，也是养育了古老的盎格鲁－撒克逊人的故土。无论是出于被迫还是受到诱惑，德意志很自然地想要在海洋上寻找出路，企图成为海上强国，像马其顿和罗马那样，不仅要有一支陆军，还要拥有一支海军。

进步是毫无疑问的，这种进步无疑也受复杂条件的支配，这些条件既有地理的，也有历史的。对物质利用效率近乎膜拜式的迷恋，埋下了战争的祸根。我们必须立即做出决定，最后的危机已经来临，因为无论是德意志的地理位置还是它的人民的本性，都没有改变。[①]

① 这是作者在20世纪初根据当时的国际形势发出的警告。

第 13 章

江河之乡：中国和中国人

始于埃及的历史经历了那样的发展之路，看起来是理所当然的；欧洲人通过学习如何尽可能地支配能量，开创了我们称之为“西方”（Western）的文明类型，似乎也是再自然不过的事。

现在让我们把注意力转向东方，首先来看远东的中国。我们将会看到，中国的历史受到中国地理的支配，正如欧洲的历史受到欧洲地理的支配一样。地理上的巨大差异造就的历史也是截然不同的。将历史上的这些差异作一对比，我们就会看到双方各自的地理环境有多么重要。这里必须注意的是，有哪些历史和地理的特征是为二者所共有的，又有哪些现象是为欧洲的历史和地理所独有，而为中国的历史和地理所没有的，还有哪些现象为中国所独有，但却不存在于欧洲的历史和地理之中。

中国位于亚欧大陆的东部，大致介于北纬 20 ~ 40 度之间，[1]尽管也有很多中国人居住在这个范围以外。从地图上可以看到其

---

① 原文如此。事实上，中国仅大陆部分即介于北纬 20 ~ 53 度之间，若是包括所有海岛在内则介于北纬 4 ~ 53 度之间。

有以下特征：

（1）中国位于季风降水气候带内，其面积与欧洲或美国相当。

（2）在中国大陆上有绵延不绝的高原，南部的青藏高原是世界上海拔最高的高原。

（3）中国的海岸线呈一个巨大的弧形，形状近似于四分之一个圆周。从中国大陆直到太平洋对岸，中间都没有什么大块的陆地。[①] 此外，亚洲也不存在地中海那样的海洋。

（4）大陆上只有一个半岛，即向东北方向凸出的山东半岛。[②]

（5）有三条从高原流向大海的大河。最北端的一条是发源于北部高原南端的黄河，[③] 另外两条是发源于青藏高原的长江和西江。[④] 从高原流下的黄河，流经的平原大致呈三角形。长江不仅是三条河流中最大的一条，而且有流出高原后一路穿山越岭的最长路线。西江则流经岭南地区的高山峡谷地带。

所有这些自然事实在不同时期所产生的影响，其方式与类似的事实对欧洲历史的影响非常接近。

我们不知道文明的曙光最初是如何在中国出现的，甚至也不知道它出现的确切时间。但可以肯定的是，中国历史的开始时间远较埃及为晚，而且也稍迟于巴比伦尼亚。其中的原因并

---

① 北平（北京）与智利的瓦尔帕莱索几乎就处在地球两端相对的位置上，换句话说，太平洋的宽度占据了半个地球。——原书注

② 原文如此。此为作者的误解，中国三大半岛除山东半岛外，还有辽东半岛和雷州半岛。

③ 原文如此。事实上黄河与长江一样，均发源于青藏高原。

④ 原文如此。西江是珠江的干流，全长2,214千米，其源头并不在青藏高原，而是位于云南省沾益县的马雄山东麓。

不难以解释。埃及所具有的受到大自然保护的理想位置是世界上绝无仅有的，但中国并不存在像撒哈拉沙漠那样能为埃及河谷地带提供完美保护的地理条件。然而，如同西方文明的诞生那样，中华文明的起源也是地理条件作用的结果。

我们知道，亚欧大陆的中央被一个巨大的三角形平原占去了很大一部分，除北部以外，这个平原的边缘全是高地。这个高地区域在亚洲东部已不复为带状，这里有一个面朝东北和东南方向的广阔的三角形高原。它分为三个层级：最高一级是位于南部的西藏，海拔高度为 2 ~ 3 英里；第二级是海拔高度为半英里到四分之三英里的环贝加尔湖周围一带；剩下的第三级海拔全都在半英里以下。每个层级内都混杂着崇山峻岭。受其海拔高度和随之而来的寒冷和干旱的影响，除个别地区外，西藏始终都不适合人类居住。最低一级由于为山脉所环绕，吹入陆地的风携带的水分大部分在到达内陆之前便已凝结，结果使其表面如同更远的西部平原那样，成为半是沙漠半是草地的地带，仅在山地周围有充足的降水，并有流往低地的河流。因此，在中国西部边疆的南部，有很大一片区域是完全无法逾越的沙漠；在北部则为半沙漠地带，虽然还不至于无法通行，但仍不失为一种巨大的屏障。位于南北两端的这两个防御带，一直延伸到了遥远的西方。

仔细观看图 13–1，可以看到在黄河从高原一路向平原流去时，接纳了渭河这条“清澈的”支流，后者在周围高原的环抱下形成了一个很深的谷地，这个谷地就是中华文明的摇篮。与埃及和迦勒底的早期居民一样，中国人的祖先手持耒耜，在这里翻土播种，开沟引渠。周围的半沙漠环境为这里提供了相当程度的保护，而这里也像埃及和美索不达米亚那样四季分明，虽然酷暑严

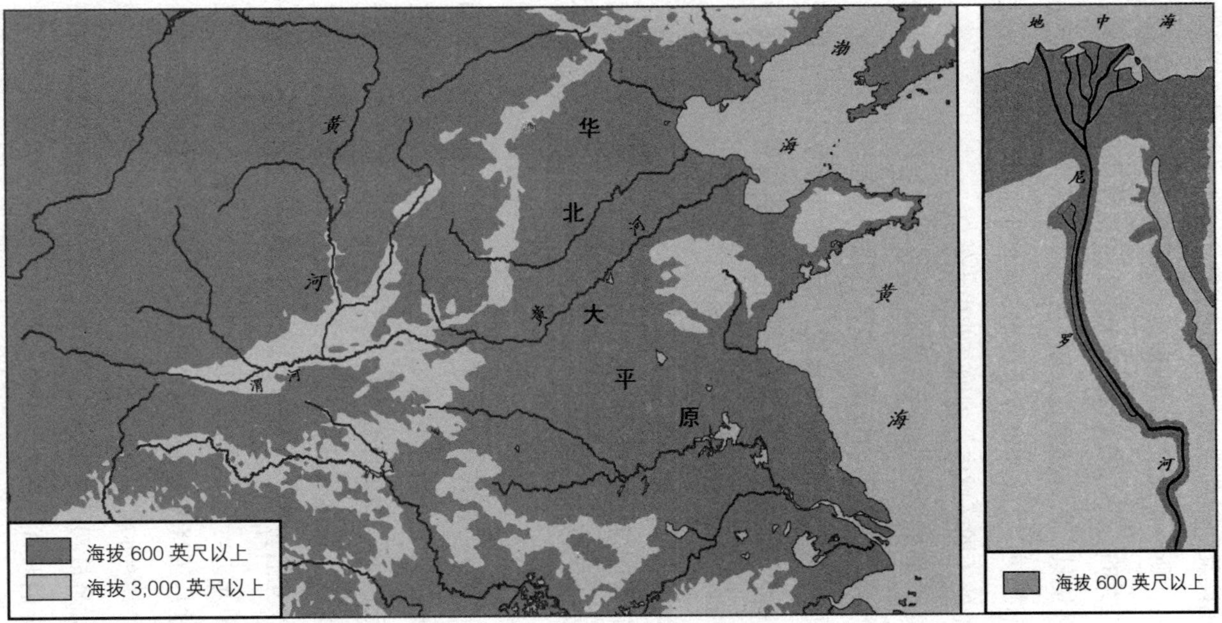

图 13–1　渭河流域与中国的大平原

中国的大平原与按相同比例尺绘制的尼罗河流域的大小比较。

寒之苦比埃及和迦勒底更甚，但还不至于让人无法忍受。水源不是太充足，所以不能浪费。地理上的保护因素和一定程度的刺激开启了人类的心智，使人类能够充分利用这样的自然环境——这种自然环境具有的天然能量，既不会多到使人类无法驾驭，也不会少到不敷使用。文明发祥于地球表面位于北纬 30 ~ 35 度之间彼此隔绝的不同区域内，的确并非出于偶然。

但是，如果说中华文明的起源及其受地理环境支配的情况有着与西方文明相似的特征，那么它同时也展现出了不同的特点和发展方式。或者更确切地说，中华文明在整个历史长河中一直遵循着其最初的发展轨迹，而正如我们所看到的，西方文明在不同的时期则会随不同的影响而发生变化。

位置的不同乃是其主因。在埃及，可以定居的土地面积很小，而且有非常明确的边界。两河流域的土地虽然面积较大，适宜于一个新生的国家，但也并不是十分广阔。对一个原始的种族来说，这也许是一种优势。然而在中国，渭河流域及其延伸出去的黄河中段，与世界上最肥沃的三角洲平原之一相通。当某个民族原来的居住地变得过于狭小时，这片辽阔的平原就成了极好的迁徙地，如果已经有民族迁徙到此地，这里就是有待文明化的地区。迁徙至此的民族不需要改变职业，他们没有其他地方可以互通贸易，也没有开辟其他环境的“通道”。在这片三角洲平原上，只需要将原有的文明稍加调整，以便最大限度地开发这片沼泽密布的土地。在这片土地上，不断变迁的天然河道引导着河水滚滚东去，流向大海。

这就是最初的中国。在我们所讨论的文明曙光出现以前，亦即在史前时代，这里可能就已经有人类存在了。由于一个更为先进的种族的到来，居住在这里以及南边一带的人类的后裔已经迁徙到了更为偏僻的西南部山区。后来者很有可能就是现在的中华民族的祖先，作为主干族群的他们又混杂了许多其他种族的血液。这个最初的中国坐落在黄土地之上（黄土来自西部的草原），挟带着泥土的黄河灌溉其中，东流入海，“黄海”也由此而得名。直到2世纪，中华文明一直局限在这里，缓慢地发展了两三千年之久，使其农耕文化和灌溉方法臻于完美，直到今天仍然保有其民族的特征。

但是，为什么中华民族会如此局限于我们所知的“中国”的北方地区呢？在海洋时代到来之前，大海是挡在人类前面的一道屏障，这是最自然不过的事；高原之所以不会产生让人类回到蛮荒之地的诱惑，也是出于同样的道理。通过夹在山脉与

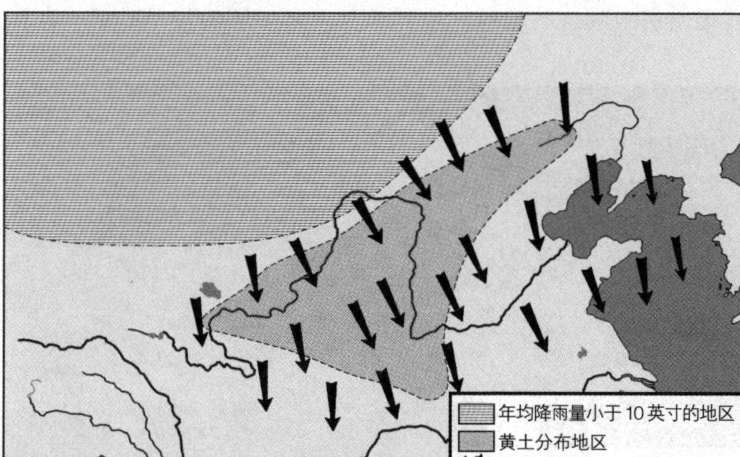

图13-2　黄土区域

黄土是由干燥的冬季季风从亚洲中部干旱地区吹来的细微尘粒沉积在高原边缘而形成的。

海洋之间的狭长低地（那时比现在还要狭窄）方可抵达的北方大陆，最初并不比高原更具有吸引力。但是他们为什么不向南方迁徙呢？原因就在于，华中和华南地区（即长江流域和西江流域）与黄河流域有着不同的特征。从地图上可以看到，它们都处于丘陵地带，一些地方甚至是山区，特别应注意的是在渭河与黄河中段以南横亘着一道秦岭山脉。这道山脉与其绵延向东的支脉长久以来一直森林密布，在平原地区的开发未达极限以前，对于以农耕为业的中国人来说并没有什么诱惑力。不仅秦岭为森林所覆盖，而且秦岭以南的广大地区由于气候温暖潮湿，也到处都是丛林密布。在任何有组织的移民点建立起来之前，这些丛林都只能慢慢地加以清除。

直到临近公元前3世纪末，中国人才第一次真正尝试将其统治扩大到这些地区，虽然长久以来中国的移民必定一直在

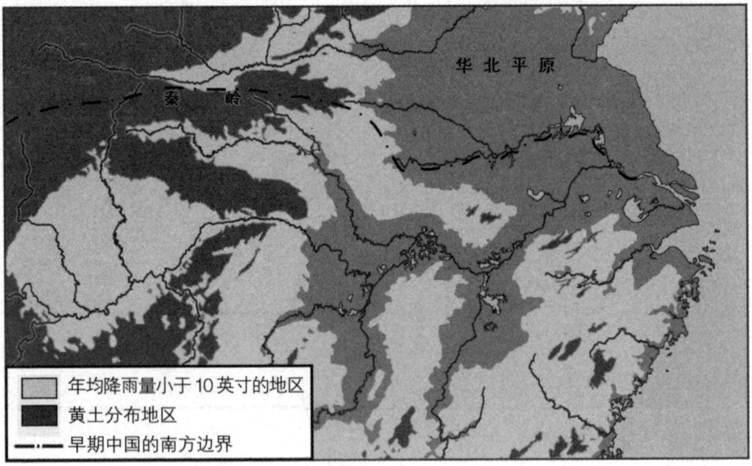

图 13–3 早期中国的南方边界

界线以南为森林和丛林地带。

慢慢地将中华文明向南扩展。这个过程不是一两个世纪就能够完成的，但值得注意的是，对南方实施有效统治的首次尝试是由短命的秦王朝进行的，我们现在所说的这片土地——中国（China）——的名称就来自秦朝（Tsin）。然而，这一进程却是到从公元前2世纪到公元2世纪统治中国的汉朝才真正完成的，直到现在，中国人仍然自称“汉人”。

可是，如果说中国的南方与北方之间存在着很大的差异，那么中华文明又是如何使南方与北方合为一个整体的（尽管这个过程十分缓慢）？中国从过去到现在又是如何一直保持统一状态的？中国南方是多山丘陵地带，有众多的河流与河谷，河流水量丰富，尽管由于季节和降雨量不同而有季节性的变化。南方的灌溉和农业问题通常更为复杂一些，但与北方相比也没有太大差异，南方山区的可耕地的海拔远高于北方，因此，同样的文明也可能在南方扎根。而且，北方有长达3,000年的农业和灌溉经验，如此强大的地理动量使得北方的中国人轻而易举就能战胜可能面临的更为严重的困难。若是换成习性和理想不同的其他民族（譬如罗马人），他们可能会用其他的方式来经营中国南方，但中国人却是用开发北方的模式来开发南方，一旦克服了最初的困难，这种独特的中华文明就无处不相适合了。四川地区在并入北方的帝国之后，其首任郡守[①]之所以能流芳千古，受到后人的顶礼膜拜，而且有为纪念他而修建的极其宏伟的庙宇，并不是因为他的什么征服计划，而是因为他兴建的伟大的水利工程，以及他的儿子和继任者出于同样的理由所享有

① 指李冰（约前302—前235）。公元前256年至前251年任蜀郡太守，其间主持修建了许多水利工程，其中以都江堰最为著名。

的更大的名声，这绝不会是一个纯粹的巧合。

中国的汉王朝正当罗马帝国最强盛的时代，虽然二者之间存在着巨大的差异，但是它们面临的问题却有某些相似之处。两个帝国都拥有得到极大扩张的疆土，都需要将帝国维系在一起的手段，以及与其各部分相联络的办法。正如我们所看到的，罗马人发明了道路。而习惯于江河环境的中国人，自然就会利用世界上最伟大的水道之一——长江——及其支流。这有助于把本来有可能分裂成较小单位的区域团结在一起。这些较小的单位确实存在，因为众多支流的河谷盆地有大有小，但是通过作为主干的长江，又把它们全都联系到了一起。南方的西江也扮演着同样的角色，只是重要性略逊于长江。

这就导致了双重的结果。一方面，我们发现最小的河谷盆地形成了最小的行政区域，这是整个中国历史上最持久的特征，而最大的河谷盆地则形成了各个省，尽管随着朝代的更迭，它们的名称也一再地发生变化。另一方面，我们发现江河被视作商贸来往的天然通道。某些卓有成效的水道在中国人的心目中是如此根深蒂固，以至于有些河流尽管并不适宜航运，他们仍然不辞辛劳地尽力对其加以利用。值得注意的是，直到现在，中国人仍然把道路称作“旱路”——这乃是他们把河流称为“水路”的观念的自然延续。因此，中国是一个独特的江河之乡，这不仅意味着它的土地上有众多的河流，而且意味着其历史受到了这种支配事实的巨大影响，这与我们看到的其他地方的历史受到别种因素支配的影响是一样的。

同样值得注意的是，在公元 220 年，当中国的汉王朝像西罗马帝国在 5 世纪那样发生崩溃时，它并没有分裂为无数个小单位，而是只分成了三个部分：一是作为中华文明发祥地的华北；二是长江下游地区；三是四川，它通过现在的宜昌以上的一系列峡谷险滩与长江下游地区分隔开来。同样意义重大的是，甚至这种分裂局面也只持续了一代人多一点的时间。中国的凝聚力不仅依靠有一个强有力的中央政府，而且也得益于其人民的同一性，他们有相同的生活理想和风俗习惯，因为这里有大致相同的地理特征，或者说曾经有促使其相同的因素的作用。

中国的情况与罗马帝国的相似性还体现在另一方面。罗马的衰亡是因为有来自草原的直接或间接的攻击，它通过占领莱茵河和多瑙河作为防卫的屏障，并建立堡垒抵御游牧部落的入侵。早在秦王朝时期，类似的情况就迫使中国人沿着他们的西

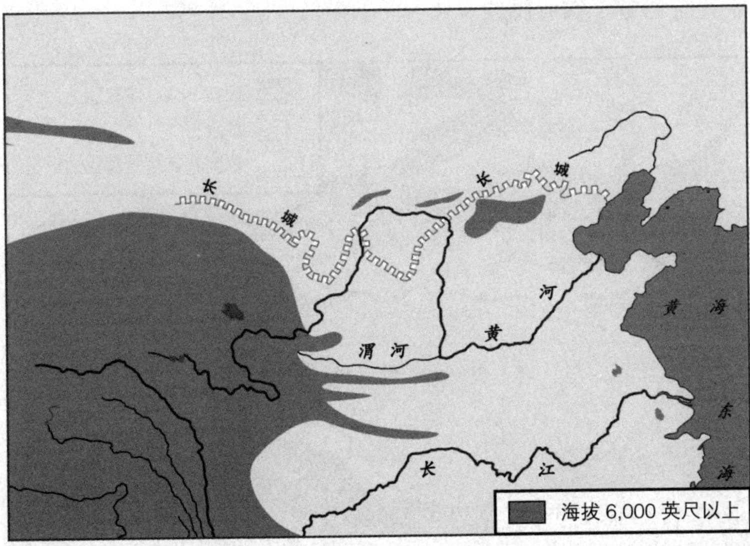

图 13-4　中国的长城

修建长城是为了保护中国的北方地区，从西部经渭河谷地进入中原的通道也包括在内。

北前线修建了长城，以保护这段仅有的容易遭受来自半干旱高原的游牧部族攻击的边境。不过，中国人的心态也值得注意，他们认为西边的黄河既无路可通，也不适宜灌溉，所以从未把它视作一个屏障，他们信赖的只有长城。

现在让我们来讨论高原对中国历史的更为具体的影响。无论如何，与撒哈拉沙漠相比，高原的北部并非全是沙漠，而是带有大片荒芜之地的草原。在一些不那么干旱的地区，生活着有史以来就在那里的游牧民族，他们从那里取道渭河与黄河河谷这条唯一的通道，南下进入中原。就像我们在古代亚述，在穆斯林占领的土地上以及在近代俄罗斯所看到的那样，这些草原民族凭借他们在游牧生活中养成的勇敢和坚韧，常常能够征服并统治一个农业民族。

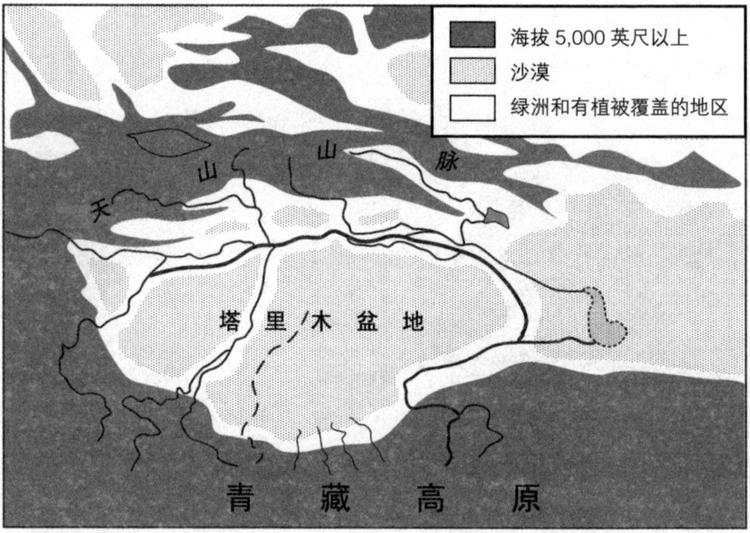

图 13–5 塔里木盆地

塔里木盆地既受天然环境的保护，其周围又有充足的水源供应。

事实上，中华文明的起源有可能上溯到更早的时代，那个时代甚至比我们发现的比渭河流域更原始的遗迹所属的时期还要古老。注意在青藏高原的西北角，巨大的山脉在此绕了一个大弯与天山相连，把中间较低的高原包围在内，西北和南边有高地阻隔，东边则有沙漠作为屏障。周围高耸入云的群山挤干了干燥空气中仅存的一点水分，以此孕育了它们脚下的一圈肥沃的绿洲。如果说这种保护是有作用的，那么在这样的情况下，我们就有望找到一个文明的发祥地。具有鲜明特征的中华文明的开端，有可能（甚至是很有可能）就来自那些生活在毗邻西藏北部的群山脚下的某个地方的居民，他们从那里出发，最终来到了对他们来说更值得向往的渭河流域。

然而，如果说这是一次机会，这并不是高原民族唯一一次来到平原地区，此外还有其他的入侵者。他们是来自草原的游牧民族，而不是定居的农业民族，他们被视为一种威胁，这一点从修建长城这件事上就可以看得出来。与此同时，这些强悍民族的入侵也并非全无是处。黄河流域的居民比南方人更为强健，这大概不只是因为北方气候寒冷的缘故。他们在首当其冲承受外来攻击的同时，也从新注入的血液中获益良多。这种民族融合的现象最初可能只出现在战争期间，但在和平时期也有可能发生，甚至以征服者的身份来到这片土地的高原部落，最终也被这里的农业民族所同化。

在公元前100年左右，中国人认识到最好的防御就是进攻，并且第一次把他们的统治成功地扩展到了高原地区，尽管时间并不长。当汉王朝崩溃时，我们知道它陷入了分裂状态，这种对高原的控制自然也就丧失了。到了公元600年后不久，当中国在强大的唐王朝的统治下终于安定下来之后，很自然地又开始了新一轮的开疆拓土。两次扩张的主要目标都是塔里木盆地，而且都因为受到浩瀚而又无法逾越的沙漠的影响，使得这种统治不是名义上的，就是难以持续很长的时间。但是，这两次扩张仍然值得注意，因为中国与西方国家之间不仅为广袤的高原和大平原所阻隔，而且还隔着这些土地上的众多民族，因此，这两次扩张可以看作是中国人在当时进行的与西方的一种微弱的接触。

在讨论高原地区发挥的最后以及在某些方面乃是最大的影响之前，我们必须注意一个类似的现象。在欧洲，我们已经知道一个文明中心容易招来一些邻近的较不开化但却武力强大的政权的攻击。类似的情况也出现在中国。位于中国的北方，与中原地区隔渤海湾相望的东北地区，只有介于其西端和高原边缘之间的一道狭窄地带与内地相连。由于地处遥远的北方，东北地区异常寒冷，完全不像华北地区那样适宜早期文明的发展。尽管受地理条件隔离的影响，这里的居民基本上处于独立状态，但是随着时间的流逝，在邻近的文明社会的刺激下，他们最终采取了行动。满族部落中的一支——契丹人[①]——将他们的势力向南发展，于公元900年左右在中国北方建立了一个政权。这些鞑靼人[②]从来没有统治过整个国家，但他们却给几名来自西方的旅行者提供了极大的想象空间，以至于中世纪时期西方对中国的称呼“Cathay”，便是来自“契丹”（Khitan）之名。

---

① 原文如此，这种说法有误。契丹人虽然起源于中国东北地区，但并非满族的一支，据文献记载和考证，契丹人的起源主要有匈奴说和东胡（鲜卑）说两种。

② 原文如此，这里指契丹人。鞑靼人起源于今蒙古东北及贝加尔湖一带的突厥游牧部落，与契丹人并非同种。

东北地区的兴起是中国历史上的一个新特征，其新颖之处可以从北京的重要性上升这一事实中反映出来。在此之前，中国首都的位置虽然不时地也有所变动，但大体上不出渭河流域或黄河中游这一范围。此后，除了中间有一个短期的间断外，中国的政令一直出自北京。注意北京城的位置的重要性，它恰好坐落在华北平原的边界之内，东临渤海，西靠高原，正好扼在由东北地区入关的狭窄通道上。这是满族人统领整个中国的一个中心，正如奥地利人以维也纳为中心可以统领匈牙利，来自海岸对面的欧洲大陆的势力以伦敦为中心可以统领英格兰，来自英格兰的势力以爱丁堡为中心可以统领苏格兰，越过安格尔西岛的势力以都柏林为中心可以统领爱尔兰。在这里出现的另一个游牧部落取代了前面的那一个，[①]控制了中国更多的疆土，使代表华夏文明的政权被迫退往更远的南方，直到仅据有长江流域和西江流域的丘陵地区。

最后，或许是受中国汉族的影响，或许是受伊斯兰教的影响，高原民族再度崛起。成吉思汗从他的家乡阿尔泰山开始，先是统一了所有的高原民族，然后率领他的蒙古游牧部落分东、西两路从高原直趋山下的平原。他的子孙继续这一征服过程，使所有的中国人和鞑靼人都沦入他们的统治之下。由于他们来自域外，视以前的疆界为无物，征服的脚步便持续了下去。这一政策在陆地上取得了一定的成功，而值得注意的是，在第三代统治者忽必烈汗统治期间，他们也进行了渡海进攻日本的尝试。但是，这种尝试对于陆地民族而言是注定要失败的。日本人挡

① 指12世纪初女真人的金国取代契丹人的辽国。

住了对他们家园的这次攻击，我们再次看到了一个以陆地劲卒为实力依托的大帝国在对马海峡上与原始粗鄙的水手们相遇并被挫败的事实，就像薛西斯之败于萨拉米斯战役，以及六个多世纪之后俄国人在距离不远处之败于对马海战。

蒙古人的入侵是一种征服，其实力靠的是部族成员的勇敢和强壮的体格，而其结果也与那些文明程度远低于被征服者的入侵者一样，最终以征服者自身变得越来越柔弱，逐渐丧失了控制权并被同化而告终。由于地理条件的影响，中国周围土地上的民族不管多么孔武有力，其文明程度总是远不及中国，所以在漫长的历史进程中，中国从未被更优越的种族征服过，征服者最终都被华夏民族同化了。但蒙古人在 13 世纪的入侵仍然是一次新的进展，因为蒙古人的扩张是以“中国”的名义进行的，当入侵者自身已经消失不见时，开拓的疆土却依然存在。

在蒙古人被同化之后，中国很自然地又进入由汉人王朝统治的第三个重要的历史时期，这就是从 14 世纪到 17 世纪的明王朝。当时曾尝试以南京为首都来统治这片大地，这里比渭河流域或北京更接近中央位置。虽然以南京作为首都没有持续太长时间，[①] 首都很快就迁到了北京，但是这个地方被选为整个国家的统治中心，在思想上却是一个重要的发展。定都北京是为了尽可能接近北方入侵者进入的通道，虽然最终徒劳无功，但这种先见仍是合乎情理的。17 世纪时，鞑靼人[②] 又企图第三次（也是最后一次）征服整个中国，这一次他们获得了成功。这一征

---

① 从 1368 年明太祖朱元璋在应天府（南京）称帝算起，到 1421 年明成祖朱棣迁都北京为止，南京作为明朝首都的时间前后为 53 年。

② 原文如此，这里指满族人，鞑靼人与满族人并非同种。

服并不是突然实现的。从崛起于东北地区的山区开始，满族人经历了两代人的时间才占领了北京，之后又经历了一代人的时间才征服了中国全境，最后被征服的地区很自然地是位于东南部的福建。像蒙古人扩张其在中国的统治那样，满族人也将他们征服的区域扩展到了中国的边界之外。他们征服了蒙古，并将其纳入中国的版图之内。到18世纪末，满族人的统治扩展到了西藏之外，甚至越过了喜马拉雅山，直到20世纪初仍对尼泊尔拥有宗主权。

现在，在我们继续讨论最后一种支配中国历史的重大地理事实之前，要注意事实上我们已经知道，在黄河三角洲平原发展起来的文明，很容易就适应了南方的两条大河流域的环境，由此诞生了一个同质的民族，其本质上的统一性又因西部存在的一望无际的高原得到了加强。江河体系与高原这两组特征，构成了支配中国历史的两大地理因素。

其他地理条件也产生了类似的结果。中国面向大海，海上之途渺无去处，而且不存在地中海那样的内海，这些因素所产生的巨大、无声而消极的支配作用，对于把中国人塑造成陆地居民，妨碍他们成为海洋居民，都有着不可估量的影响。中国人既不像维京人那样，因受气候寒冷和土地贫瘠所迫不得不向海洋发展，也不像撒克逊人那样，背后承受着现实的压力。中国辽阔的疆域足以让来自高原或其他地区的这种压力在到达沿海地区之前便消散殆尽，而南方总有一些地方很少感觉到这些压力。中国人没有腓尼基人所拥有的那种海上通道。中国的海岸是一个巨大的圆弧形，没有像希腊那样吸引人向海洋发展的半岛。中国从来就不是一个海洋强国，因为没有任何东西吸引其人民不做陆地居民，安土重迁、以农业为生的习俗和思维方式已经相传了四千年之久。所以，即使在高原部落入侵中原并夺取了政权之时，即使在数以百万计的居民惨遭屠杀的情况下，中国也没有像罗马帝国那样分崩离析。民族的同质性——这个在很大程度上由地理条件所造成的结果，使中国始终维持了作为一个整体的存在。[①]

西方文明的地理大发现，渐渐地成了一个影响中国历史的新的重要因素。到当时为止，中国人所能接触到的海上居民只有日本人（其文明也源自中国），而这种接触却是不友好的，早期的日本人造访大陆沿岸的目的就在于劫掠，其行为就像入侵欧洲大陆的维京人那样。这一系列的袭击中的最后一次（或许也是最重要的一次）发生在16世纪初，恰逢西方国家对大洋的发现给中国带去最初的显著影响之前。这种入侵的结果也像早期那样，促使人民远离大海向内陆迁徙，因为在海上只有水手才会感到安全。

随着满族人统治力的逐渐丧失，由于统治者变得越来越弱，以及他们的后代慢慢被同化，中国也日渐出现了两股力量：一股来自陆地，其特征已在前文中表述；一股来自海洋，并给中国的历史带来了新的支配因素。源于海洋的欧洲势力必然从南方进入，因此在那里出现了一个新的环境。在此之前，中国的战略中心一直在北方平原。中国的首都通常位于这个三角形平原的其

① 一个不容忽视的现象是，表意文字的存在使得各个地方的中国人能够相互理解和沟通，这无疑有着非常巨大的作用。但是，统一的文字甚至语言却未能阻止德意志和意大利分裂成许多独立的邦国，也未能阻止挪威和丹麦的分离，以及英国和美国的分裂。此乃地理条件强弱不同的结果。——原书注

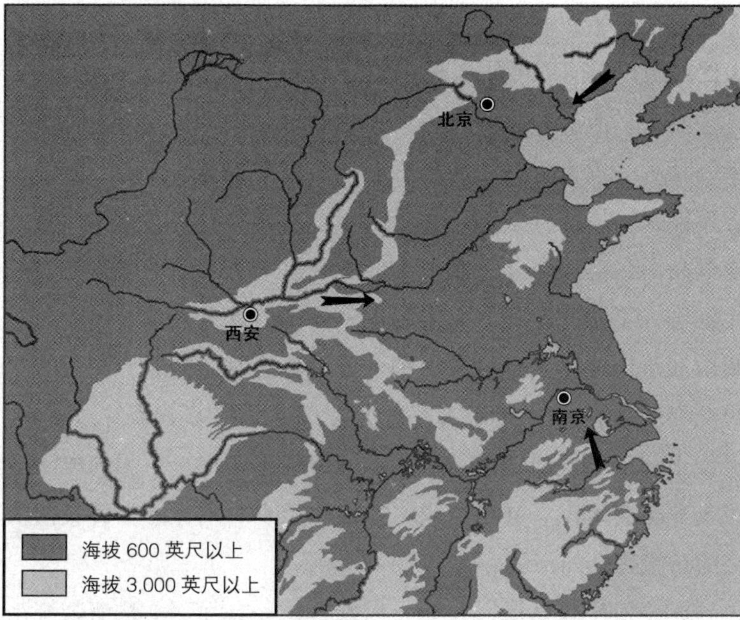

图 13-6　中国历代的首都

北京的意思是“北方之都”，南京的意思是“南方之都”，西安又称“西京”（即“西方之都”）。这三个城市的位置就处于三角形平原的三个角上。

中一个角上，若是在北京，则可防范自北方绕渤海湾而来的入侵；若是在西安，则可防范自西边沿渭河河谷而下的入侵；若是把首都定在位于平原边缘的南京，则可与南方的江河体系建立联系。随着海洋势力自南方到来，中国南方的港口变得重要起来。1842年的条约开放的通商口岸[①] 全部位于南方丘陵地区，其中有两个

① 指 1842 年根据中英《南京条约》开放的广州、厦门、福州、宁波、上海等五处通商口岸，史称“五口通商”。

在福建，一个正好在中国的南部边境上。广州或上海成了进入中国的门户，而不再是北京或西安。

然而，西安和北京仍是进入中国的入口。清朝已经于 1912 年终结了，蒙古人则被佛教驯服，失去了昔日的锋芒，但仍然有可能在平原之外继续存在。来自平原的势力通过最短的路径越过高原到达了东北，俄国人经由绕过渤海湾的老路，差一点儿就进入了华北。日本人走的也是同样的古老入口。位于阿尔泰山和天山之间，经过群山脚下可以直达西安的那个古老的门户准噶尔盆地，以及那条古人常走的，从贝加尔湖出发穿过草原，再经山间的便捷隘道前往北京的通道依然存在。中国的政治地位是非常有趣的，其历史尚未完成，唯有时间才能告诉我们最终的结果将会如何。

无论发生什么事，我们可以断言，一方面，不论清朝统治者的结局如何，中华民族并无衰落之象；另一方面，中国的历史仍将受地理环境和来自陆地与海洋的一些庞大势力的支配，尤其是这些势力之间的相互作用，会使中国越来越趋向于统一，并结合得比过去更加紧密。

第 14 章

温暖的土地：印度

作为进一步讨论的准备工作，如果我们再次审视一下前述的内容，可以看到我们追溯了两大文明的发展历程，每一个都影响了四分之一的世界人口，其中一个在欧洲，一个在中国。前者之所以有多种形式，是因为它在不同的地理条件的支配下，受到的影响也是多方面的；后者由于其地理因素所具有的不可抗拒的支配作用，其发展历程一直延续着同样的轨迹。两者都受到了居于旧大陆心脏地带的草原文明的影响。两大文明的存在似乎都依赖于从微小事物发端的潜力，在具有天然保护屏障的情况下，建立起能够节省能量的小型社会。

现在，如果我们来看旧大陆人口密度最大的三个地区，马上就会惊奇地发现，印度虽然可以被称为一种不同类型的文明，但是一方面，印度许多个世纪以来从未像中国那样从内部组织为一个整体，另一方面，印度文明也不像欧洲文明那样对全世界产生过影响。印度文明的这种独特性，其形式的繁杂不仅远远超过了中国，甚至也超过了欧洲。此外，欧洲文明是埃及和巴比伦

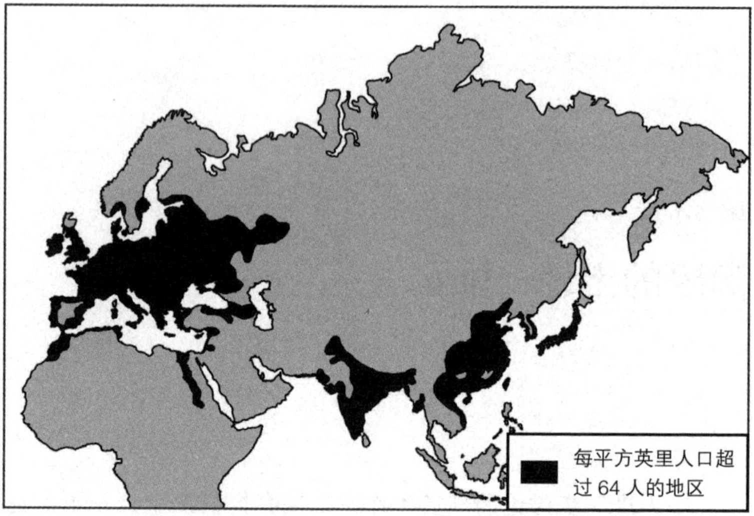

图 14–1 旧大陆人口密度最大的三个地区

尼亚播下的文明之种的继续发展，中华文明则是发源于渭河流域的一脉传承，而印度文明却无法追溯到这样清晰的源头，印度的历史更深刻地受到了外部力量的支配。

我们先来看印度的地理环境。

与中国类似而与欧洲相异的印度，没有地中海那样的内海，也没有汇聚在沿海的一群岛屿。它气候温暖，总体上堪称富饶之地。这里既不存在地中海沿岸地区的那种诱惑，也没有斯堪的纳维亚半岛居民那种被迫冒险向海外发展的必要，人们仍然停留在不熟悉海洋的陆地居民的早期阶段。

印度既有高山也有低地。从地图上可以看到，印度的北部和西北部均为巨大的高原，背靠青藏高原的喜马拉雅山脉就横亘在它的北边，在高原向东和东南方向延伸的部分，有许多被森林密布的陡峭峡谷隔断的大山，向西延伸的部分则是下临伊朗高原的扇形山脉。在印度半岛上，还有一片低得多的平坦高地，它的西边十分陡峭，东边则为较平缓的斜坡，斜坡上布满了河流冲刷的痕迹；在半岛的西边有一块十分狭长的低地，东边有一块大片的低地。在北部山区和南部高原之间，有一个从恒河河口一直延伸到印度河河口的长达2,000英里的巨大冲积平原，除了靠近山丘的边缘地带之外，整个平原上几乎没有一块石头，在1平方英里范围内的起伏只有大约1英尺左右，几乎让人难以察觉。这里没有巴尔干半岛或是意大利那样的地形变化，也不存在法国那样的中央集权。

即使考虑到气候的影响，这里的人们的生活也是十分雷同的。尽管可以说印度拥有各种各样的气候，也有不少几乎全年

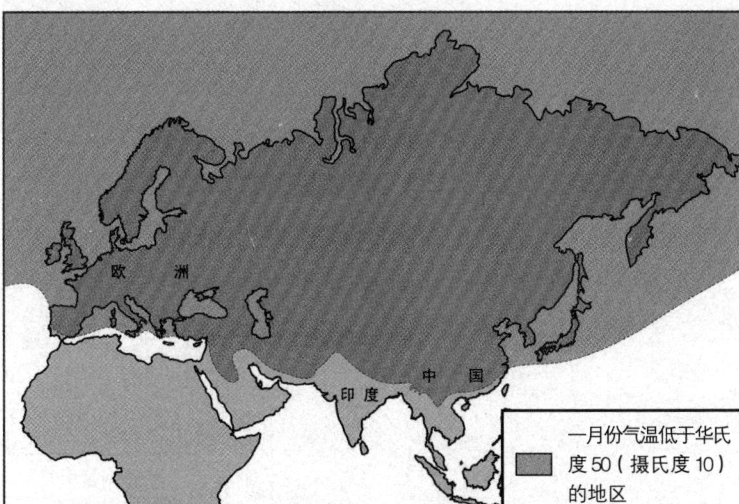

图14–2　欧亚大陆的气温

印度的冬季比中国和欧洲都更为温暖。

都气候宜人的山区，但是实际上这些情况毕竟属于例外。印度就整体而言是个炎热的地区，夏天如此，冬天亦然。在冬季时，整个印度几乎比中国的任何一个地方都更为温暖，与欧洲的任何地方相比也是如此。印度与另外两个人口稠密地区之间存在着一个巨大的差异，唯有这个差异才能够解释它们不同的历史。

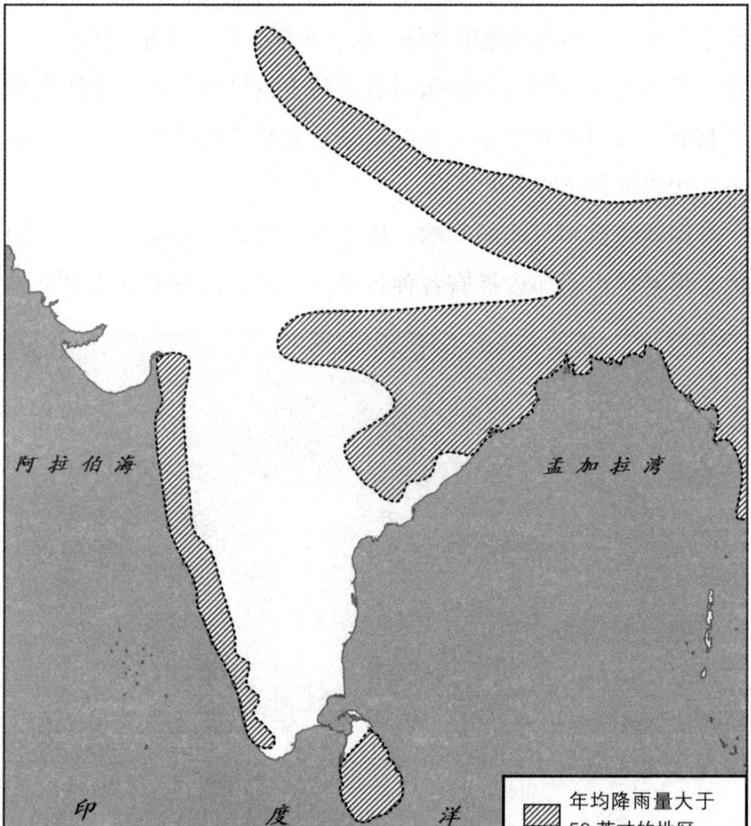

图 14–3　印度的多雨地区

降雨主要集中在夏季。

在一年当中的任何季节里，这里的人们都不需要依靠穿衣服来保存身体的能量。

不过，这种概括性的陈述是需要限定条件的。西北边境地区的寒冷是其他地区所感觉不到的。在冬天，旁遮普是印度最冷的地区，而西部的信德和俾路支高地尽管在夏季和白天极其炎热，但是在夜晚和秋天就会频频出现霜冻。① 所以，你会在这些地方发现印度文明在形式上的一些变化。

如果考虑到降雨以及高温和降雨对植被的影响，可以看到北部平原的东部入口处为降雨集中的地带，由于那里的地势几乎与海平面齐平，雨水无处可去，所以地面潮湿，沼泽众多，丛林密布。从那里一直向西，环境则不知不觉地悄然改变。降雨渐趋减少，雨水流失的机会也逐渐增多，直到距离海洋1,000英里远的地方，降雨即变得不足起来。继续向西到达印度河河口的位置，土地变得越来越干燥，之后的400英里就是草原乃至沙漠地带了。高原南部的西坡、喜马拉雅山脉的南坡以及孟加拉湾东北部的高原，在夏季同样有着丰富的降水，其涵养的水分对植被的生长极为有利，因此，这一带海拔较低而潮湿的地区无不为森林所覆盖。劲吹于西高止山脉的西南方向的季风，沿着纳尔默达河与达布蒂河近乎笔直的河谷一路向上，为该地区遥远的内陆送去了比其他地方丰沛得多的降水。而向东吹去的这股气流又与来自孟加拉湾的气流相遇，引发了从这两条河谷的源头直到恒河口南部沿岸地区的强降雨。这一带的土壤为肥厚的黑黏土，其分布范围从半岛北部的古吉拉特一直延伸到

① 在本书写作的年代，印度和巴基斯坦仍为一体。1947年8月印巴分治以后，信德、俾路支及旁遮普的部分地区被划归巴基斯坦所有。

默哈讷迪河三角洲——其中部分为森林，部分为丛林，部分为已开垦的耕地。在这一地带的南边，除了河谷地区和沿海平原外，土壤干燥，大部分均为草地。

同样的环境一直延伸到很远的地方，这样的土地既难以实

图 14–4　印度的森林

三大林带：① 喜马拉雅林带；② 印度中部林带；③ 德干西部林带。

现组织化，也难以长期维持。其原因不仅在于它面积太大，很难把没有组织化习惯的民众组织成一个整体——这并不令人奇怪，欧洲尽管已经实现了组织化，但也未能组织在同一个政府之下——而且天然的分歧也十分巨大。印度没有像埃及、巴比伦尼亚或者渭河流域那样的文明摇篮，对于后者来说，生活相对较为容易，较小的自然单位使得人们能够学习管理和组织的方法，而且有为未来筹划的需要。

因此，虽然炎热和潮湿的结合决定了印度有适合人类生活所需的太阳能，但是却少有对个体的能量积蓄的刺激，少有组织社会以积蓄能量或是对积蓄的能量进行保护的刺激和能力。印度文明一直落后于有卓越组织才能的外来文明，无论是在和平时期还是战争时期，外来的有组织的移民总是能够在不同程度上支配当地的土著民族。

那么这些移民来自何方？要寻找这个问题的答案，必须注意印度是一个大陆型半岛这个显而易见的事实。一方面，与欧洲或中国相比，印度距离游牧民族居住的干燥的中亚腹地要近得多；另一方面，尽管并不存在使印度的土著居民成为水手的诱惑或压力，这片土地对于大洋却是敞开的。经由东北和西北方向上的陆上通道以及海上的通道，规模或大或小的许多外来民族都曾经入侵过印度。

来自东北边境森林地带以外的民族，零零散散地穿过森林和丛林，漫步进入印度的丛林地带。这些民族是非组织化的，他们还没有形成一个个的邦。正如我们所知道的，森林在任何时候对于有组织的迁徙都是一大障碍，而这里的河谷深不可测，陡峭的河谷两侧布满了层层叠叠的森林，这就难怪印度东北部的通道从未得到过有效的利用了。

西北部的情况则大不相同。由前述可知，这里的气候十分干燥，不存在阻塞通道的森林，印度在这里能够接触到两个尚武的文明。从喜马拉雅山脉西端出发，越过一片既高又窄、呈扇形展开的山脉，就是草原民族居住的大平原；而在伊朗高原北部和南部的山脉边缘，溪水从山上顺流而下，这里有通往古代文明之地——波斯、巴比伦尼亚和亚述——的通道。那些俯视着印度西北部平原的山区民族不可能不动心，因为那里有他们熟悉的凉爽气候，他们早就摩拳擦掌，准备下山了。

那时，从西北进入印度北部的外来者可谓川流不息，零零星星者有之，成千上万者亦有之，其中既有移民和商人，也有流亡者和征服者。其中一些人在这个门槛处就停下了脚步。亚述人和希腊人早在亚历山大大帝之前就已经到达这片土地，只是没有进一步深入。亚历山大大帝率领他的军队进入了旁遮普的腹心，但未知的环境使他的士兵产生了哗变，于是他只好打道回府。不过在亚历山大大帝到来前后，从西北边境进入的其他民族，已经或多或少地扩散到了印度全境。

海洋对于所有熟悉它的民族来说也是一条通道，因此，早在我们可以追溯到的有人类活动的时期，印度半岛就受到了海洋民族的影响。早期，这些影响既来自生活在西部干燥土地上的较文明的民族，也来自生活在气候潮湿的东部的野蛮民族，但程度都较为有限。到了近世，有组织的势力从海上不期而至，先是绕过好望角从南方抵达，然后又从西面渡海登岸。

那些来自北方、西方以及海上的民族，一方面其文明程度常常高于本地的土著民族，另一方面则倾向于以毁灭的方式对待当地的文明，并在某种程度上取代了印度早期的土著居民。

很自然地，最早的土著居民就生活在横跨德干高原北部的山区森林和丛林地带。这里不仅能够保护他们免受外来者的侵害，而且能够提供他们赖以维生的食物。这些森林提供的保护

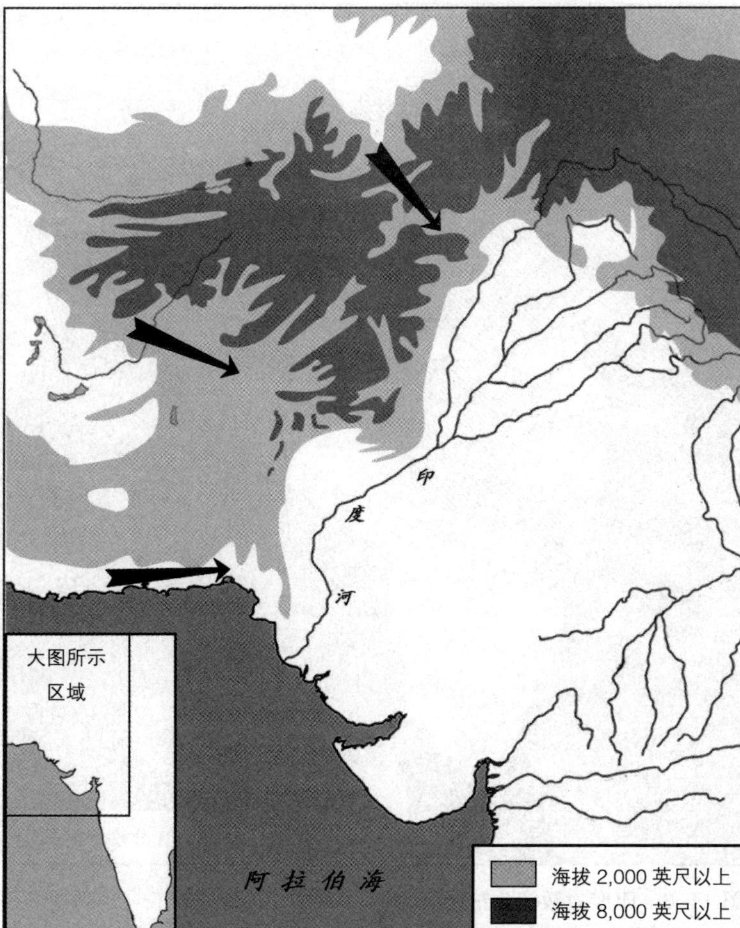

图 14–5 从西北方向进入印度的通道

作用与欧洲的森林类似，不同之处则在于，在寒冷的欧洲森林中，人类要想生存下去就必须谋划未来，费心劳力，要把一部分林地清除干净以建造居所；而在印度的丛林里，基本的生活必需品很容易获得，几乎不存在刺激进步的因素。

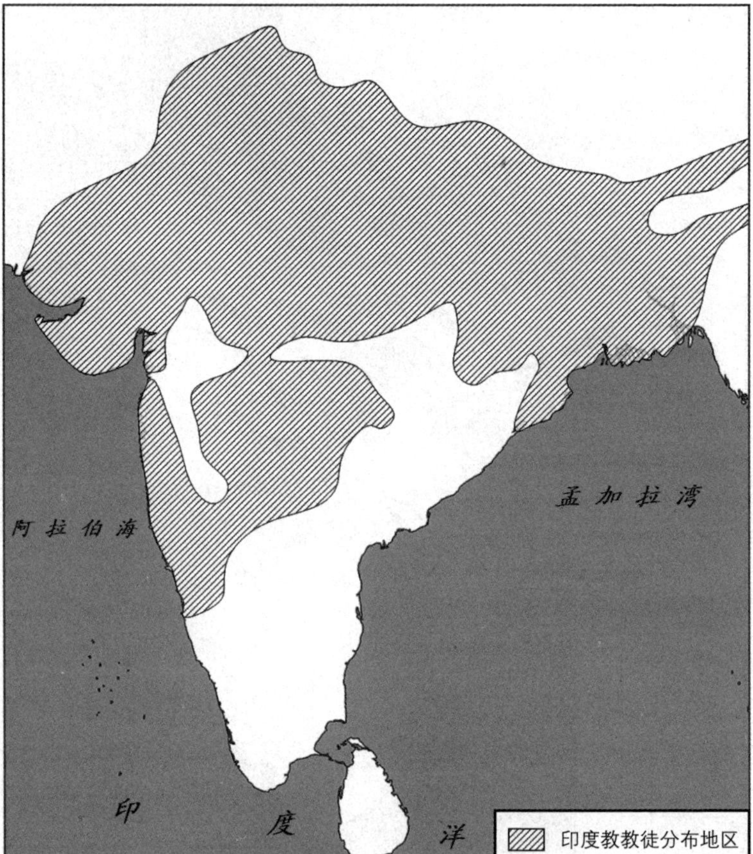

图 14–6　印度教教徒分布地区

大多数印度人都信奉印度教。森林在阻碍其南下的过程中所起的作用是显而易见的。

甚至早在史前时期，自西北方向而来的袭扰印度土著居民的族群就已经存在，我们只是不知道他们是来自大平原，还是来自伊朗高原。这些最早到来的族群一部分被驱赶到了半岛的东南部，一部分被公元前2500年以后的3,000年中来自北方的一拨又一拨的不同种族的殖民者所同化。后者逐步占据了印度的北部平原，把德干高原森林地带以南的地方留给了那些较早到来的民族。于是，北部平原和南部高原之间的自然差异，因为其居民所具有的不同特征得到了进一步的强化。

在这些民族中已经有了某种形式的组织，其中在北方尤为突出，那里出现了延续300年之久的王国，[①]而在南方则稍差一些。不过这方面的资料非常缺乏，资料的极度匮乏说明在任何地方都缺少一个长期存在的组织。有一点是十分清楚的，即具有不同特征的人群都生活在他们各自的有规则的社会里，有各自的组织形式，他们之间的差异很大程度上是由地理条件决定的。北方的平原并不是一个整体：东南的孟加拉潮湿多雨，森林密布；西北的旁遮普则是干燥之地；西边的信德则更加干燥，所以印度河也像尼罗河一样在下游部分没有支流。在这两个极端的区域之间，是一片大致相当于古代中央之地（Middle Land）的地区（即今天的印度西北各省），这里雨量充沛而又不过分，直到今天都是印度城乡人口最密集的地区。

到公元600年，这三个区域差不多都已被三个族群有效地组织起来。尽管这三个区域在生活方式上有明显的不同，但它们相互重叠，在各区域之间和它们的内部都没有什么自然的边

① 指笈多王朝（320—540）。

界，因为那里的居民并不把河流当作边界，而是将其视为交通的通道和有益的水源。因此，除非在一个稳固的中央政府的管辖之下，摩擦几乎是不可避免的。由于稳固的中央政府并不存在，而草原民族的不断入侵又带来了无休止的动荡（这些匈奴人、鞑靼人和西徐亚人在远东也直接或间接地制造了同样的不安）。面对共同的危险，这几个区域也曾一度结成了联盟，但是这样的结盟却不足以使它们的团结长期维持下去。

此外还有第四个区域，其组织已达到相当高的水准。在印度河的东面，有一个宽 200 英里、长 500 ~ 600 英里的与河流平行的地带，这里是名副其实的沙漠。[①] 它的东北部分像一个楔子似的插在旁遮普和中央之地的中间，而在这片沙漠与印度半岛北部的森林地带之间，有一个海拔高于平原的区域，也未受到来自西北和南方的袭扰。这个大致相当于拉杰普塔纳的地区，生产力比中央之地要低，对于一心劫掠的入侵者没有什么吸引力，充分组织化的该地区在几个世纪中成功地抵挡住了外来的攻击。

位于半岛遥远的东南部的平原地区，也远离袭扰北部平原的祸患，而且有海洋提供的一定的保护，早期到来的移民在此建立了一个国家，并以这样那样的形式存在了上千年。事实上，这样的例子也发生在隔海相望的锡兰，以及北边的高韦里河下游和上游的河谷地带，所以这些地方成了独立的国家，而且持续了好几百年。然而，在这些地方生活起来比较容易，除了抵抗来自北方的压力外，几乎没有将组织形式进一步提高的刺激因素，所以也就无法取得像欧洲那样的进步。他们能够很好地

① 指塔尔沙漠（亦称印度大沙漠）。

解决自己的生活问题，但是当他们在同等条件下与一个更优秀的文明相遇时，就只能甘拜下风了。

随着另一种类型的文明的到来，以及有文字记载的民族的出现，我们开始有了更多的依据。伊斯兰教不仅传播到了西方的欧洲，也传播到了东方的印度。明显占有优势的伊斯兰教取代了相对它而言的其他异教形式，那些政府体系不健全和软弱无力的地区，即被伊斯兰教予以重新组织。欧洲能够抵挡住这种进攻的原因，已在前面的章节里作了说明。印度受到的攻击与欧洲相同，而且其形式也几乎一致，但是其结果却以一种奇怪的方式显示出了欧洲与印度之间的差异。印度最终在不同程度上被穆斯林征服和统治，但是伊斯兰教从未真正控制印度的各个民族，除了那些初到印度时即为穆斯林者的后裔，印度很少有严格意义上的伊斯兰教教徒。

我们在此除了指出这个结果并非完全不可思议以外，并不能阐述得更多。作为世界几大宗教中的后来者，当伊斯兰教诞生时，其他形式的宗教已经在欧洲、印度和中国的土地上深深地扎了根，而且已经实现了组织化。在其他条件相同的情况下，这种趋势仍会持续下去。由“混乱地搅在一起的对魔鬼、半人半神、家神、部落神、本地神、全能神的迷信”拼凑而成的印度教，看起来似乎不是伊斯兰教和基督教的对手。但是，对于那些居住在这片炎热而且大部分地方都很潮湿的土地上的人民来说，他们很难明白这些表象背后的真实情况，在他们看来，那个固化在沙漠流浪者心目中的至高无上的、唯一不变的真主，显然远比不上现实生活中需要的万千变化的神祇来得实在。他们并没有寻求统一的理想。因此，一方面由于分裂的倾向占了主导，没有任何力量能够像十字军团结欧洲那样把印度团结到一起，因此征服民族便有机会利用这种分裂来获得控制权；但是另一方面，伊斯兰教对生命意义的解释并不能满足印度人的需要，所以没有为印度人所接受。

从 7 世纪到 16 世纪，信奉伊斯兰教的民族不断涌入印度。

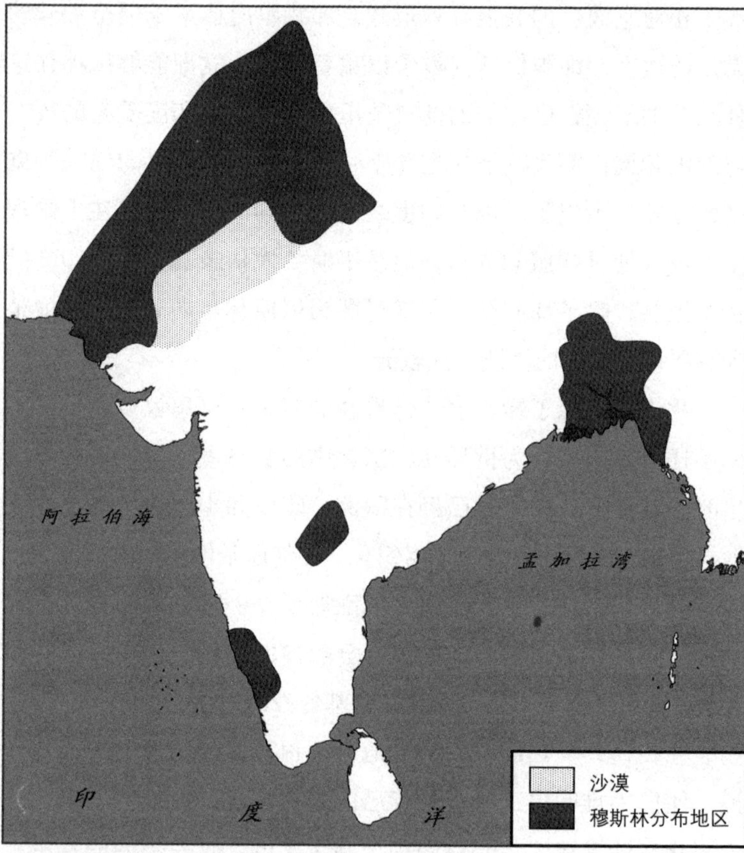

图 14–7　穆斯林在印度的分布

穆斯林所在区域包括：① 从印度河流域到西部的沙漠地区；② 沙漠北端和喜马拉雅山脉之间的走廊地带。

很自然地，最早到来的阿拉伯人是顺着沿海的陆地和近岸的海路抵达这里的，但他们的影响并没有持续太久。接下来，从大约公元1000年开始，是占据了伊朗高原和阿富汗的突厥人。在一个多世纪的时间里，很大程度上是因为印度统治者之间的纠纷，整个北部平原都成了伊斯兰教的统治地。干燥的旁遮普成为穆斯林聚居区，并且一直保持下去，成了正统穆斯林的中心；但在其他地方，尽管同样确立了伊斯兰教的统治，但是其居民仍然信奉他们古老的宗教。最初，这些受新来的民族统治的土地，其统治中心位于阿富汗，但是在13世纪初完成了对北方平原的征服后，真正的统治权集中到了德里。现在请注意德里的位置，信德和印度河流域（包括旁遮普在内）虽然在名义上代表了印度全境，实际上仅仅是印度的前厅，其中在印度沙漠和喜马拉雅山脉之间，有一条150英里宽的相对狭窄的通道。德里就位于这条通道的出口处，这里也是低地的最狭窄处。沿着沙漠的东部边缘有阿拉瓦利岭的山地，作为世界上最古老的山脉之一，它也像其他所有古老而稳定的山脉那样，已经磨蚀得非常厉害。山岭的最高点位于南端，但是向北延伸的丘陵高地几乎与德里相接，使德里成了南边的山地与北边的喜马拉雅山脉之间的门户。德里的后面是伊斯兰教统治地区，而其前面的土地虽然也受伊斯兰教支配，但却从未完全伊斯兰化。德里成了南来北往的通道的汇合点。这里是印度森林地带北部的天然之都，所以，从穆斯林最初开始统治北方时起直到今天，这里的一些方圆几英里范围内的地点一再被选为权力中心，并被冠以“德里”之名。位于平原深处的阿格拉也曾在一段时期内被选为中心，但德里的突出优势却始终是得到公认的。

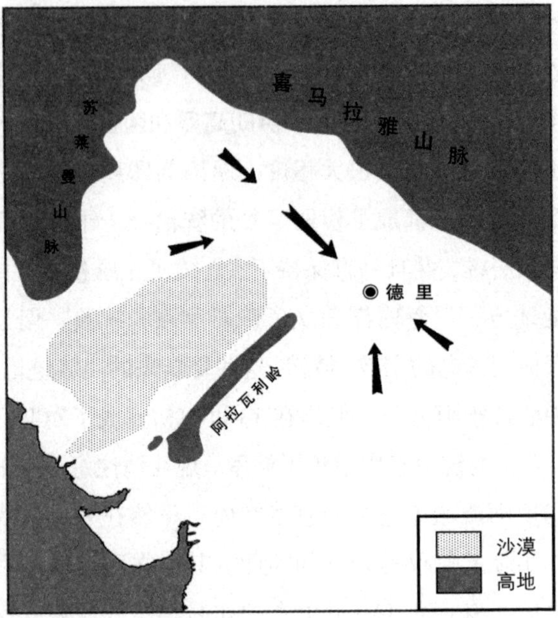

图 14–8 德里的位置

德里位于沙漠和喜马拉雅山脉之间的通道出口处。

然而，长期以来德里只是北方的首都；直到 14 世纪，穆斯林才第一次尝试把印度森林地带的南部纳入其统治之下。当时大军横扫德干高原，征伐获得了暂时的成功，但是由于战线拉得太长，而且这一次，第三个进入印度的伊斯兰教民族[①] 扰乱了印度的现状，因此没有几年工夫，一些偏远省份就摆脱了德里的统治。中央政府不仅要对抗天然的分裂倾向，还要克服因被统治民族的人生观与征服者完全不同而产生的麻烦，以及孟加

① 指建立德里苏丹国（1206—1526）的突厥人。

拉、德干高原和西北各省之间存在的天然差异所带来的困难。从西北方向进入的新移民进一步削弱了他们的统治力。这些新移民是来自中亚草原的鞑靼人，从大约1250年起，他们就络绎不绝地进入旁遮普，他们的到来在增加了印度穆斯林人数的同时，也使他们在这里建立的政府日渐衰弱。14世纪末，帖木儿的入侵造成的破坏使得德里的中央权威陷于崩溃。[①] 帖木儿回到撒马尔罕后，印度再度陷入分裂，在丛林地区的孟加拉、干燥地区的旁遮普、德干高原的草原以及南部平原上出现了许多独立的国家，其中部分由穆斯林统治，部分由印度人统治。

在一个半世纪的时间里，印度都不存在中央政府。然后，帖木儿的后裔莫卧儿人（或称蒙古人）从中亚进入印度，经过一系列的胜利之后，于1556年开始在德里建立起中央政权。[②] 从那时起到1605年间，与英国的伊丽莎白女王同时代的伟大君主阿克巴建立了巩固的政权，而且一直持续到最终逐渐落入英国人的手中为止。他以比从前更加稳健的经济政策，一步步地重组了森林地带以北的整个区域，尽管收效甚微。他虽然是一名穆斯林，但他的影响力却主要体现在他能够团结居住在北部和西部贫瘠土地上的更加强悍的印度教教徒，并抑制了其他造成分裂的因素。半个世纪后，他的曾孙奥朗则布在其50年的统治期内，在将印度南部纳入其治下的尝试中取得了更大的成功，他统治了印度的很大一部分，其在位时的疆域超过了他的任何一名继任者。但是当他死后，曾经的历史再度上演，分歧卷土重来。1739年，又有一些来自西北部的游牧部落进入了印度北部平原，他们摧毁了中

① 指1398年，帖木儿入侵印度并占领德里，给德里苏丹国以致命打击。

② 即莫卧儿帝国（1526—1857）。

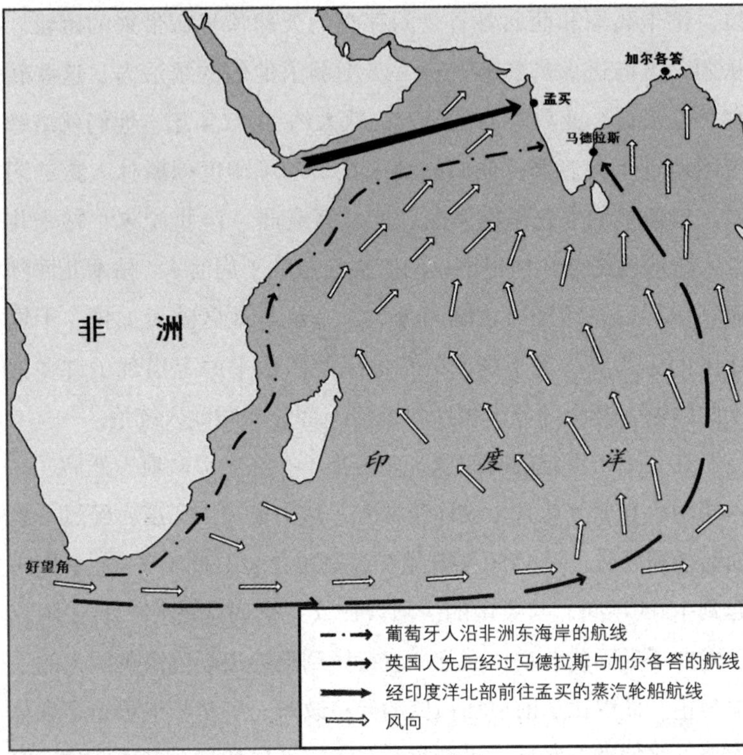

图 14–9 夏季季风图

央政府，然后带着虏获的战利品扬长而去。[①]

然而，此时那些从南方跨海来到印度的外来者开始显示出他们的力量。葡萄牙人和荷兰人已被法国人和英国人所取代，英国人此时控制了后来并入印度的各个分裂的邦。借助夏季季风漂洋过海的他们，自然是从印度的南部和东南部来到这片大

① 指波斯国王纳迪尔沙阿于 1739 年对印度的入侵，莫卧儿王朝的首都德里遭到焚掠，而且丧失了印度河以西的领土。

陆的。他们最早抵达的地方是卡纳塔克平原和孟加拉平原，这里一直是距离西北的骚乱源头和中央权威最远的地方，两地现在的权力中心分别位于马德拉斯和加尔各答。英国人从马德拉斯和加尔各答出发，越过平原向西北方向扩张，并向西越过了德干高原。最初由西部抵达印度、紧贴着非洲东海岸航行的航线，在苏伊士运河通航以后也重新恢复，英国最早的商站苏拉特和最早的属地孟买，由此成了从西部进入印度的门户。长期以来，孟买的重要性一直比不上马德拉斯和加尔各答，但是现在它的重要性却远远超过了马德拉斯，人口则与加尔各答相当。在苏伊士运河开通以前，这条航线并不重要，因此在继莫卧儿人的统治崩溃之后所产生的混乱中，由英国人统治下的对印度土地的重组出自加尔各答和马德拉斯，而不是出自孟买，这也给当地人在较远的西部和西北部结盟——马拉塔人在孟买东部的干燥高原，锡克教教徒在旁遮普的干旱地带——提供了时间。如果英国不加干涉，这些部落联盟当中的某一个就有可能试图统治印度全境。不管怎样，英国最终都不得不面对这些联盟，要想征服他们，就得比在其他地方动用更多的智慧和武力。远离海上门户加尔各答和马德拉斯的旁遮普，花了半个多世纪的时间才被纳入英国政府的直接统治之下。从那以后，尽管各个地区或是由于政府腐败，或是因为王公继承人中断而逐渐落入英国人的掌控之中，却再未发生依靠军事力量进行的领土扩张。

因此，就像历史上大部分地区总是处于外来者的统治之下那样，此时印度的很多地方也被纳入了英国人的治下。统治中心最初设在加尔各答，因为这里有从海洋通往平原的通道；此后德里也加入进来，因为在印度的所有城市中，唯有德里享有

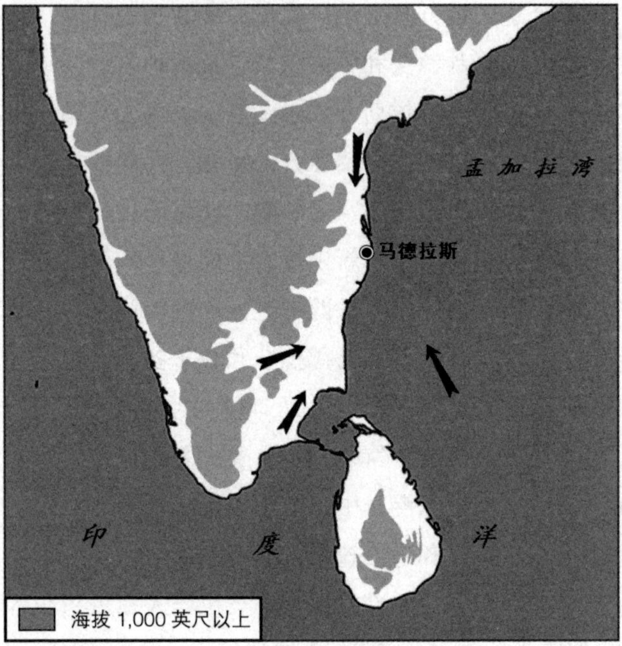

图 14–10 马德拉斯的位置

过统治全境的名号。那些所谓的“土邦”（native state），并不比英国人在印度的统治更为久远——大部分土邦的专制统治者，其实也是像英国人一样的外来者。这片炎热而湿润的土地，以其出产物为庞大的土著人口提供了身体所需的能量，它从未能够实现自我统治，也没有一个恒定不变的政府组织。自从内部的混乱状态结束以来，在英国人的监管和统治下，积蓄下来的能量比以往耗费得少了。现在不仅从加尔各答可以前往西北地区，而且通过沿印度河流域上溯的铁路也可以抵达，从而可以有效地抗击来自阿富汗等地的袭扰或入侵所造成的威胁。进步是有目共睹的。然而，英国统治者也只是统治者，印度的生活环境与英国是如此不同，英国人从未打算在这里永远待下去。他们只是暂时自我流放来到印度，一旦完成了工作就会“回家”。他们甚至不像穆斯林征服者那样在德里定居，如果他们真的这样做，他们肯定会像其他移民那样被同化或吞没。此外，尽管在阿富汗以外的平原上的草原民族已经被驯服和组织化，但是道路如以往一样敞开着，有组织的攻击与松散的部落联盟的入侵哪一个更危险，这是谁也无法断定的。

地理支配仍然发挥着效力。这个炎热而潮湿的半岛依然向大海和西北的内陆敞开着。来自海外的欧洲人，在北方多样化和艰难的地理环境下，学会了跟没完没了的难题打交道；他们学会了如何着手管理印度，但是他们不习惯印度的生活条件。那里的居民因为易于获得身体所需的能量，所以繁殖力旺盛，几乎没有大规模地积蓄和支配能量的动力。欧洲人不会在印度一直待下去，而印度人自己的政府又是很成问题的。

第 15 章

非洲草原：势力范围

现在，我们对于地理条件在欧洲和亚洲历史的一般进程中所起的作用，尤其是位于大平原边缘的三种类型的文明的发展情况，已经了然于胸。到目前为止，我们在前面的章节中对于非洲只谈到了地中海沿岸的一条狭长的地带；此外，除了指出发现绕道好望角前往东印度群岛的通道是一件彪炳史册的大事之外，对其他地方尚未置一词。

这样做显然别有一番原因。虽然历史发端于埃及，[①] 尽管许多早期的事件在非洲的北部海岸上演，但是非洲大陆的其他地区直到最近的五个世纪里才开始为文明世界所知晓。不仅如此，虽然在哥伦布横渡大西洋以前，沿非洲海岸前往东印度群岛的

① 读者们不应忘记，在古埃及时代以前的数千年里，生活在地球上不同环境条件下的人类，在如何利用和积蓄能量的知识上一直在取得进步。有很多人一直想要弄清这一艰辛的进程究竟经历了多久，各种估值相差很大，从几万年到几十万年不等。但是，由于我们在这方面的知识非常贫乏，以至于进行理论之外的讨论并没有什么价值，而文明在埃及的诞生这一引人注目的事件却可以作为一个起点。——原书注

通道就已被发现，然而直到近一个世纪之前，非洲还是一片“黑暗大陆”，此时西班牙和葡萄牙已经征服了美洲，而北美则已成为与欧洲并列的伟大文明社会中的一员。

我们在第二章中已经谈到，赤道非洲缺少刺激土著民族积蓄能量的因素。现在，就让我们通过一些更详细的事实，来看看是否能从中找出解释非洲那非同寻常的历史的线索。

从地形图上可以看到，非洲就整体而论是处在一个高海拔地区，其边缘以巨大的落差陡然下降。在显示全年温度变化的地图上，可以看到非洲周围的洋面温度都不低；在一年当中的任何时候，非洲的大部分地区都是温暖的，而且有相当大的区域是炎热地带。但是，最热的区域并非一成不变，而是随着太阳在赤道南北上空的位置变化而摆动。对于给定的光束来说，当其轴线与地表成直角时，来自光束的热量覆盖的区域也较光束与地表成其他角度时为小；换言之，对于地面上同样大小的区域，光线与地表垂直时接收到的热量要多于光线与地表呈其他角度时接收到的热量。部分由于非洲北部的平均海拔较低，部分由于整个非洲北部的土地面积也更大，非洲北部的温度也较南部为高。

图 15–1 中标出的降雨带在南北方向上的摆动，与这种热量带的摆动存在着某种联系。雨是由空气冷却凝结产生的，空气在上升时体积膨胀，在此过程中它的温度则会下降。这种上升有可能是气流受到了诸如山坡等障碍物的阻碍所引起的。正是出于这个原因，德干高原的西边在夏季非常潮湿，因为西南风在此受阻上升，又因体积膨胀而降温。受西风的影响，英国的高地西侧也是雨雾滂沱，而与之高度相同但是位于更远的东部

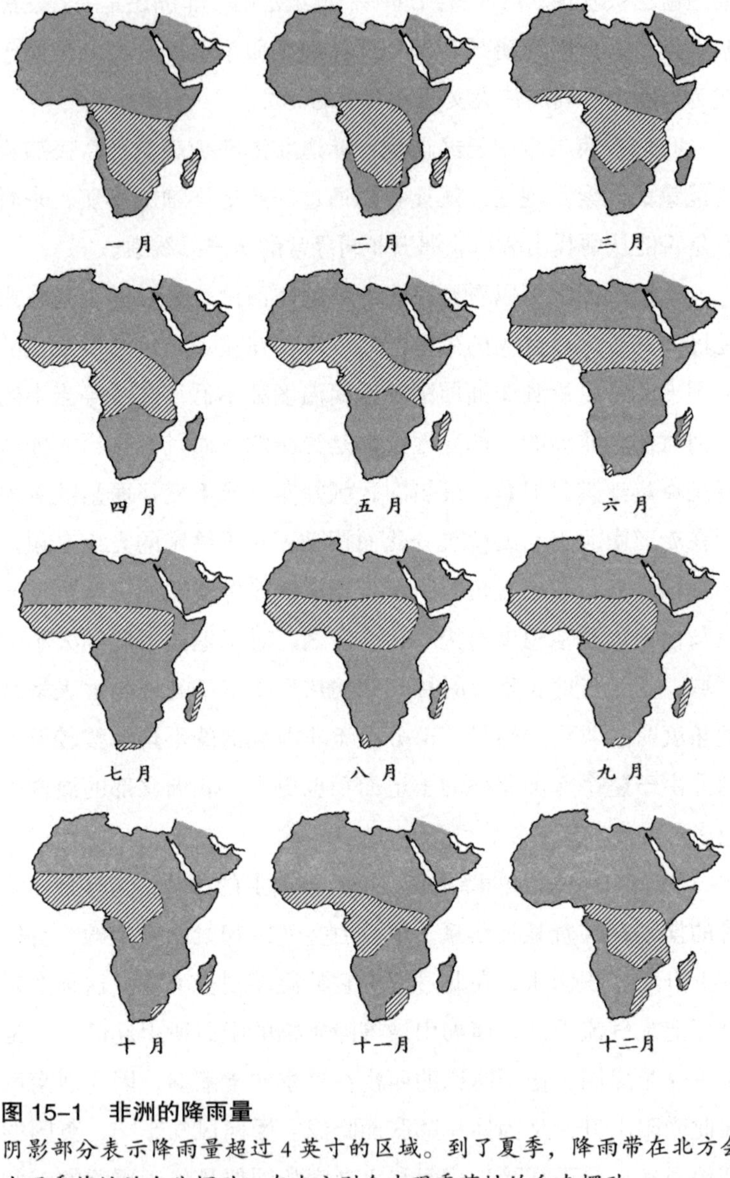

图 15–1　非洲的降雨量

阴影部分表示降雨量超过 4 英寸的区域。到了夏季，降雨带在北方会出现季节性的向北摆动，在南方则会出现季节性的向南摆动。

的区域则比较干燥，因为那里少有上升的气流。然而，导致气流上升的不只是陆地；当一股较重的空气流在另一股较轻的空气流下方流动时，通常由于前者较为温暖，会推着后者向上升腾，并导致后者的冷却。这种气流的干扰是海洋降雨的唯一原因，也是空气只会吹拂而过、不会遇阻上升的平坦陆地的降雨的成因，当然也有可能是斜坡地带降雨的促成因素。非洲温暖地区的降雨也可能是由同样的因素引起的。赤道地区的空气受热上升，来自南北两个方向的冷空气便会填补到它的底部，结果使原来的风向发生改变，稍微向东偏移。但这并不意味着情况就一定那么简单。一方面，有迹象表明，赤道地区空气的上升和下降相对而言呈薄条状，而不是巨大的云团；另一方面，高空的调查显示，许多建立在近地面研究基础上获得的有关气压、风和降雨之间的信息，必须根据更充分的知识加以修正。

不论这种变化的原因是什么，潮湿和干燥地带会在南北两个方向上发生移动，这一点是毫无疑问的，由此在非洲大陆的西部产生了七个气候带。在赤道以北，最北边是地中海沿岸的狭长地带，降雨集中在冬季。向南是辽阔的撒哈拉沙漠地带，以北回归线为轴从东到西横跨了整个大陆，雨量稀少。再向南是略窄一些的苏丹地带，[①] 夏季多雨，冬季干燥。然后便是赤道地区，终年降雨不断，在正午太阳直射时雨量最大。至于赤道以南的区域，与上述的气候带分布是对称的，但要注意北方的“夏

① 这里的“苏丹地带”（Sudan belt）并不是指东非国家苏丹（及现在的南苏丹），而是指非洲北部的一个地区，即位于赤道热带雨林以北，撒哈拉沙漠以南，西起非洲西海岸，东至埃塞俄比亚高地和红海，包括非洲中北部在内的面积广大的热带稀树草原地带。

天”恰好是南方的“冬天”，而且南方各“地带”在经度上跨越的范围不大，这部分是因为南方的面积较小，部分是因为其东边与印度洋相接。这里使用的“冬天”和“地带”两个词汇可能会产生一些误解。南方的干燥地区卡拉哈里沙漠的降雨量远比撒哈拉沙漠为多，而且“冬天”降雨的地区仅限于非洲西南端的一小片区域。在赤道以北，西海岸地区的气候通过向东延伸的大片土地，影响了大陆东部的气候，而赤道以南的东海岸则夏季多雨。

这样的降雨分布对于植被的影响是非常突出的。在暴雨和酷暑的影响下，赤道两侧生长的大面积的森林，占据了刚果盆地和几内亚湾沿海地带的很大一部分，从桑给巴尔往南的印度洋沿岸的边缘地带也与此类似，只是其森林没有前者那么茂密。绵延不绝的撒哈拉沙漠地区降雨极其稀少，但在其他地方，由于在某些季节里雨水不足形成了广阔的草原，其中一些地方的环境有如园林一般，还有一些地方有沙漠化的趋势。草原为生长于斯的动物，尤其是能够承受酷热考验的各种牛和鹿提供了食物。草原从苏丹地带的西边向东横跨了整个非洲，向南差不多到了好望角，几乎覆盖了赤道热带雨林地区以南的整片大陆。

这就是影响了文明人、半开化人、野蛮人和原始人的伟大的地理因素。赤道地区的庞大森林带并非人类文明的诞生地，但必须记住的是，它像所有其他的森林地带一样，在和平和战争时期都能够阻挡有组织的族群的入侵。受两侧沙漠保护的埃及拥有两个水源，一个来自终年降雨的赤道地区，另一个来自夏季降雨的阿比西尼亚地区，那里的居民可能首先关心的就是如何大规模地积蓄能量，而且我们知道他们就是这样做的。生活在广阔而平坦的草原上的居民，像欧亚两洲的草原民族那样四处游荡，虽然类似的条件使他们具有某些相似的特征，但是差异巨大的环境又使他们之间存在着许多本质上的区别。在非洲从来感觉不到寒冷，所以人们不需要做御寒的准备；作为欧亚草原民族必需品的衣服，在非洲并不是必不可少的，而且也没有积蓄能量的必要。除了紧邻沙漠边缘的地带，非洲的草原不像亚洲的草原那么干燥，甚至干燥的地方也没有那么严重。其结果就是，一方面土地更容易开垦和耕种，没有必要去过纯粹的游牧生活；另一方面，农业部落往往受较纯粹的游牧部落支配，就像游荡的阿拉伯人支配了那些绿洲，又如几个世纪前中亚的游牧民族支配着居住在草原边缘地区的农业民族。因此，人们没有吃苦耐劳的必要，而且几乎可以肯定的是，那些实力更强而文明程度较低的游牧部落，很有可能会阻止那些受他们支配的部落培养任何积蓄能量的习惯。

事实上，撒哈拉沙漠以南的非洲历史（到目前为止如果可以称得上是“历史”的话），就存在于那些不同的游牧部落在草原上的相当缓慢的迁徙故事中。他们在某些地区定居一段时间，从事有限的农业生产，建立一个军事组织，以此或是向受他们支配的部落勒索贡品，或是将其消灭，但他们从来没有建立过一个与文明国家类似的政体。即便如此，由于北方古代文明的存在，这些民族与文明社会也有所接触，尤其是与红海两侧的民族交往，看起来总会产生某种影响。这些游牧部落的缓慢迁徙似乎总是源自非洲东北部的某个地方，那里与文明社会之间或多或少地存在着接触，其迁徙主要沿着两条路线：一是通过苏丹地带向西，一是越过高原向南，把古老的民族如布须曼人和霍屯督人，或是向南驱赶到更远的开普[①]，或是驱赶进入森林地带，并用他们的名字以多少有些残缺的形式给那些后来由欧洲人发现的土地命了名。在过去大约1,000年的时间里，祖鲁人、马塔贝列人、马绍那人和马萨伊人也向南迁徙到了现在以他们的名字命名的地区。

苏丹地带的情况有所不同，因为生活在地中海南岸的民族对那里的人们有更加直接和持续不断的刺激。前者在伊斯兰教传播的前后，就以小群体的方式穿越沙漠，与黑人通婚，并在许多方面引入了如何积蓄能量的观念。他们在如园林一般多雨的土地上种植棉花，并用靛青染色，用石头建造住宅和能容纳成千上万人口的有围墙的城市，北方移民的混血后裔在这里建立了持续数百年的国家。但是，最辉煌的成就也就到此为止了。这种类型的文明在其顶峰时也赶不上刺激它的文明。在非洲东海岸，阿拉伯人的影响力在整个历史时期都能够感觉到，那里出现了不少国家，但是这种影响力没有用来积蓄能量，而是相反。

在森林之内，那些林木稠密的地方足以构成抵御游牧民族入侵的屏障，但是那些林木不太稠密的地方又不至于打消人们开拓的希望。最初受北方文明刺激的一些部落，有可能在森林里建立了避难所，并能够想方设法改善自己的生活，但这些毕竟属于例外。在大多数情况下，进步是微不足道的。

因此，很明显的一点就是对非洲的土著人不能抱什么期望。我们还未提及非洲为什么在那么长的时间里一直不为文明社会所知晓。这种支配作用是双重的。一方面，对非洲的探险和殖

① 开普（Cape）：非洲南端因好望角而得名的一个沿海地区，所指区域在历史上几经变迁，现在一般指南非的开普省。

民确实困难重重；另一方面，是那里缺乏吸引文明人的诱因。这些困难是显而易见的。从摩洛哥到刚果以南的非洲西海岸，一路所见全是沙漠和森林，只有在塞内冈比亚[①]，苏丹地带才与大海相接，最早的一些殖民活动就发生在这里。在刚果以南，卡拉哈里地区最干旱、沙漠化最严重的区域就与海岸相邻，而在与之对应的非洲东海岸则是森林地带。来自海外的探险家们乘坐着小船寻找河口，以便向内陆航行。但是，环绕非洲的深海鲜有潮汐的涨落，而充足的降雨又使得河流汹涌澎湃，位于入海口处的三角洲很难穿越。除了河水流经的多雨地区，那里的河流往往水流湍急，水洞交迭，大多都不适合通航。即便是那些适合通航的河流，在从内陆高原到达三角洲的过程中，也要经过不少瀑布和险滩。那里气候炎热，瘴疠横行。因为有这些迥异于欧洲的陌生环境，白人自然不会愿意在那里定居。非洲也没有太多吸引人去探索的诱因，那里既没有传说中的囤积黄金的故事，也没有东印度群岛的财富和香料。从这些荒凉海岸经过的人们目无反顾，行色匆匆，总是直奔以财富著称的土地而去。

然而，地理条件甚至也支配了白人的进步。这体现在白人会选择在某些地方而不是在其他地方进行殖民，在某些方向上而不是在其他方向上进行殖民地的扩张。这些殖民活动的进行，部分是出于当地的原因，部分则与其他地区的其他事实有关。早期的殖民地之所以位于塞内加尔和冈比亚，是因为白人最早到达这些地方，而且因为它们位于沙漠和森林之间，拥有比其

① 塞内冈比亚（Senegambia）：非洲西部位于塞内加尔河和冈比亚河之间的一个地区。

他地方更为优越的条件。在南边的安哥拉海岸也有一个类似的地方，那里很早就被葡萄牙人占领了。

好望角显然没有什么优越的条件，这里既无香料，也没有财宝和奴隶，几乎没有殖民的价值，所以葡萄牙人宁愿占据更远的北方海岸，因为那里距离作为航海目的地的印度更近，于是把好望角留给了荷兰人。

19 世纪初，当整个欧洲都被拿破仑踩在脚下时，支配权转移到了英国人手中。于是英国人迫切需要夺占那些有可能被法国用来作为基地的边远地区，并由此发现，一方面，开普地区的气候与英国相比并没有太大的差异；另一方面，若是经由一条与葡萄牙人不同的路线（他们总是紧贴着海岸航行），好望角是前往印度的途中最方便的停靠港。借助恒定不变的西风与信风，习惯了海上生活的人们并不愿意把时间消耗在与风搏斗上，而是充分利用风的优势，并按照地图上标示的路线（见第 14 章图 14–9），使他们能够从非洲南部出发抄一条近道抵达目的地。

因此，历史和地理因素一如既往地共同支配着人们对殖民地的选择。进一步的进展同样受历史和现实因素的支配。葡萄牙强国地位的衰落妨碍了其殖民地的发展，而葡萄牙占据的东非沿岸地区周围皆为湿热的森林，瘴疫流行，对殖民地的扩大几无吸引力。法国人从塞内加尔出发，向东推进抵达尼日尔河上游，占领了一块有助于巩固其北非领地的区域。但是最有效的进展，自然是从好望角出发向北的发展，因为涵盖非洲南部较为凉爽的开阔高地的开普地区，是这片大陆上最适合欧洲人生活和居住的地区。葡萄牙人根本就没有在好望角登陆。热衷于赚钱的荷兰人则缺少殖民的本能，只是把占据的好望角当作前往财富之源的东印度群岛途中的一个驿站；远离家乡来此的人很少，来的人又总是希望回去。英国人做的却多得多：从一开始就建立殖民地，并不断将其扩大；与古老的民族布须曼人和霍屯督人接触；与稍晚到来的祖鲁人与马塔贝列人接触，强迫他们和平相处；最终把荷兰移民的后裔纳入到一个政府的统治之下，后者因为不习惯受中央集权统治，一直在向更远的北方迁徙。随着手中控制了越来越多的适合白人居住的土地，英国开始梦想将其统治权从非洲北部延伸到南部。该计划一度与法国统治这片大陆的广袤区域的野心产生了冲突，但是在法绍达发生的事件，[①] 或者更确切地说，在英吉利海峡的强大舰队的威慑下，双方确定了尼罗河流域所及的亚历山大港和东部海岸均继续由英国控制。后来，英国的利益再次受到了挑战，由于德国的领地一度也扩张到了非洲东海岸，并与比利时的殖民地一起将英国在非洲南部和北部的领地分隔开来，但这并没有阻止英国人建造一条从开普敦所在高原直到开罗的铁路这一计划的实施。最终，大洋霸权以及由此提供的海上运输自由，决定了非洲东部应该处于英国的控制之下。

从最初的探险时代开始，许多国家就在几内亚沿岸建立了城堡、要塞或设防的贸易站，但这并未带来有效的进展。这一带的沿岸海域波涛汹涌，是为天然的屏障，岸上则有难以进入的茂密森林。在这些有形的障碍之外，各种热病和野蛮人的存在更使殖民活动困难重重。直到最近几年，人们才穿越森林，

① 指1898年英法两国为争夺非洲殖民地，在苏丹的法绍达因两军对峙而差一点酿成冲突的事件。

信奉伊斯兰教的混血黑人居住的北部地区才被欧洲人控制。不出我们所料，人们最初是取道最容易的天然通道——西非大河尼日尔河——到达那里的。如今那里正忙于建立社会组织，建设与海岸相连的铁路，以将其纳入世界体系，成为能够为欧洲的工厂供应棉花的产地，而尼日尔河三角洲地区的森林几乎仍处于未开发状态。

位于赤道以南，与塞内加尔和尼日尔河上游及中游的苏丹地带相对应的区域也受到了重视。由于距非洲南部海岸越来越远的北方的土地得到了组织化，仅仅依靠一条漫长的通往遥远的南方港口的铁路来保持沟通，已日渐显得昂贵和不经济。空旷的高原位置偏东，距离西海岸尚有一段距离，中间又隔着干燥的卡拉哈里地区，因此位于东海岸北部的港口就变得越来越重要。但这样一来，愈是偏北的港口距离欧洲也就愈远。于是，开辟一条从几个世纪前葡萄牙人据有的西海岸抵达赞比西河上游地区的更为经济的通道，便提上了议事日程。

因此，长期为野蛮民族所占据，因地理条件限制而与外界隔绝和未被开发的非洲，最终自然且不可避免地被那些主导世界的民族所瓜分，而愈是强大的民族，在瓜分过程中的发言权也愈大。但是土著民族依然存在，他们仍然以农业和放牧为生，对他们的处置策略仍是一个有待解决的问题。

第 16 章

新大陆：哥伦布以前的历史——西属美洲①

到目前为止，我们的注意力几乎全都局限在旧大陆（the Old World）上。我们已经了解了三种类型的文明在中央大平原外缘的发展过程，以及大平原对它们的影响。欧洲人在努力获取并积蓄更多能量的同时，与其他民族发生了直接的接触，并偶然地发现了美洲。现在的问题是，为什么是欧洲人先发现美洲，而不是美洲人先发现欧洲？或者我们可以换个形式来问这个问题，为什么美洲土著人不希望或者没有能力支配他们自己的大陆以外的能量？

对地理事实的考察为这个问题提供了答案。我们将会看到，由于新大陆（the New World）的地理条件与旧大陆是如此地不同，其历史进程因此也就完全不同了。

那么，这些重要的地理事实是什么？其中最重要的事实之

① 西属美洲（Spanish America）：对 15 世纪末到 19 世纪之间西班牙在美洲拥有的殖民地的统称，包括南美洲、中美洲大部、墨西哥、古巴、波多黎各、多米尼加及其他加勒比海沿岸小国。

一（甚至是唯一最重要的），就是新大陆明显地比旧大陆要小，尤其是很少有沙漠地带。这样的地理条件与南非堪有一比：由于陆地面积较小，东部无其他大陆相邻，可以称作沙漠的地区很少，因此不存在可供早期文明发展的地方。旧大陆的北部之所以存在孕育了早期文明的沙漠地区，部分是因为旧大陆有着连成一片的广阔陆地——这片辽阔大地的中央部分注定要比它的边缘部分更为干燥，部分是因为北非的一大片土地均处于信风带内，这样一种地理布局，使得旧大陆在其东北方向有一片广袤的亚洲心脏地带。

而在新大陆，却不存在这样一大片可以与旧大陆相比的紧密连接在一起的陆地。南美洲和北美洲位于沙漠带内的区域在东西方向上的跨度都很小，北美洲有新大陆最狭窄的部分，而南美洲则与同纬度的非洲跨度大致相当。更重要的是，南美洲和北美洲的东边都没有其他的陆地。在信风的侵袭下，南美洲和北美洲的东部都很湿润，而非干旱地带。因此，真正的沙漠地区范围都很小。在南美洲，沙漠仅在西海岸占据了一片狭长的地带；北美洲的干旱地区虽然没有那么狭窄，但面积也不大。它们的范围均受地形的限制，其他地貌区域的大小也同样如此。

新大陆的大致轮廓是非常简单的，尽管我们若是想了解它所起的支配作用，还需对它进行细致的划分。在南北两块大陆上，都有由低地分隔开的三个巨大的高海拔地区。纵贯南、北美洲西海岸的科迪勒拉山系，在北美洲的部分（尤其是中段）比较宽阔，在南美洲的部分则较为狭窄，海拔也较高。两部分的边缘都有海拔更高的山脉。落基山脉仅仅是科迪勒拉山系在北美洲较为宽阔的中段东部边缘的一道山脉。在贯穿南北两块大陆的科迪勒拉山系的东部，是两个已被磨蚀成了低矮平地的相当古老的高原——在南美的部分是圭亚那高原和巴西高原，在北美则是阿巴拉契亚高原和辽阔的劳伦琴“地盾”[①]。事实上，后者的海拔是如此之低，以致其中心区域因受海水侵入影响而形成了哈德孙湾，我们之所以把它称为“高原”，不过是一种夸大的想象而已。其实，科迪勒拉山系的东部为呈脊状隆起的坚硬古老岩体，而在没有这种隆起的西印度群岛地区，科迪勒拉山系分散开来，形成了范围很宽的分离的山脉。其中一部分海拔很低，要么像中美洲那样只是位于海平面之上，要么就像西印度群岛形成的大弧线那样，只是其中较高的部分露出了水面，或者完全被淹没在了海面之下。

在这些高地之间，是一片向三个方向伸展开去的低地，南、北美洲两块大陆均是如此。在北美洲，面积最大者是绵延于落基山脉和阿巴拉契亚山脉之间的平原，其中沿密西西比河南北轴线的区域地势最低，并以肉眼难以察觉的形式向东、西两个方向缓慢升高，直到抵达西边突然隆起的山脉边缘时，地面的海拔高度已经上升到了1英里。在劳伦琴“地盾”坚硬的古老岩体和阿巴拉契亚山脉及科迪勒拉山系之间，有一片较为狭窄的低地，圣劳伦斯河与马更些河即流淌其间，并分别注入大西洋和北极海域。在南美洲，面积最大的低地位于赤道两侧，亚马孙河及其支流横贯其间，夹在圭亚那高原和巴西高原之间的低地东部有一个相对较窄的开口。南部的平原西边是安第斯山脉，东边是巴西高原；而在南美洲北部以弧形折向东北的安第

① 劳伦琴山脉位于加拿大魁北克省境内，是加拿大地盾的一部分。

斯山脉与圭亚那高原之间，还有一个小得多的平原，其中流淌着奥里诺科河。

由这样的地理结构所决定的气候区域范围，产生了多样化的结果。炎热而潮湿的亚马孙热带雨林覆盖了广阔的地域，几乎横贯了整个大陆，一直延伸到安第斯山脉的东麓。另一方面，局限于安第斯山脉和大海之间的南美洲的沙漠，必然十分地狭窄。而面积相对较小的奥里诺科河流域的热带稀树草原，可以说即相当于非洲的苏丹地带，只是在几个重要的气候特征上与后者有所不同。类似的还有巴西内陆高地上的热带稀树草原，只是其地质结构为坚硬的古老岩石，流经其上的雨水很快就会消失得无影无踪。

在北美洲，最干旱的地区位于落基山脉南部以西的高原之上。从这些干燥的高原上向西流去的溪水，流淌在既深且窄的沟壑之中，其位置远远低于正常的地面，实际上反而使土地变得愈加干燥。在这片沙漠以南，整个陆地开始变得狭窄，在雄伟的奥里萨巴山脉顶峰一带，座座高山彼此相接。沐浴在信风带来的雨水之中的东部山区的边缘，气候湿润，森林密布，但是位于群山之中的墨西哥高原却相当干燥，仅在冬天的几个月里有少量的降雨。在落基山脉以东的高原上还有一个野草萋萋的干旱地区，其气候与亚洲的大草原相似，但是在面积上显然没有可比性。它的北部和东部均为森林所覆盖，北部为针叶林，气候温和且面向大西洋，墨西哥湾沿岸则差不多全为热带气候。在南美洲，与亚洲大草原气候相似的区域，可以说唯有位于安第斯山脉东部，即今天的阿根廷所在的地区。

因此，与旧大陆上的人们在原始的环境条件下因受刺激或被迫为生活而努力劳作不同，在新大陆上，大部分地方都缺乏这些促使其成为人类文明摇篮的特征。这里没有穿越沙漠的大河，在某个季节里具有的促使农作物生长的丰富降水，到了另一个季节里却少得可怜，使植物因枯萎而死。这里也不存在这样一个地方：一方面气候温和，生活起来较为容易，另一方面又使人们有很强的动力去谋划未来，储存食物和其他形式的自然资源，同时还能提供天然的保护，能够防止入侵的外敌掠夺人们积储的财富。

草原的面积也很小，那些旧大陆上的草原民族引人注目的特征，在新大陆上是找不到的。这部分归因于新大陆与旧大陆相比之下的又一种缺失，即那些在欧洲、亚洲和非洲已被人类驯化的以草为食的动物，是南、北美洲的土著人所没有的。诸如骆驼、马、驴、绵羊或山羊等动物，尤其是最重要的象征节省能量的最早形式之一的牛，在欧洲人将其引进之前，在新大陆上是完全不存在的。当人们将物品从一个地方运到另一个地方时，没有驮畜可以节省人力，也没有可供食用的动物奶和任何乳制品。这样的陈述或许需要加上一点很小甚至微不足道的限定。常常被错误地称为“水牛”的美洲野牛，成群结队地出没在北美的草原上，对于它们为什么没有被驯化，人们似乎也没有什么很好的解释。有人说它们是无法驯化的，无论这种说法是否属实，事实上从来就没有人去驯化过它们。并且，仅靠这些动物就能让任何吃苦耐劳的游牧民族生存下去，而迁徙对于居住在草原边缘地带相距遥远的其他民族的影响，或许还具有来自积蓄能量或资本的后劲。新大陆上的游牧民族必须轻装上路，这或许能够加快他们的迁徙速度，但他们却没有不可抗拒的强大力量。在新大陆上，我们不能指望看到那种横扫一切的游牧民族大迁徙，就像我们在旧大陆上看到的那样。此外，由于南美洲不产野牛，甚至那种基于家畜的黑人文明，在新大陆上也是不可能出现的。

因此，那些在旧大陆上有助于刺激早期文明发展的各种条件，在新大陆上都是不存在的。

在北美洲，最干燥和最接近沙漠的地区，大致从墨西哥湾西北部一直延伸到加利福尼亚湾尽头的上方。这里终年气候温暖，而且夏季炎热，因此在能够居住的地方生活起来还是比较容易的。尽管河流的位置通常远比地面要低，但是到处可见有水灌溉的小村落。再往南是墨西哥高原，那里地势很高，气候干燥，无论是从北面穿越干旱的土地，还是从东面和南面穿过森林茂密的低坡，想要到达这里都十分困难。此地气候温暖，来自高地的溪水对于夏季丰沛但冬季不足的降雨起到了补充的作用，而且还有上述的一定程度的天然保护。在沙漠以北地区，水资源只能支持非常稀疏的人口，但是在墨西哥高原，小规模的社群却有可能在各个地方产生相互接触。这里虽然没有像埃及那样的理想的天然保护，也没有维持埃及那样的稠密人口的同等基础，然而，这至少是赤道以北的新大陆上与埃及最为相似的地区。

不过，这样的沙漠和森林并不足以构成有效的屏障，这从我们所知的墨西哥的历史中就可以看得出来。尽管事实上已知的史实还很少，但是来自干旱的北方的好战民族，很有可能对这里进行了一连串的入侵，他们先是部分摧毁了这里的较高级的文明，然后自己做了该文明的继承者。有些入侵者可能只是

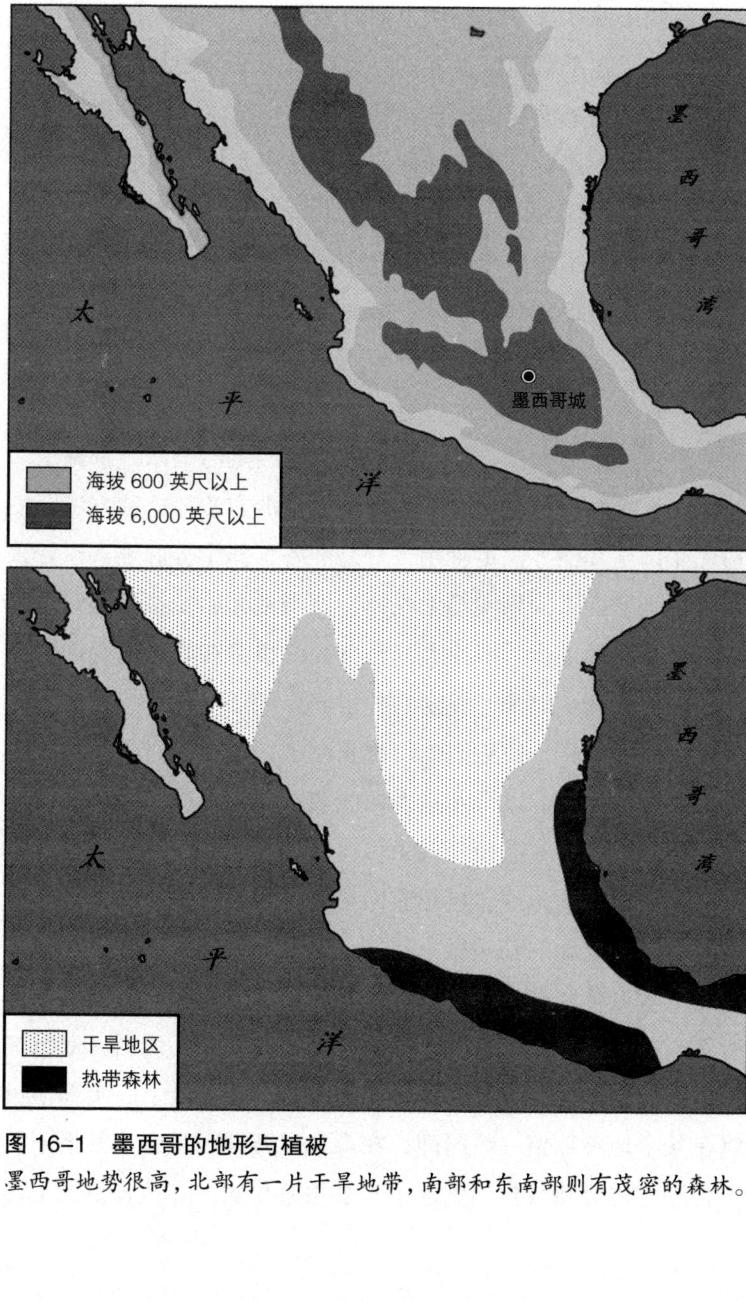

图 16–1　墨西哥的地形与植被

墨西哥地势很高，北部有一片干旱地带，南部和东南部则有茂密的森林。

来自落基山脉东部干燥平原上的游牧猎人，有些入侵者则可能已经具备了在干旱地区孤立的小型社群中学会的某些积蓄能量的知识——用干泥制的砖坯建造房屋，种植玉米作为粮食，栽培棉花以制衣服等。无论如何，我们在墨西哥发现的是居住在永久性村庄或石砌群居房屋中的小型部落社群，他们以棉为衣，并以储存在村子里的专门的粮仓中的谷物为食。两三个村庄的联盟能够短暂地支配一小片区域，征收谷物和棉花，而当其他联盟出现时，它们又不得不承认更强者的支配。

一方面，这里有很大的进步。只有安定的生活才能积蓄不同于游牧生活的大量能量。这些民族已经定居下来，掌握了一种可以长时间保存食物以积蓄食物能量的方法，这种方法即使到现在仍比其他方法更管用，只是准备工作十分麻烦。原始人可以将刚采下来的果实马上吃掉，而当他开始挖掘根茎时，就意味着是一种进步，因为大部分可食的根茎在吃之前都需要进行一定的处理。但是，谷物的种子却要经过一代又一代的农民进行选择和改良，使它们变得越来越大，这不仅需要在生长时予以关心和照料，以得到最大的收获，而且在成熟之后还需要做大量的工作，才能使其成为可口的食品。想一想小麦在入口之前必须经过的工序，再把它跟苹果、香蕉、萝卜和土豆在食用之前所要经历的程序做一比较。新大陆的居民不知道小麦，但是玉米这种印第安人的谷物（亦即新大陆的粮食）却是他们所熟知的。玉米在生长时不像小麦那样需要细心照料，储藏加工也很简单，因此以另一种形式遍及整个新大陆。一个部落可以在某个地方停留一段时间，在森林里开辟一片空地并播下种子，等作物成熟后再回到这里来享用其果实。在这种情况下，几乎谈不上有什么储藏。但是玉米也可以通过灌溉在干旱的土地上种植，并将收获的一部分储藏起来，墨西哥早期的居民就是这样做的。他们不仅在丰年里储存了充足的食物以备荒年之需，而且通过这种真正的能量积蓄来保护自己。他们的村庄实际上就是城堡，全村的人可以退入其中，以储存的粮食为生，在一段时间内凭借有利的位置抵御敌人的攻击。此外，他们并没有把所有时间都用在维持生计上，他们有足够的能量来为生活增加一些点缀，例如，制作简单的雕塑，或者用金银制造一些漂亮的物件和饰品。

但是另一方面，这种能量支配方面的进步并不是高层次的。地理条件和这些民族的历史，实际上均着重于小的单元，而不存在任何促成联合的因素。一个村落联盟的首领对其他村落联盟行使的支配权，其意义绝不同于一个王国或政府。这里不存在领土的扩张，而只有通过威胁进行的勒索贡品，对于勒索贡品的地区也没有提供相应的保护，以积蓄更多的能量。这里没有国家的概念，甚至也不存在像亚述那样的军事独裁政权。占支配地位的村落群之所以能够暂时维持其权力，仅仅是因为其他较弱的村落也处于分裂状态；通过勒索之所以能够得到贡品，只是因为被勒索方如果拒绝交纳，就会有被全体消灭的危险。墨西哥的重要特征即在于这样一个事实：这里的小型社群比其他地方能够更有效地积蓄能量，因为这里没有发展出任何超乎基本形态之上的社会或政府组织。我们不仅看到了一个占主导地位的部族的持续演变过程——阿兹特克人只是由西班牙人发现的支配者，他们占支配地位的历史只有几代人的时间，而且当外敌入侵时，他们极少或者根本没有想过要团结起来共同对敌，相反还会引狼入室。少数西班牙人之所以能够很快就在整个大陆上建立起权威，正是缘于这个原因。

墨西哥式的文明在另一个地区也有所发展。事实上，这两者之间很可能存在着某种联系，但目前我们所知的仅仅是，在墨西哥东部被森林隔断的、低洼的尤卡坦半岛上生活的一个民族，其先进程度超过了北美大陆上的其他任何民族。尤卡坦半岛的气候在墨西哥湾沿岸是一个例外，因为它仅在夏季的几个月里有丰沛的降雨，而其他地区的降雨则在一年四季里都很充足。其他地区都为森林所覆盖，而尤卡坦半岛却是一片草原，水资源在这里十分宝贵。

与旧大陆的文明诞生地相比，墨西哥和尤卡坦半岛的地理条件并非完全不同。在我们必须注意的另外一个地区，虽然还有一个奇特而重要的相似点，那些更明显的条件却是截然不同的。北美洲的草原比欧洲和亚洲的草原要小，唯一有可能驯养的动物是野牛，但人们却并未这样做，因此这里并没有可以与旧大陆的游牧部落相比拟的民族。在南美洲，有一片面积更小的凉爽的草原，而热带草原的面积虽然很大，但我们知道那里甚至连土生土长的野牛都不存在；沙漠的面积很小，其他地区则几乎全为热带雨林所覆盖。因此我们似乎没有什么充分的理由，可以指望新大陆也能够像旧大陆那样出现某种巨大的进步。

但是，南美洲有一个地球上其他任何地方都不具备的条件。在森林密布的亚马孙平原的西部，是陡然隆起的安第斯高原，其宽为 200 ~ 300 英里，高为 2 英里，高原边缘上的山脉还要再高出 1 英里——高原东边为森林所覆盖，西边则是一片干燥多尘的平原。高原中央的低洼部分较为干燥和温暖，夜晚则十

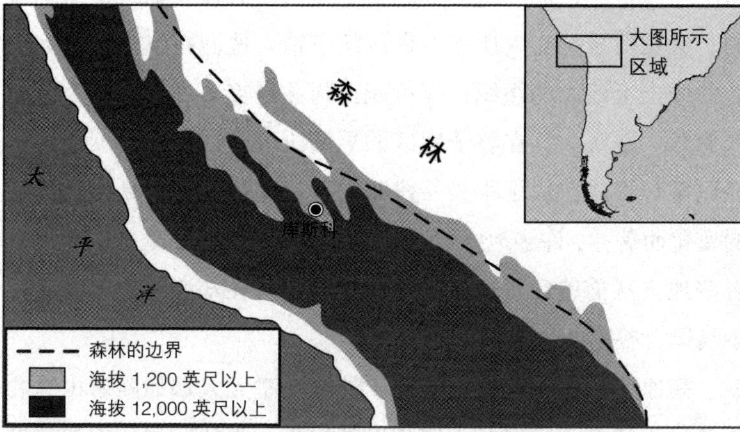

图 16–2　南美洲西部的广阔高原

海拔刚好超过 11,000 英尺的库斯科，不像两侧的洼地那么炎热。

分凉爽。这种气候是赤道附近高海拔地区的自然结果。在这样的高度下，距离赤道愈远也就愈加寒冷，即使在山地边缘地势较高的同纬度地区，其寒冷的气候对原始人来说也是难以忍受的。中部高原也并非连绵不绝。交叠的群山把适宜居住的土地划分成了一个个盆地，各盆地之间有道路相通，但交通仍十分艰难。即使在各个盆地内部地势也不平坦，而是山峦起伏，沟谷纵横。

因此，如果说南美洲还有其他有可能产生更高级文明的地方，这里就是另外一个。西班牙人在这里发现了印加人，就像他们在墨西哥发现了阿兹特克人那样。这是一个晚近以来才统治了大片土地的民族，而他们也只是一个无疑曾经历过若干挫折、并在不同族群统治之下发展了好几个世纪的王朝遗产的继承者。但是，在他们统治下的整个疆域内的社会确实是组织化的，这是阿兹特克人所没有做过的事情。他们在以库斯科为中心的领土上建立的组织，有可能比阿兹特克人的村庄更为古老和悠久。事实上，在整个地区的早期阶段，这样的发展或许已经以某种形式持续了很长一段时间，这里的地面以易发生剧烈的变化而著称，许多地方的地表过去曾经比现在要低数千英尺，有些地方从前曾经是适宜居住的地带，现在却变得过于寒冷，不再适合谷物的生长。

高原上的各个盆地，有位于外缘的渺无人烟的高寒山脉和其他横亘的高地提供的一定程度的保护，生活在盆地中的社群发现和改进了节省能量的方法。他们用从高山上流下的寒冷溪水浇灌肥沃的土地，种植并储藏马铃薯和玉米，前者为当地的土产，后者则由来自东方的入侵者引进。精力旺盛的入侵者最初可能打算消灭他们发现的部落。但是，他们通过使用新大陆上唯一由非狩猎民族驯化的动物，得以在许多方面使用和积蓄能量，而这是其他民族所不具备的。美洲驼是一种驼类动物，这种土产的动物与其体型巨大的同类一样生活在干旱地区，只不过它的家乡不在沙漠而在高原。美洲驼虽不能作挽畜却可以作驮畜，虽不能产奶却可提供肉食，而且其皮毛可以制衣，对于安第斯文明的发展可谓厥功至伟。印加人不仅仅是阿兹特克人那样的勒索者，在把以库斯科为中心的天然区域组织起来之后，他们在一片更大的区域内实施了系统化，统治了南北方向上相类似的各个盆地中的社会组织。他们还下山来到西边沿海一带的沙漠，将那里众多孤立的小型社群组织起来，建立了一个国家。这些小型社群都利用从山上流到平原的河水来灌溉河边的耕地，像古埃及人那样运用和支配能量。即便如此，这些社群却远比埃及更容易受到外来者的统治，而且因为它们过于孤立，无法团结起来对抗有组织的势力的进攻。

看似有些奇怪的是，在组成西印度群岛的一连串岛屿上，却没有出现一个能够发展出像希腊那样的文明的民族。正如我们所预料的，海洋环境并非完全没有影响，因为这些岛屿上至少有两个种族，他们能够很容易地从一个岛屿到达另一个岛屿；后来的入侵者加勒比人即以他们的名字为这些岛屿所在的海域命了名，而西班牙人的到来打断了他们的入侵。但这里缺乏两个有助于发展希腊式文明的条件。一方面，岛上的居民均来自文明程度较低的地区。他们最初占据了奥里诺科河和亚马孙河之间森林覆盖的土地，甚至还延伸到了更遥远的南方，后来在诱惑之下才一步步地占领了这些岛屿。因为群岛中的第一个岛屿特立尼达就位于奥里诺科河河口的视线范围之内，入侵者在到来之前已经在河上获得了一定的航海经验。另一方面，加勒比海沿岸的陆地和其中的岛屿均为雨量丰沛地区，大部分为森林所覆盖，这样的地理条件使文明的发展很难实现。而希腊的情况则完全不同，地中海沿岸是有着较高程度文明的民族的家园，而且不论希腊人起源于何处，他们均为已经取得一定进步的民族。我们曾经说过，埃及的文明仿佛是突然诞生出来的，但是切不可忘记在那之前经历过的漫长发展历程。西印度群岛的居民来自的地方谈不上有什么早期的发展，甚至在他们因受到诱惑渡海来到这些岛屿上时，也没有取得多少进步。此外，希腊人居住的海岛不仅气候干燥，阳光充足，具备刺激发展的条件，而且地中海东岸是在不同环境下生活水准均很高的民族的故乡。不论希腊人航行到哪里，他们看到的人们的行为方式都与自己不同；而除了确实具有一定影响力的海洋环境以外，加勒比人与他们的祖先面临的其他地理条件与他们所来自的大陆几乎没有什么不同，而且他们在航行中也很少能看到什么新奇的事物。所以，在西印度群岛上没有什么值得关注的进步。

因此，在新大陆上只有两个地区与旧大陆类似，从适宜生活的角度来看，那里的人们的文明程度比野蛮人略高，那里的小型社群有天然的保护，能够免遭野蛮人的攻击，而且有积蓄能量的刺激因素。换句话说，新大陆上的那些与旧大陆类似的有所进步的地方，都是温暖而干燥的地区；然而，由于前者的条件不如后者那么有利，所以进步也没有后者那样迅速。结果自然是旧大陆的民族发现新大陆，而不是相反；因为唯有生活在新大陆高原上的民族远远超越了野蛮人阶段，但他们与海洋却没有接触。与埃及相比，他们生活的环境对于文明的早期发展不太有利，而且更不利于进一步的扩张。生活在高高的安第斯山和墨西哥高原上的民族，与相邻的几个高原地区沟通起来十分困难，更不要说与两侧的低地和遥远的大海沟通了。商业活动即便存在，也少得可怜。这里不存在对地球形状的思考，更不要说就这个问题提出什么实质性的建议，或是去探讨哪里有可以取道大洋而抵达的富饶之地。

在新大陆上，人们几乎还没有进入畏惧海洋的阶段，因为海洋尚且鲜为人知。那些甚至在现代条件下仍难以到达的高海拔的闭塞地区，是没有寻找其他沃土想法的人们的家园，他们根本不知道世界上还有那样的所在。虽然在这块大陆的其他地方也有适合文明生长的环境，但却缺乏导致欧洲进步的那种最初的刺激因素。考虑到人类进步经历的漫长过程，新大陆与旧大陆相比存在的这些缺点，最令人惊奇的并不是前者的文明进程落后于后者，而是它的落后竟是如此地微不足道。

新大陆的地理条件使得任何高级文明的发展都成为不可能之事，但是当诞生于欧洲的各种形式的文明被移植到这片新的土壤上时，这些条件对于它们的发展却起到了直接和间接的决定性作用。从直接的方面看，地形和气候条件决定了懂得支配能量的人们应该在何处定居，以便能够支配更多的能量，以及如何以能量消耗最小的方式进行迁徙；从间接的方面看，过去的历史决定了以某些方式行事比采用其他方式更为容易。我们已经知道新大陆是如何在西班牙的主导和支持下发现的，以及为什么发现的是与香料生产地处于同一纬度上、且为来自北非的信风吹拂到的西印度群岛，而不是北边的陆地。在西班牙人到达的西印度群岛和葡萄牙人到达的东印度群岛之间有一个区别：东印度群岛的居民尽管先进程度不及欧洲，但他们生活在组织化的社会当中，那里是商品和本身具有价值（或人们认为其有价值）的财货的来源地，葡萄牙人立刻得到了他们想要的东西，并将其装船运回；西印度群岛则不然，那里的居民文明程度十分低下，几乎没有什么出产物，西班牙人的殖民计划一开始进展得十分缓慢。如果不是因为有我们前面提到的那些较为先进的社会的存在（如墨西哥高原和尤卡坦半岛低地，以及安第斯高原和其西部的沙漠低地），西班牙人的殖民计划即使不会完全失败，也很可能一直都进展缓慢。无论如何，对低地文明的发现引导他们进一步认识了高原上的文明，于是西班牙人得以迅速控制了这些地区。假如这些地区为野蛮部落占据，西班牙人很可能要花数十年乃至数百年的时间才能够将其组织化。西班牙人在新大陆上统治的主要区域是已经具有文明雏形的地区，那里虽然没有香料，却积蓄了大量金银——这一当地文明的外部标志，却被西班牙人视为可以获取的财富。在西班牙人统治下的中美洲、南美洲北部和西印度群岛的其他地区，情况自然也与那些主要区域相同，但在对黄金进行匆匆搜刮之后，西班牙人对这些衔接地区的占领就只有军事上的意义了，因此大部分地区长期以来仍然保留着其原始的面貌。

图 16–3　墨西哥和秘鲁

墨西哥和秘鲁是西班牙重要的征服地区，其他地区虽然同样被占据，但极少产生收益。

随着西班牙势力的衰落，这些地区脱离了它的控制，变成了一些仍然留有西班牙印记的国家。由于西印度群岛没有黄金，而且对于控制有黄金储藏的地区也无关紧要，因此除了其中的个别岛屿外，西班牙人任由其他海上强国夺占、殖民和组织其余的岛屿。当初被西班牙人发现的部族的后裔仍然居住在高原上，那里依旧难以进入，其组织形式多半仍然停留在西班牙人到来之前的依环境而定的独特状态。那里与现代社会之间没有接触，面积虽大却人口稀少，频繁的革命只是使之趋向于分解成更小的单位。介于北部的沙漠和南部的森林之间的墨西哥高原连同尤卡坦半岛的干燥低地均是两面临海，也是西班牙殖民地中最西班牙化的地区。在秘鲁，原来印加帝国权力中心周围的那些高原，以及西边有水灌溉的荒原，其中一半的人口仍然是印加印第安人（Inca Indian）。玻利维亚是印加人向南发展时的征服地，有平原无海岸，四分之三的人口是纯粹的印第安人血统。厄瓜多尔则是印加人北进时的征服地，其时间距欧洲人发现新大陆只有半个世纪，其居民大部分仍为印第安人。从未受到印加人统治的哥伦比亚，有一个与印加人相同类型的文明，由于加勒比海上的西班牙势力可以经马格达莱纳河河谷和考卡河河谷进入内陆，因此哥伦比亚比其他南美洲国家更为西班牙化。墨西哥城这个湖上的小镇，曾经为阿兹特克人的村庄提供了良好的防御，而库斯科则是印加人实施征服的战略中心，如今它们依然是现代国家的中心。由西班牙征服者在干燥的西部沙漠中建立的利马，虽然一度曾受秘鲁支配，现在却奇怪而又自然地反过来成了统治秘鲁的中心。韦拉克鲁斯和卡亚俄两个港口是应西班牙人征服的需要而建成的，由此可以抵达古代居民做梦也想不到的大洋彼岸。

图 16–4 南美洲的气温

智利和阿根廷的气候要比南美洲的其他地区凉爽得多。

中美洲那些森林覆盖的小国既没有被殖民，也少有组织化，而且几乎没有真正的团结，如果不是因为它们的位置更便于沟通两边的大洋，以及与土著人或混血后裔相比，穿越这里的人们能够以最经济的现代化手段来支配能量，这些小国的重要性肯定比不上那些高原上的国家。

但在遥远的南方，尽管一开始西班牙人像对待中美洲一样，只是半心半意地在那里施行统治，但现在那里却出现了一些最重要的国家，这与西班牙人的举措是分不开的。被高寒无人居住的大山分隔在两边、其命脉之地均在低地之中的智利和阿根廷，有些地方与西欧的某些地区颇为相似。这些有着欧洲人所熟悉的气候的地方，在原始条件下没有什么大的进步，这意味着它们是集各种历史优势于一身的欧洲人的（理想的）殖民地。它们以布宜诺斯艾利斯和圣地亚哥为中心，以西班牙式的统治为特征，逐渐向南、北两个方向扩张，以便为现代世界提供更多的能量。人们越是能够更经济地支配能量，就越容易进入和占据更多的土地，并以可用的形式提供更多的能量，而智利和阿根廷（或许还应该加上乌拉圭），也就越比北部的安第斯山脉地区的国家更重要。

我们也切不可忘记，葡萄牙人在他们前往东印度群岛的途中发现了南美洲的一部分，并在教皇的裁定下与西班牙人分享由教皇赋予的这些权利。他们在巴西的沿海地带和亚马孙河两岸建立了一些贸易站，声称自己拥有大片土地的所有权。由于这些土地长久以来都被认为是没有什么价值的，所以他们的要求并未产生争议。由此为一个现代国家[①]奠定了基础，尽管这个国家的重要地区仍然集中在地势陡峭、气候凉爽的东南沿海一带，但它却有着巨大的发展前景。

于是，我们再次看到了历史进程和现代条件下的产物，以及未来历史的基础是如何受地理条件支配的事实。这种支配一方面具有刺激作用，另一方面又决定了人类会在哪些地方采取最有效的行动。

---

①指巴西。

第 17 章

煤：美 国

新大陆不像旧大陆那样适宜早期文明的发展，所以这里不存在埃及那样的地方。但是，尽管地理条件不会改变，根据人们是否能以某种方式使用能量，地理条件对历史进程的支配作用也不相同。海洋在很长一段时期里曾经是一道障碍，如今却变成了一条开放的通途。因此，在不适合早期文明发展的美洲大地上，我们竟然看到了一个大国的诞生，因为当人们掌握了使用能量的方法之后，便能够在这里更经济地支配和积蓄能量。初始阶段的历史并没有给未来发出什么重要的预兆。横渡大洋来到美洲的不只是西班牙人。出于旧大陆（而非新大陆）的地理环境的原因，法国人、荷兰人和英国人接踵而至，但范围主要限于北美，最初仍然是在寻找前往东印度群岛的海上通道。法国人沿圣劳伦斯河与密西西比河溯流而上，深入内陆，占据了这些河流流域所及的广阔低地。荷兰人因欧洲发生的变故与其北美的基地断绝了联系，[①] 英国人则在荷兰人的势力被逐出前

① 指 1674 年，荷兰在第三次英荷战争中被迫与英国媾和，并将其在北美洲东部设立的殖民地新尼德兰割让给英国。

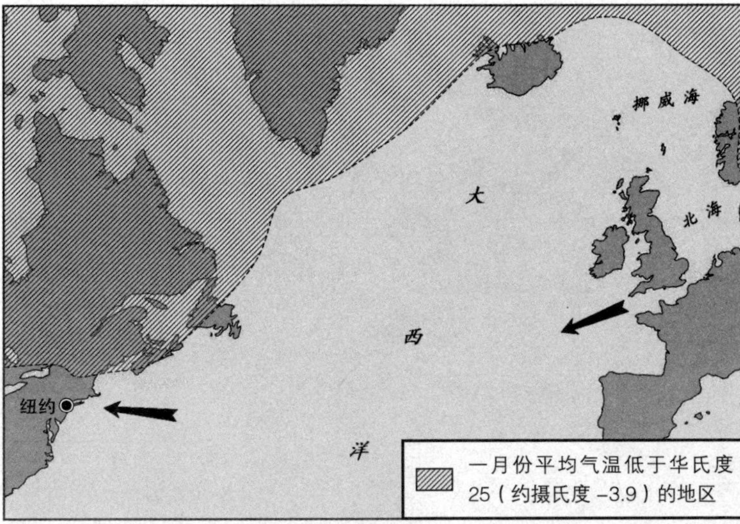

图 17-1　冬季无冰冻的纽约是从欧洲到北美的首要入口

后，在北美的东海岸建立了殖民地。阿巴拉契亚山脉和新英格兰森林覆盖的高地以及法国人据有的平原地区，形成了一道地理和政治上的双重屏障，将这些殖民地围在当中。没有人能够预料得到，这些殖民地在一两个世纪之内，竟然会变成世界上最强大的国家之一。促成这种发展的因素，既有这里的地理条件，也有支配欧洲历史的地理因素，还有对如何更好地使用能量的方法的进一步探索。

这些殖民地位于冬季极端寒冷和夏季极端酷热的气候范围之外。事实上，北美的东海岸并没有可以与英国相媲美的气候，但对于欧洲移民来说，这一带确实比其南北方向上的任何地方都更像他们的故土。这样的气候条件可以解释美国那些最大的

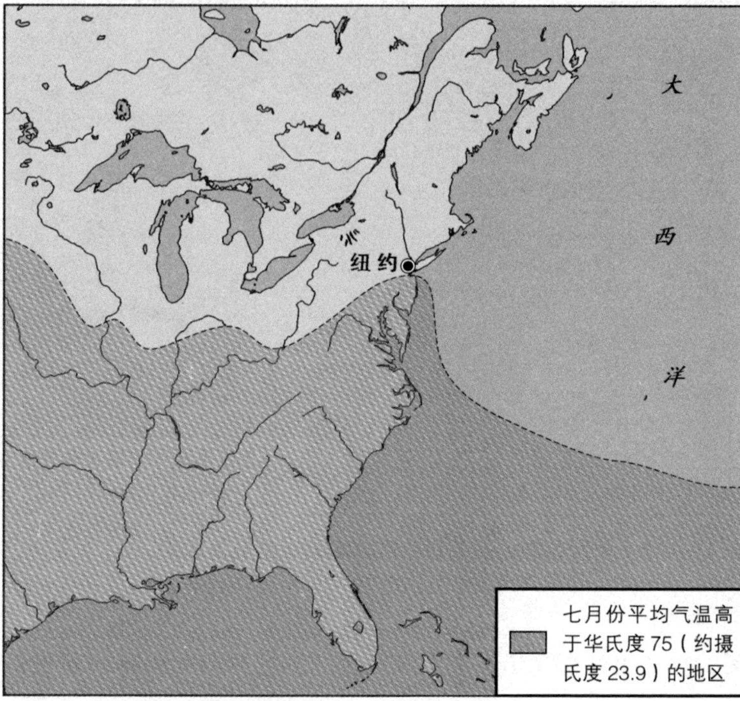

图 17–2 北美东部的暑热

城市（尤其是纽约）的位置。

森林密布的高地形成了一道屏障，这是个极好的优势，使得新英格兰和弗吉尼亚的小型社群能够相互团结。在他们声称属于自己的土地上确实都有人居住，而不是像法国人那样，在从密西西比河河口到圣劳伦斯河河口之间的广大区域内，只有为数不多的法国人四处游荡，进行狩猎或传教。然而，有一条长 150 英里的穿过这道屏障通向海洋的方便通道。[①] 亨利·哈得

① 指哈得孙河。哈得孙河全长约 500 千米，这里的 150 英里（约 241 千米）当指从纽约到奥尔巴尼的下游河谷一段。

孙与他的荷兰人伙伴最早在这些避风的水域上航行，以寻找前往东印度群岛的路线。这条河谷后来即以这位最初的探险者的名字命名，通过其支流莫霍克河可以抵达西部的低地。当时机成熟时，英国殖民者就可以从内陆位置冲破法国人的防线，有效地占领中部的低地。

法国人的失败不仅仅归因于这些事实。倘若圣劳伦斯河畔的法国人能够得到法国政府强有力的支持，结果很可能就会大不相同。但是，正如我们所看到的，受地理条件的影响，法国的殖民政策是不连贯的。法国移民没有得到本国政府的积极支持。英国人充分发挥了其战略优势，从而使这片土地变为英国人所有。尽管在圣劳伦斯河北岸仍然有一个讲法语的社群，那里的风俗习惯仍保留着法国的传统，但它并没有表现出忠诚于法国的意愿。

只是因为地方不同，北美东海岸上的政治单位比西班牙殖民地上的要稳固得多。这里是真正的殖民地。移民不论男女均有很强的进取心，他们在此安家，辛勤劳作，从土地上收获果实，积蓄能量。这些移民血统纯正，不是混血儿。那些确立了这种类型的政府和社会习俗的人，既非追求荣耀和财富的士兵，也不是传播福音的独身牧师。他们是以其非凡的创造力而出类拔萃的人物。殖民地的开拓所花费的时间远比征服要长，但其效果却远非后者可比。那些后来者尽管血统不同，语言各异，但却被逐渐同化，从而进一步增强了整体的力量。

但是，若是缺少一项世界上最伟大的发现，即使具备这些优势，也不可能产生那么大的成效。这一发现的重要性可以与大洋、铁与火的发现相媲美，而且带来了一场伟大的革命，因

图 17–3　哈得孙 – 莫霍克隘口

纽约位于这道隘口的入口处，该隘口是进入内陆唯一的便捷通道。

为它是一种支配能量的新方法。

我们假定人类生活的基本必需品是食物和衣服。每个人所拥有的做工作的能量来自对食物的消化吸收，个体的能量在很大程度上要靠衣服保存在体内。在远古时代或是野蛮民族中，食物和衣服有可能通过其他方式获得，但是有史以来，在所有扮演了重要角色的民族当中，衣食乃是在两种社会条件下获得的：一是来自驯养的牲畜，二是来自对土地的耕作。所有必需的食物和衣服都来自个人或家庭，或者顶多是一个规模很小的团体的生产劳动。每一个这样的社会，除非受到企图强行夺取其衣食能量的外来干扰，实际上是独立于世界上其他社会的。

换句话说，能量在很大程度上是由个人保存的；几乎所有的机械工作都是由个人或牲畜来承担，其工作量是若干人或若干牲畜能够完成的数额。在这一常规下也会出现个别的例外，但这种例外只是强调了在这种普遍规则下农业和畜牧业所能够达到的极限，以及个体工作所能达到的最大值。

将谷粒碾碎成为食物的碾磨机，在后世都用风力或水力来驱动。如今在乡间随处可见这样的磨坊。在我们的眼里，它们更像是一幅幅的风景画，而不是价值非凡的装置。当我们看到它们在费力转动时，几乎不会想到这辘辘作响、一如往昔般伫立在那儿的古老物什，会是许多个世纪以来最伟大的机械，提供了曾经无人不晓的最大能量。碾磨机虽小，却能产生大量的能量，它既是唯一能够提供超过一个人的体力所能产生的能量的装置，也是唯一能够为人类提供除粮食以外的其他能量的装置。当家庭日常的舂米劳动被公共磨坊里以动力驱动的机械所替代时，尽管这种动力在我们的眼里是多么微不足道，但在当时却不啻为一场伟大的革命。碾磨机是过去时代的重要角色，磨坊是一个重要的中心。许多城镇和村庄的地位，即在于它们有一座邻近河流的磨坊，不仅英国如此，在整个旧大陆和殖民时间超过 100 年的新大陆各地也是这样。这种微不足道的利用动力的方式，其重要性就在于使我们深刻地认识到，当时人类所能利用的最大动力系统，其规模是多么小。有了磨坊，一小部分为准备食物所必需的家务劳动就可以省去，但所有用于保存人体热量的衣服，一针一线仍需由手工来完成。从兽皮的加工，羊毛的剪取，亚麻的种植，一直到实际的衣服制作，所有这一切工作都要由个人来完成，而且通常就是由穿此衣服的人或是其家庭成员之一来完成。纺织业的出现是一个进步，然而唯有以织机编织取代手工编织，才是这种伟大进步的标志。中世纪时意大利北部的纺织业行会的重要性即在于此，而英国的重要性则在于其绵羊养殖业。

当时的商业尚微不足道。商业意味着可以用更低的成本生产某些东西，也就是说，有些东西在某个地方生产可以比在其他地方消耗更少的能量，而且把物品从生产地运输到消费地的成本也很低。但在整个中世纪，甚至在100年前整个人类以往的历史上，仅在特殊情况下才会出现运输大量货物的事件。由于运输大量沉重的货物所消耗的能量非常巨大，因此，尽管其生产成本可能很低，但是由此带来的能量节省与运输它们时产生的巨大能量消耗相比，却是得不偿失的。即使在葡萄牙人发现了前往东印度群岛的海上通道之后，在一年之中运入欧洲的全部香料，也不过只能装满一条现代商船的前舱，而香料也几乎是当时唯一值得运输的货物。

即使是这种小规模的商业活动，对于“所有使用的能量均来自个人或牲畜的体力”这一常规而言，也只是另一种例外。小而简陋的木船靠着风帆推进的方式漂洋过海。在陆地上小规模地利用风力或水力来碾磨谷物，在海上小规模地利用风力来推动船舶前进，这就是人类唯一能够支配的动力。当罗马人建设的道路随着帝国的崩溃而破败废弃之后，就没有了我们所理解的道路。当地依旧存在的交通大部分都是通过河流，因为水上行舟比陆上拉车更为容易。那些名副其实的城镇，不是与政府有关，就是与这种小型的商业活动有关。通常，在任何给定的政治区域内，都会有一个作为政府所在地的首都城市，那里有完善的组织，能够为其领土提供或多或少的保护，发展农业和畜牧业，并保障其不受外来的侵扰。有几个供商船往来的港口，此外就是亘古不变的小村落。利物浦在许多个世纪里的人口一直保持在700人左右，这可以看作是整个环境下的缩影。它们年复一年，历经一个又一个世纪而绝少发生变化。千百年来，人们生老病死均在同一个地方，以农业和畜牧业为生，在这样的一个世界里，身强力壮者最为有用，因为只要有力气，就能比其他人或其他任何方法做更多的工作。

然后进入农业和畜牧业的世界，集镇寥寥无几，外带几个港口和政府所在的城市，这就是一个半世纪以前工业革命前夜时的情景。在那之前还只是作为家用之物的煤，开始用于驱动机械，它做的工作远远超过了单个的人或牲畜。人们开始驾驭自身以外的能量，去做以前只能靠自己的双手完成的工作。这是一种巨大的新的储备能量，远非食物提供的能量可比，用它可以做从前不可能做到的事。从此以后，人们能够以规模大得多的方式使用能量。不只是香料和茶这样的奢侈品，就连构成人们衣食所需的大批量的粮食和衣物，也可以从海外运回来了。英国人食用的小麦，只有五分之一在英国种植。一个人吃的蔬菜，也不再产于他家附近的田地里。我们的祖先从未听说过的水果，也从其他地方运入。制作服装所用的原料，也不再需要辛苦生产，而是从海外各大陆大量地运来。一个人身上穿的所有衣物都由不同地方生产，在家中制作衣服的情形已经非常少见。人的食物也基本上都有现成的供应，需要家庭制备食物的工作也大为减少。在大城市里，大规模的食品制备已经成为一个行业，无论白天还是黑夜，一个人都可以买到与其钱袋和口味相适合的食品。

这种生产和商业的全新状况，极大地改变了社会和政治生活的全貌，而且这样的改变仍将持续下去。

这样的发现使英国立即获得了好处。这一发现在英国出现也是很自然的事。纽卡斯尔的煤（海运煤）长期以来一直是作为纯粹的家庭之用，有证据表明，这里的煤早在13世纪就已被运往伦敦。在世界上所有的煤田中，没有哪个像这里一样如此靠近大海，也没有哪个地方用小船运煤的费用比这里更低廉。人们开始用煤来烧石灰，锻造钢铁，冶炼铜和铅，制作陶器，烘干麦芽，但这都只是利用它直接的加热效果。在发现煤之用途的过程中迈出的这微不足道的第一步，既不大可能在其他地方出现，也不大可能在其他地方产生很大的效果，唯有在最早发现煤的地方，才有可能得到蓬勃的发展。

利用煤产生的蒸汽，可以推动从前不可能移动的物体，而物体移动的速度更是过去做梦也想不到的。在以拿破仑战败为标志的长期的海权争夺中，英国希望大幅提高其支配能量的能力并由此获益的意图得以实现，而其他欧洲国家因受各种纷争和干扰的影响，尚未能从这一发现中获得好处。由于能够支配巨大的能量，英国的地位得到了极大提升。作为全国道路汇合中心的伦敦，也成了全国铁路汇集的焦点。这一结果部分源于伦敦从历史上承袭的公认地位，部分来自从对巨大能量的支配中获得的新的权力。此外，作为英国商业之都的伦敦也因成为世界的金融中心，地位得到了进一步提升。采用新方法所带来的进步，使得陆地和海上的商品运输比过去容易得多，各国均通过伦敦的金融机构来节省能量，而从中获益最大的自然非英国莫属。

据估算，其他所有的用途不算在内，单是在英国工厂里使用的煤，提供的能量就相当于 1.75 亿名男性劳动力所产生的能量，而其使用形式则是人力永远也无法提供的。在人类进步的各个方面都取得了非凡成绩的希腊，其成就很大程度上是基于奴隶阶级所做的工作。平均而言，每个希腊自由民和每个希腊家庭都拥有 5 名奴隶，当我们谈到希腊人时，从不会把奴隶包括在内，然而就是这些奴隶为希腊提供了大部分的能量。在英国，我们可以说家家户户都有 20 多名“奴隶”在供给能量，这些“奴隶”既无需衣食，又任劳任怨。英国的人口包括男女老幼在内一共有 4,500 万，但是在英国的工厂里却相当于有 1.75 亿人在做工，铁路和轮船所拥有的动力则超过了 9,000 万名劳动力所产生的能量。与使用纯粹的机械手段移动物体所需供应给机器的能量相比，不到 2,000 万的男女工人的体力实在算不了什么。英国已经成了一个工程师之国，只要按下按钮，拉动操纵杆，加油打包，就能使庞大的社会机器平稳和尽可能容易地工作。没有生命的“奴隶”为我们碾磨谷物，为我们制作衣服，从天涯海角为我们取来食物，把我们送到各地去工作和娱乐，为我们印刷书报，以及提供希腊人做梦也想不到的数不清的服务。

后来，煤在其他地方也开始逐渐得到应用。欧洲的煤矿带穿过了法国、比利时、德国和俄国，大约在几亿年以前，这一带是古大陆炎热潮湿、缓慢下沉的岸滨湿地，芦苇丛生，植被茂盛。植物的遗骸被河流或海洋带来的泥沙一层一层地封闭在地下，没有腐烂，并以现在所说的化学作用将其能量储存在了其不断变化的组织之中。即使在这条煤矿带上也不是到处都有煤，在漫长的地质年代里，很多地方由于褶皱和侵蚀的影响，已经形成的煤也会完全消失。而在其他地方也发现了在较晚年代里形成的煤，但大部分无论在数量上还是质量上都无足轻重。

根据各自不同的情况，这些国家利用这种能量的程度也各不相同。在法国，煤矿仅分布在东北地区，那里的煤矿带呈一条圆弧形，从多佛尔海峡底下穿过，与久负盛名但直到最近才得到开发利用的肯特煤田相连。南部高地上也有一些煤田，但储藏量不是很大。此外，在追求品位与技巧方面具有先天优势的法国人能够从其他地方进口煤，因此本土的经济仍然是以农业为主。

德国则相对比较幸运。虽然其煤矿带位于平原的南端，距海较远，这对它来说是一个不利的因素，但是由于德国的煤矿储量丰富，价值巨大，因此现代德国所取得的进步，很大程度上应归功于其境内的能源供应。而以柏林为中心建立的铁路网，又进一步增强和巩固了柏林作为全国政治中心的地位，只是由于这个中心与人口密集的煤田相距遥远，使这种稳固受到了一定的影响。

俄罗斯有三个煤田，一个在黑海北部的顿涅茨盆地，一个在莫斯科以南，一个在乌拉尔。这些都是储量巨大的煤田，但是正如我们根据俄罗斯以往的历史所料想的那样，它们直到很

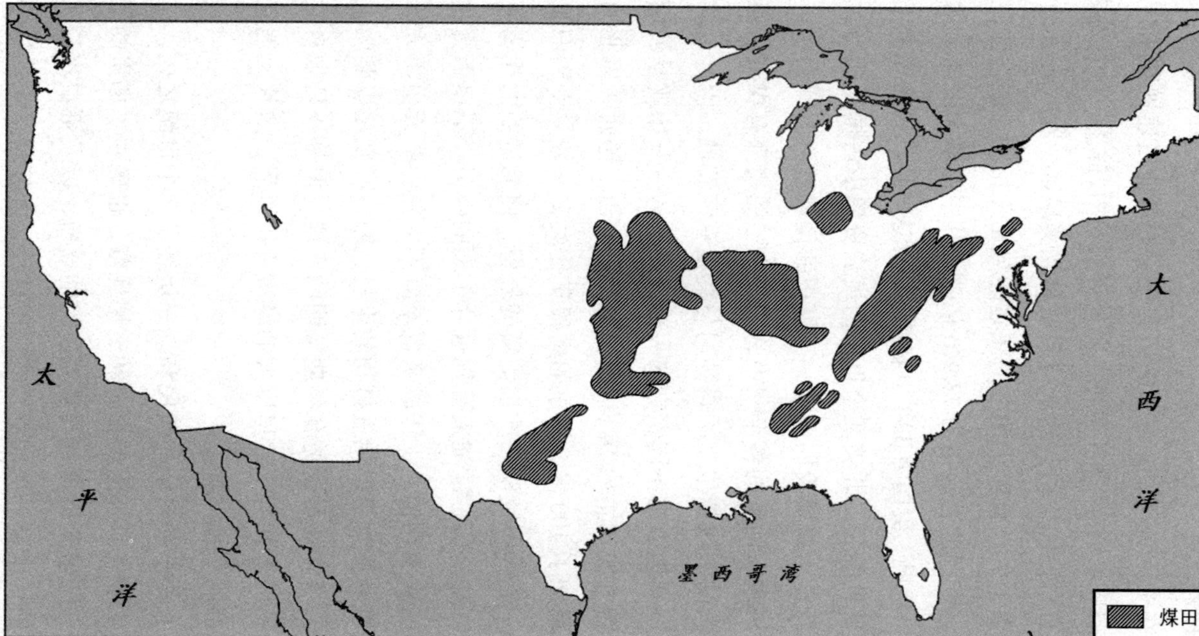

图 17–4　美国本土的煤田分布

晚才得到开发。

在中国和印度，过去的历史使它们未能迅速地利用自己所拥有的煤炭资源。至于其他大陆的煤炭利用，除了一个特例之外，都没有讨论的价值。这个特例就是北美地区。在发现煤的动力这件事上，没有哪个地方的获益能与北美相比。据估计，全世界煤炭资源的总储量为 73,970 亿吨，其中加拿大的储量估计为 12,340 亿吨，美国为 32,140 亿吨。不管这些数据是否完全正确，显而易见的是，北美在全世界的煤炭资源中占据了相当大的比例。而且，如果我们考察一下煤田的位置就会看到，在华盛顿的中央政府治下的各个州中，四分之三的州都有煤藏，而储藏量最大的区域就位于哈得孙河与莫霍克河流域。因此，北美与其他所有地方都不同，它的大部分煤藏从一开始就是使用新方法进行开发的。从 19 世纪初到 20 世纪初，墨西哥以北的大陆人口增加了 100 倍。那里的人民工作勤奋，较少受到旧观念的约束，能够不带偏见地接受新的思想，使能量的大规模使用得以顺利地进行。欧洲人受到这片土地的吸引，不仅因为这里与他们的故土相似，工作起来夏季既不太热，冬天也不太冷，而且气温炎热时足以促进植物的生长，寒冷时则足以刺激人们的思维。尽管这里不适合早期文明的发展，但是一旦来自欧洲北部的殖民者拥有了这里巨大的煤炭资源以后，这片土地就能使他们迅速发展起来。

北美东部海岸的殖民和统一历经了 3 个世纪之久，这一过程不仅确立了那里的精神和道德规范，也确立了那里的语言。此后，随着哈得孙河与莫霍克河的通航，以及更艰难的从东部沿海前往中部平原的南行之路的建设，才使得对煤的这一新发

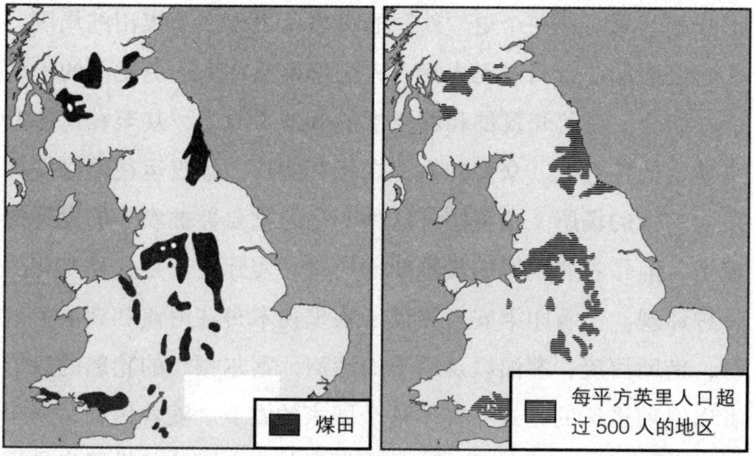

图 17–5 英国的煤田与人口分布

英国的人口密度以煤田地区为最大。

现有了应用的可能。1807 年，亦即在伊利运河开通的 18 年前，第一艘蒸汽轮船才从纽约航行到了奥尔巴尼，150 英里的路程一共耗时 24 小时。如果没有工业革命，美国会成为什么样子？提出这种问题是很愚蠢的，但是我们知道，由于工业革命的影响，使美国一跃成为了世界强国。农业生产得到改良，新的农作物和效率更高的工具得到引进，使得农业产值比从前大为提高。英国依靠积累的资本，在与拿破仑的战争中大获全胜，而发生在大西洋西岸的这种进步，毫无疑问也会如同在大西洋东岸那样产生影响，并且事实也的确如此。我们可以通过在英国发生的实际变化，来更好地评估在美国发生的变化的重要性。在工业革命前的两个世纪中，北美大陆上有一片被称作“新英格兰”（New England）的土地，但是当杂草丛生的奔宁高沼地中的煤田开始开采时，一个更“新”的英格兰出现在了煤田的周围。在此之前那一带尚渺无人烟，人们都生活在南边更肥沃的土地上。如今，在兰开夏郡和约克郡的低地平原上，甚至在这些杂草丛生的荒野上，众多的人正在相互协作，把煤运往可以发挥最大功效的场所。在美国，这种变化的重要性被农业的发展掩盖了，但是农业发展的最重要的形式，实际上正是这种变化的一种体现。土著印第安人习惯于乘坐独木舟在河流和湖泊上航行，借助河流、湖泊以及后来的运河，富尔顿[①] 的轮船的后继者以空前迅速的方式开辟了这个国家的农业。随着伊利运河于 1825 年通航，纽约被确立为这个国家的商业门户。铁路先是沿着这些河流和湖泊进行铺设，然后又进入旷野，铁路的使用带来了能量的节省，使人们可以更好地运用自己的体力。但即便如此，直到 19 世纪中叶，仍没有什么证据能够表明最终将会发生什么。在纺纱和织造、锤击和钻孔工业上使用煤的初步结果，只不过是拴住了当地已有的人口。在新英格兰，磨坊已经依靠水力来运转；当地已在使用煤，因为那里有其他地方所没有的能够熟练使用简单机械的人口。掌握技能的人逐渐进入阿巴拉契亚山脉西部边缘的各个煤田，然后是密歇根湖以南的中部地区，现在则向更遥远的西南部发展。新近开发的地区如今已能够与那些技艺代代相传的地区进行势均力敌的竞争，并开始与那些最受历史动量眷顾的地区竞争。棉纺织业在亚拉巴马州实现了营利，而阿巴拉契亚山脉南端的煤田产量，现在也已经与新英格兰的产量持平。

---

① 富尔顿（Fulton，1765—1815）：美国著名工程师，发明了第一艘以蒸汽机作动力的轮船。

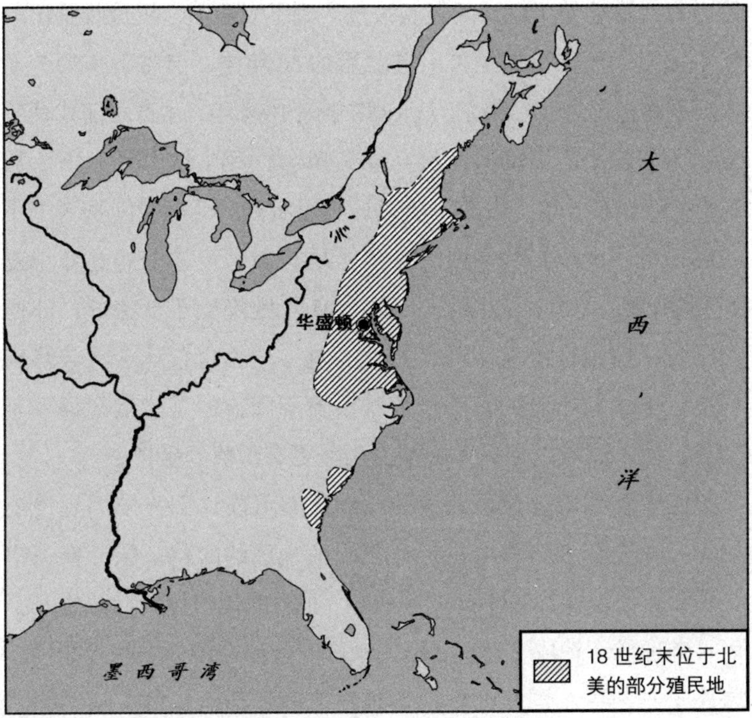

图 17–6　英国在北美最初的殖民地

华盛顿在被选为首都时，是一个合适的行政中心。

但是，进步的取得并非仅仅来自对巨大的煤炭资源的利用。事实上，是这一进展刺激了其他方面的进步。为了适应环境的变化，就需要制造新的工具，而新工具的使用，可以使人和牲畜拥有的能量创造出比以前更大的价值。从人类最初使用石头或木棍替代自己的双手开始，工具便随着时代的发展不断取得进步。工业革命之后，除了我们谈到的地区之外，这种进步也扩展到了其他地方，但却没有一个地方像美国这样显著。机器可以更经济地使用能量的经验被推广到了农业上，机械收割机取代了镰刀。而在机械播种引进之后的50年中，节省下来的劳动力成本超过了1.7亿英镑。从1855年到1894年，生产1蒲式耳[①]玉米所需的平均劳动时间已从4.5小时缩短到45分钟以下。从1830年到1896年，生产1蒲式耳小麦所需的劳动时间从3个小时缩短到了10分钟。在1869年，从芝加哥运输1蒲式耳小麦到利物浦的成本为37美分，到1905年则降到了5美分，即便到了货币价值已有所下降的现在，这一成本也仅比5美分略高一点。玉米和小麦的营养价值都没有下降，但是能量却得到了节省，使人们可以把更多的精力用在更有价值的事情上。

随着铁路的建设，北美的组织化有可能比旧大陆的规模还要大。在全部人口都居住于东部沿海地区的时代，位于新英格兰和弗吉尼亚殖民地中间的华盛顿，很自然地被选为行政中心，而且顺理成章地成了首都。华盛顿作为首都持续下去的可能性，取决于它与这个国家的中西部地区之间四通八达的交通网络。加拿大太平洋铁路的建设，使不列颠哥伦比亚[②]并入了加拿大自治领，而其他横贯大陆的铁路则防止了太平洋沿岸出现独立的国家。类似的情况其实也发生在欧洲的每一个国家，只不过北美的规模更大而已。北美的铁路有一个新特征，即它能够创造城镇。除了以历史传统彰显其重要性的大西洋沿岸城镇无须依靠铁路来创建以外，其他的城镇都因铁路而发达。沿阻力最小

---

① 蒲式耳（bushel）：英美计量单位，1蒲式耳（英）等于8加仑，约合36.3升。

② 不列颠哥伦比亚（British Columbia）：位于加拿大西南部，原为印第安人居住地，19世纪中叶沦为英国殖民地。1871年与温哥华一起加入加拿大，成为不列颠哥伦比亚省。

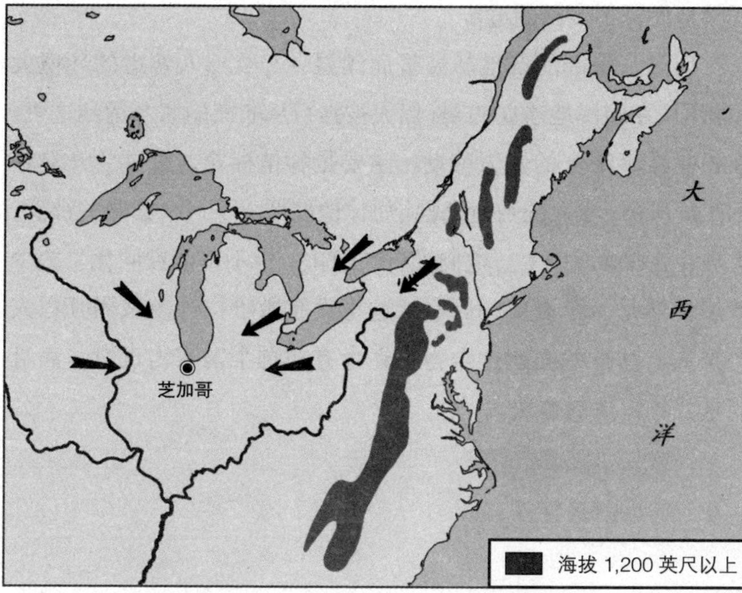

图 17–7　芝加哥的位置

的路线修建的铁路，都不可避免地在某些地点汇合，芝加哥即属其中一例，于是这里的生活就比其他地方更方便。道路系统在机动时代的巨大发展，推动了城市化的进一步发展。

因此，我们在美国也看到了由现代“奴隶”所提供的能量，以及他们做的大规模的工作。无论男女老幼，每一个美国人都有 50 名无生命的“奴隶”在为他们服务。这里的组织化与能量积蓄都达到了巨大的规模，甚至工程师的数量也超过了旧大陆。一部分积蓄的能量被审慎地用于发现如何节省更多能量的方法上，这种审慎不是靠偶然和运气，而是靠耐心的研究。没有哪个地方的研究能像这里一样得到慷慨的资助，这恐怕也直接或间接地促进了美国的进步。

但是，南部的低地却温暖而潮湿，与欧洲人熟悉的环境大不相同。在殖民地建立初期，黑人被强行从非洲的家乡运到这里，在田里从事艰辛的体力劳动，主要是种植棉花，以供兰开夏郡的工厂所需。黑人的数量急剧增加，他们形成了一个紧密的社群，人数在 1,000 万以上。他们没有被同化，也不可能被同化。缺少沙漠仍然是一个重要的因素，这里没有撒哈拉沙漠来隔开白人与黑人。这样的问题迄今为止还没有在哪个国家出现过，而且尚未找到解决的办法。

第 18 章

更大的陆地分布：世界的现状

到目前为止，我们谈到的“国家”是越来越大的，即使是罗马帝国，其面积也只是勉强可与美国相比，而人口则相差甚远。然而，在过去的一两代人的时间里，得益于日益便利的交通，世界已经变成了一个单一的体系，没有哪个地方与其他部分是完全隔离的。这个世界已经成为一个有机的整体，尽管一个礼仪社会的组织化还远远没有完成，即使在物质层面也是如此。

因此，我们必须把现代世界作为一个整体来考虑，而不是只考虑它的各个分开的部分。这个有机的世界体系非常复杂，无法用一个简单的法则来描述它；但是也有一两种观察它的方法，可以让我们立即看到它的组织化的发展过程——以及由此而来的能量积蓄——和它进步的轨迹。每一个概念都有其自身的价值。

考察陆地分布的一个最简单的方法，就是把陆地视为被大洋隔开的两个巨大的岛屿，一个是平行四边形的旧大陆，另一个是美洲。美洲直到很晚才进入到历史当中，而在旧大陆上，却已经发展出了三大定居的古代文明——位于大陆低陷地带上的欧洲文明以及位于大洋边缘的印度文明和中华文明。

平行四边形的旧大陆（见第 7 章图 7–1）被撒哈拉沙漠分隔成两个不相等的部分（这种分隔作用甚至比地中海还要有效），一个是没有历史的非洲，另一个是亚欧大陆。亚欧大陆的中部是大平原，大平原的南边是草原，北边则是森林和不能通航的海洋，这一带现在属于俄罗斯，但在过去很长一段时期里却是不断入侵大平原外围地区的游牧民族的故乡。大平原的周边一部分是由高原或山脉分隔的沿海地带，由此形成了各个不同的国家，它们的历史已在前文中叙及，而且在很大程度上因为有撒哈拉沙漠这个屏障，可以免受“黑祸”[①] 的威胁。中央区域一部分为平原，一部分为高原，有的地方已经组织化，有的地方则尚未实现，由于它的居中特征和巨大的面积，在古代和现代世界都占有独一无二的地位。这个中央区域不仅远离海洋，而且不受海洋国家的影响，很容易通过铁路统一起来。但是考虑到它的中心多为草原（或者沙漠），这种统一从它的东、南、西三个方向上任意一个远离中心的边缘位置出发，乃是最自然不过之事。事实上，这个心脏地带（heartland）已经在长短不一的各个时期内，以不同的方式受到过来自东方的阿尔泰山区，来自南方的图兰，以及最终并且也最有效的来自西方的莫斯科的各种专制政权的统治。

亚欧大陆的外围均与海相接，海的外面则是大洋。其中欧洲部分的大多数居民，都曾经在不同的历史时期主宰过邻近的

① “黑祸”（black peril）：原指历史上欧洲殖民者对于白人女性可能受黑人男性吸引并与之发生性关系的恐惧，其本质来源于种族和阶级偏见。

海域。阿拉伯人、腓尼基人、希腊人、古代和现代的意大利人、西班牙人、葡萄牙人、法国人、英国人、荷兰人和挪威人都曾经支配过大海或大洋，并或多或少地养成了对方便、价廉和稳定的海上运输，以及某些从航海实践中得来的熟练技巧的依赖。在亚洲部分，只有日本人把他们的命运跟海洋联系在了一起。印度和中国与西方仍然有着本质的区别。面对来自海洋的影响，他们敞开了门户，却从来没有努力在其中发挥作用。

自特拉法尔加战役结束以来，英国作为海上强国的地位已不容置疑。英国海军的船只已经游弋到了世界上的所有海域，在具有最大威胁的英吉利海峡和北海集中了密集的舰队，而在不存在挑战的非洲东部海域只有零星的巡逻船。这种海上霸权的突出结果就是英国的附属国、属地、托管国和孤立的贸易站组成了一个联邦，它们有的位于亚欧大陆的边缘，有的散落在大洋周边，还有的位于撒哈拉沙漠以南，但它们全都靠近海洋。另一个同样重要的结果就是活跃在所有海域上的商船，英国的殖民地和英国在其他地方的投资，都依靠这些船舶提供服务。

曾与英国结盟、一度又成为其对手的其他海上强国有：位于亚欧大陆东部岛屿上的日本（与位于亚欧大陆西部岛屿上的英国相对应）、法国、以罗马为中心并承袭了罗马传统的经过重新组织的意大利、葡萄牙。事实上，这些海上强国几乎占据了环绕亚欧大陆边缘的所有陆地。

随着中央区域和这些海上强国的组织化，它们之间便逐渐产生了一个由小国组成的破碎地带（crush zone）。这些小国大部分都是早期政治和经济组织尚处于小规模状态时的残留物，而且各有特色，这些特色部分来自其早期的历史，部分则是天然造就的。十足的个性能够抗拒同化，但也无法（或不愿）与其他小国合并组成更大的国家。仍然处在不如意的缓冲国位置上的它们，政治上难保独立，经济上对外依赖严重。位于这个地带的国家的人口都很少，疆界随时间和环境不时地发生变化，这些国家包括芬兰、瑞典、挪威、丹麦、荷兰、比利时、卢森堡、瑞士、波兰、巴尔干半岛国家、伊朗、阿富汗、暹罗[①] 和朝鲜。芬兰远处北欧，背靠森林和沼泽，基本上只有沿海一带的土地能够耕种，那里的居民在很多方面都与邻国不同。斯堪的纳维亚半岛与丹麦有许多共同之处，但是在历史和生活习惯方面，两地的居民能够强烈地感受到彼此间的不同。低地国家再度为荷兰人和比利时人占据，虽然他们人口相对较少，但他们十分珍视彼此之间的差异：荷兰人以航海和农业为生，比利时人则崇尚商业和工业。包括卢森堡、阿尔萨斯－洛林和瑞士在内的尼德兰代表着古代的洛泰林吉亚（即介于查理曼帝国东部和西部之间的那片土地）。瑞士是阿尔卑斯山地区唯一保持独立的国家，其前身是占据了阿尔卑斯山区中的安德马特以北的大岔路口的四个州，这个位置比阿尔卑斯山区中的其他国家更适合防守，山谷里的居民可以很容易地在北边的低地、侏罗山的荒原以及日内瓦湖和康斯坦茨湖的后面会合。巴尔干半岛国家中既有以畜牧业为主的山地国家，也有以农业为主的河谷低地国家，还有以经商为业的滨海国家。这些国家的民族是斯拉夫人和希腊人，根据其各自的历史，或是信奉天主教，或是信奉希腊正教或伊斯兰教，却有着与地理条件相对应的民族感情。再

① 暹罗（Siam）：泰国的旧称。

往北是平原民族建立的疆界不确定的国家，有的环境优越，其独立的历史可以追溯到几个世纪以前，而其他在森林里开辟建立的国家，则从来没有尝到过独立自主的滋味。往东是土耳其，在伊斯坦布尔（即从前的君士坦丁堡）居住着界限模糊的希腊人（或前希腊人）、罗马人、拜占庭人和土耳其人，尽管土耳其实质上是以小亚细亚作为根基的。高地上的亚美尼亚人和高原上的波斯人有着古代军事、智识和精神上的荣耀，但是波斯却非常缺乏公认的权威，以至于从表面上维持国家的统一也十分困难。阿富汗和其他喜马拉雅山地国家虽然文明发展程度不如欧洲的小国，但由于位置偏远，更难以进入，反而享有更多真正意义上的独立，但在有组织的进攻面前，他们的抵抗力却要弱一些。

从某种意义上讲，德意志甚至中国都处于这个地带之内。未经组织化的、分裂成相互对立的小型社群的中欧，本质上即属于这个破碎地带，但是如果能够予以组织化且强盛起来，其地位便会大不相同。在与海洋接触并受到其吸引之后，德意志成了海上强国之一，而其偏西的位置和围绕心脏地带聚集的庞大人口，使得它至少有可能成为将该心脏地带组织起来的一个核心。

面积更大的中国，即中国人的土地，大致相当于清王朝在其全盛时的疆域。而且中国本身就是一个“世界”，其辽阔的疆域和高度的同质性使得外来的异族即便侵占了它的部分地区，也无法将其摧毁。正如我们已经知道的，中国人无论多寡很自然地都不愿意成为海上居民，然而中国人仍不免与大海有所接触，并打算借助其位置获得优势。再者，与德意志相比，中国甚至在更大程度上处于一个主宰大陆心脏地带的位置上，受外来干扰的可能性很小。尤其不能忘记的是，甚至远至喀什和准噶尔盆地的西部高原和草原地带的相当大的一部分，也一直处在中国的某种形式的统治之下，并受到了中华文化的浸润。中国作为一个国家虽然失去了活力，却仍然具有独特的重要性。

印度的地位则更加特别。印度人很少做水手或者以河流为生，然而作为英联邦的一员，印度却享有舒适和安全的海上交通所带来的利益。由于没有实现真正的统一，各邦之间又相互敌对，按理印度应该属于破碎地带中的国家，但在英国的支配之下，今天的印度却比以往任何时候都更接近统一。作为大陆心脏地带边缘离海洋最近的一片陆地，印度理应成为主导大陆心脏地带的最重要的角色，这本是很自然的事。然而自有史以来，只有从大陆腹地到印度的持续入侵，却从来没有相反的过程。只是在人类最早出现的时期，曾有过一次人类以有效的方式从印度进入大陆腹地的征兆。

“心脏地带”“海上强国”和“破碎地带”等概念，都是与实际情况相符的。规则是存在的，但这种规则来自发展的过程，以及过去的遗产随着条件的变化与现行方案的结合。其中并不存在严格不变的划分。

这个旧大陆体系并不是孤立的，世界上还存在着新大陆。新大陆的地理条件与既往历史在各个方面都与旧大陆大不相同。在新大陆上，心脏地带与海上霸权并不是分离的，而且这里并不存在破碎地带。由于我们前面追溯的部分原因，美国占据了主导地位。事实上，可以想象美国将会成为一个海上强国，并在更为广阔的范围内扮演英国曾经扮演的角色。由于大洋的隔离作用，旧大陆上的冲突不会对美国产生直接的影响，但是美国与旧大陆之间的距离又不至于太远，凭借其物质、经济和道德方面的各种力量，美国在全球的纷争中都可以以仲裁者的面目出现。

随着美国崛起成为一个大国，世界上也出现了一种新的条件，或者说，这种由哥伦布使之变得重要起来的条件又有了一种新的意义。地球是圆的，也正是因为如此，在哥伦布的时代才诞生了从旧大陆的西边前往东方的另一条通道。地球是圆的，而美国就位于旧大陆的西方和东方之间。美国的西部比欧洲的西部更靠近亚洲的东部，但仍有相当一段距离。看看地球仪，想象一下横跨太平洋的距离，尤其是从东南角到西北角的距离。正是横跨太平洋的这段距离，妨碍了从欧洲到东印度群岛的西线通道的真正使用，因此直到美国崛起之前，新大陆都只是一片与欧洲西部间隔一定距离但并没有重大价值的土地。

美国处于迄今为止在各方面均占主导地位的旧体系之外，内部团结，凝聚力强，积蓄了巨大的能量。它东临大西洋，西临太平洋，与亚欧大陆有着承东启西的关系，通过防卫严密的巴拿马运河，可以把它的舰队派往任意一侧的大洋。为了确保运河通道的安全，美国提出了“门罗主义”[①]，以阻止旧大陆的列强控制新大陆的土地，但该政策目前仅对巴拿马运河所处海

① “门罗主义”（Monroe Doctrine）：由美国总统詹姆斯·门罗（1758—1831）于1823年提出的外交政策，提出“美洲是美洲人的美洲”，任何试图控制拉丁美洲国家的欧洲势力都将被视为是在对抗美国。1904年，西奥多·罗斯福总统又增加了“罗斯福推论”，声称美国对任何拉丁美洲国家都有权干涉其内部事务。随着美国成为世界强国，“门罗主义”将拉丁美洲定义为美国的势力范围。

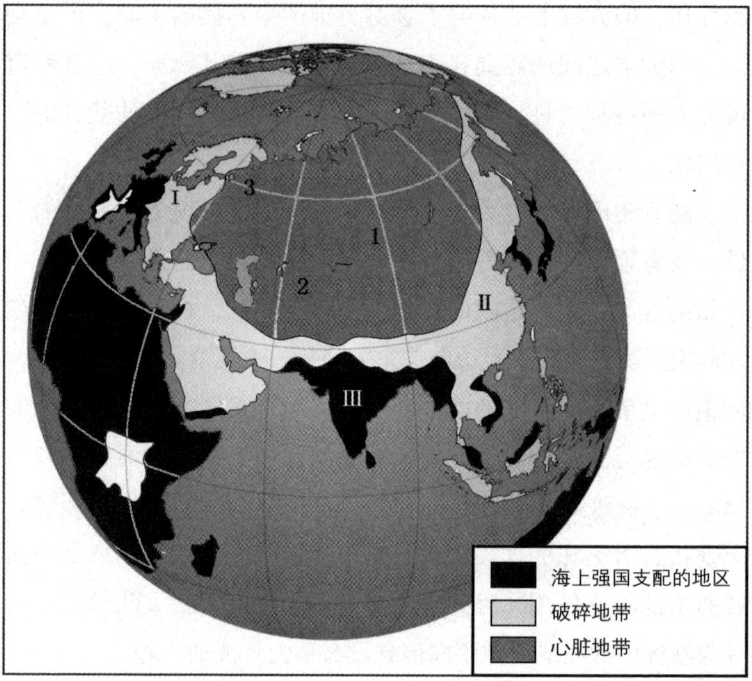

图 18–1　旧大陆体系

曾经控制心脏地带的三个中枢：1. 阿尔泰山地区；2. 图兰；3. 俄罗斯。有可能控制心脏地带的三个中枢：I. 德意志；II. 中国；III. 印度。

域周围的那些相对不重要的小国有效。这里与欧洲分裂的各国不同，后者的人民语言各异，宿怨已久，而这里土地广袤，人民说的是同一种语言，历史上也不存在长期的冲突——这就是美利坚合众国。

但是，这种地块划分的概念并不是十分完整的，我们还未谈及更大的陆地分布的一些重要特性。正如撒哈拉沙漠以南的非洲以及澳大利亚在很大程度上均受海上强国的支配，它们是旧大陆的不确定边缘地带，所以南美洲也可以被视为美国的一个边缘地带。南美洲和南非为什么仅仅是边缘地带，其原因我们已经在前面阐述过，但是这些陆地和澳大利亚在当今世界体系中的地位，可以通过考察陆地在地球上的另一种分布方式看得更加清楚。有一个旧大陆体系和一个新大陆体系的说法，只有一半是正确的。

随着美国的崛起，世界上的大陆分布也有了进一步的意义。俄罗斯及其边缘地带的重要性依然存在，但有了更多的内容。在看似无序的陆地分布中其实仍有一定的规律可循。在南极周围有一片大陆，在北极周围则有一片大洋。南极洲大陆的周围是一圈没有间断的海洋，而北冰洋的周围则是一圈几乎没有间断的陆地；在这一圈陆地中有向南延伸的三个锥状的陆地区域，它们被向北逐渐变窄的三个大洋分隔开来。

这部分归因于大部分陆地都位于北半球，而北半球有着作为早期文明发祥地的大面积的沙漠地带，此后，其他文明的诞生和发展都出现在北纬 30 ~ 60 度之间的地区，而最有活力的人类则生活在北纬 35 度附近。南半球既没有那么大的沙漠地带，也没有合适的土地可以让懂得如何积蓄能量的其他地方的民族进行殖民。因此，除了在南美洲南部、南非和澳大利亚有几个孤立的社群外，所有那些比较重要的社群几乎都位于围绕一个中央区域的连绵不断的地带之内，而这个中央区域由于气候寒冷，并不适合殖民。就其本身而言，这些社群自然希望能够相互交流，而英属北美（美国和加拿大）的崛起确立的重要地位，不仅使横跨大西洋和穿越亚欧大陆的往返交通成为可能，而且使这种环状的交通得以持续。这种交通在某些地方运作得较好，在某些地方运作得较差，这就使生活在这个地带内的各地居民，能够比该地带之外的居民以更低的成本和更好的设施进行迁徙。这个地带内很少有终点和死路，每一个地方都能成为到达别处的出发点。

因此，横贯北美大陆和西伯利亚的交通线之所以极其重要，不仅在于它们不像船舶航行那样需要绕巨大的弯路，而且因为它们是没有终点的环状交通线上的几段；而前述的像是从开普到开罗的路线则不仅要与两旁的海路竞争，且其南端又无地方可去。开普敦作为陆地的终点就是一条死路。纽约、蒙特利尔、温哥华和旧金山，同样地还有东京、长崎、鄂木斯克、莫斯科、上海、科伦坡、亚历山大港、柏林、巴黎和伦敦，则可以看作位于海陆空交通主干线上的节点城市。

这个环状链条的最后一环，在 19 世纪中叶后的几年内因日本加入这个世界体系而锻造完成。日本的北部是寒冷的多山地带，但其西南部却温暖而湿润，那里有一片几乎完全被陆地包围的海域，并邻近拥有悠久文明的中国。日本是另一个孕育水手的场所，其历史虽然与英国之间存在着显著的差异，但也有一些奇特的相似之处。

日本北部长期以来一直被野蛮民族占据，但是其南部从某种意义上讲早在纪元初就已经实现了组织化，其西南各省于 2 世纪时建立。[①] 中华文明对日本的持续影响，正如欧洲文明对英国的持续影响一样。在和平时期，新的观念从外面传入，来自朝鲜的流亡者带来了新技术的知识，就像欧洲大陆的流亡者

① 原文如此。2 世纪时的日本尚无“省”（province）的概念，而是处于若干倭人部落国家相互混战的状态。

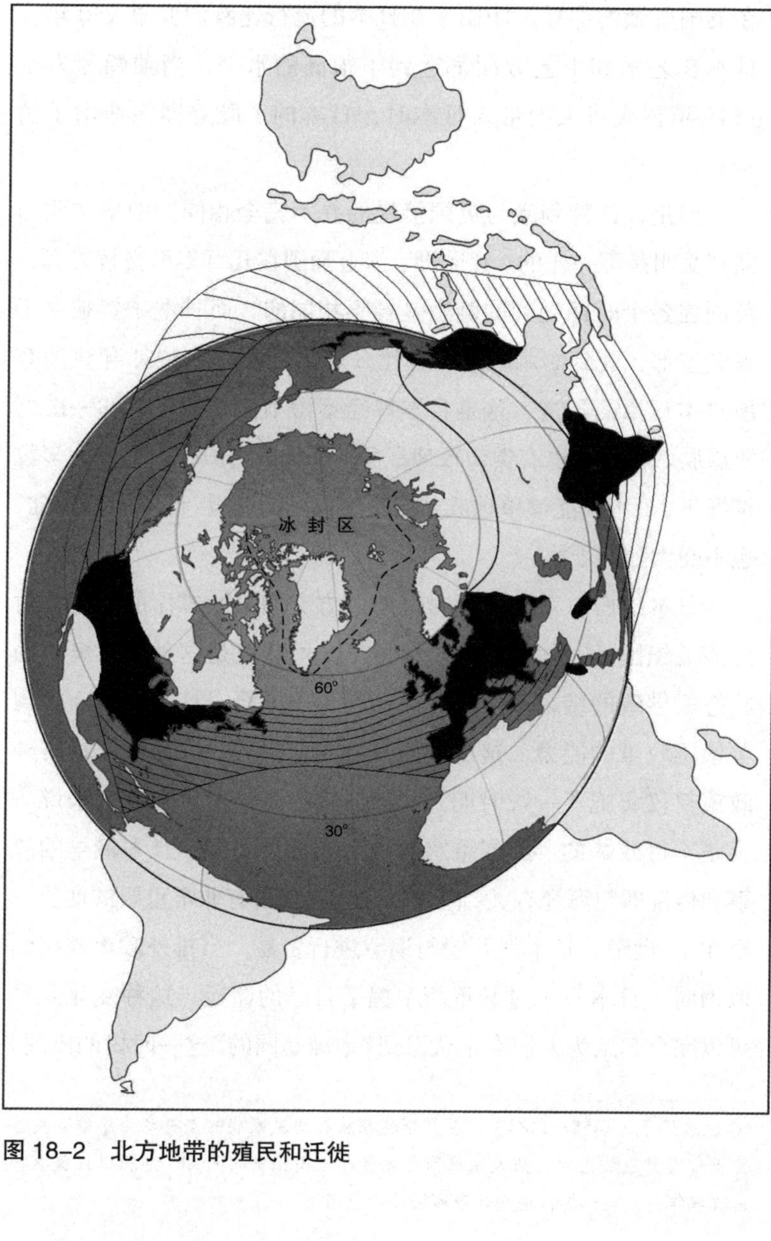

图 18–2　北方地带的殖民和迁徙

在英国所做的那样。印刷术在日本的流行比欧洲要早 150 年。日本在艺术和工艺方面都达到了很高的水平，当葡萄牙人于 1545 年首次将火枪带入日本时，日本的工匠立即便造出了仿制品。

但是，这种刺激与英国接受的并不完全相同。中华文明与欧洲文明是不一样的。在欧洲，海上强国在几百年里交替兴起，英国在各个时期受到的刺激是各不相同的。而日本孑然独立于亚洲东部，受到的刺激很少有什么变化。蒙古在 1281 年试图夺取日本积累的财富，这是日本曾经不得不面对的仅有的一次严重威胁。在日本也有类似玫瑰战争[①] 那样的内战，但是在大多数情况下，日本人能够单独或共同决定自己的命运，既不干扰大陆，也不受大陆的干扰。

日本之所以对大发现时期的西方文明采取排斥的态度，对外闭关锁国的时间长达两个多世纪，可能就是这种超然离群的状态所导致的结果。但要注意的是，一方面，日本拥有实施闭关锁国政策的能力，这与墨西哥不同；而另一方面，这种排外政策仅仅实施了一段时期。长期以来，海洋对于日本人来说一直是不可或缺的。如同希腊的神话和传说那样，日本最早的故事和传说即与海洋有关，渔民的收获一直占有非常重要的地位。早在 14 世纪，日本就开始与暹罗进行贸易。当排外政策被突然取消时，日本只不过又重新掌握了自己的命运。这种变化几乎可以完全归结为人们真正认识到“地球是圆的”这一时机的出现。

---

① 玫瑰战争（1455—1485）：兰开斯特家族和约克家族的支持者为了争夺英格兰王位而发生的内战，两大家族都是金雀花王朝王室的分支，分别以红玫瑰和白玫瑰作为家族标志，这场战争即因此而得名。

19世纪中叶，随着美国西部因开发而变得日益重要，人们希望在旧金山和中国之间开辟一条交通线，这就需要在长达6,000英里的航程的中途建立一个加煤站。最短的路线是取道日本，显然那里就是加煤站的最佳位置。当一支现代化的美国舰队出现在江户湾[①]并要求日本提供便利时，日本的闭关政策突然而且戏剧性地走到了尽头。日本古老的组织就像经历了一场地震，顷刻间便根基动摇。从发现它位于北方环形交通线上的时候起，只经过了短短的20多年，日本就预备在现代世界中占有一席之地了。随着俄国的败北，日本一跃而起成为一个强国，现在日本的船舶已航行在世界各地的海面上，日本的影响力已经远远超出了东亚边缘岛屿的范围之外。

在北半球有一条连绵不断的路线，因为北半球的陆地基本上是连在一起的，而且在北纬30度以北有一片适合现代文明的很大的区域。而在南半球，南纬30度以南只有很小一片陆地，所以其南部边缘地带的对应社群只是北半球文明的分支。

南半球的陆地在自身结构上存在着奇特的相似性，这或许是因为它们是同一片古老的高原大陆的残余。这样的残余在南非、南美洲东部以及澳大利亚西部同样存在，就后两者而言，一个是以安第斯山脉的褶皱山作为边界，一个是以东部的山岭作为边界，并被大西洋和印度洋中的海底陆地分隔开来。

它们的气候也出奇地类似，都不存在受大陆影响而导致的大的气候变化。白人生活的区域仅集中于东部沿海地带，其西部大部分均为沙漠，这在澳大利亚体现得尤为明显。由于生产

① 即今东京湾。

的商品相同，各地之间很少有从事贸易的机会，而且相互间的隔离甚至比其与北半球的北方地带间的隔离更甚。事实上，南半球并没有环形航线。特里斯坦－达库尼亚群岛就位于布宜诺斯艾利斯和开普敦之间，克尔格伦群岛就位于开普敦和墨尔本之间，但是在这两条线路上却极少能看到船只，而在澳大利亚和南美洲之间，有少数岛屿至今仍鲜为人知。

在苏伊士运河和巴拿马运河尚未开通之时，全球的交通主要是依靠水路，穿过麦哲伦海峡和绕过好望角的交通线虽然运输量不大，但却至为重要，而南美洲和南非（尤其是后者）则拥有位于主干线上的优势。但是，随着跨大陆铁路的建设和大运河的开通，这些水路的重要性也随之降低。澳大利亚则从未有过这些地方所具有的优势。澳大利亚与亚洲之间隔着宽广的大海，环绕世界的航线并不需要绕到这里，而且澳大利亚远离所有重要的贸易航线，所以它直到很晚才被发现。南美洲、澳大利亚以及新西兰，可以说就处于地球的角落里。澳大利亚的土著居民人数很少，而且生活状态非常原始，很可能就与这一点有关。南非的位置比较容易受到外界的刺激，只是它的最南端仅延伸到南纬 35 度附近，而且为土著民族所占据。澳大利亚直到英国称雄海洋的时代才被发现，而且已经完全英国化和十足地“白人化”，因为这里的大部分地方都空旷无人，与遥远的大西洋上的小岛相比，从北方的陆地更容易到达这里。非洲南部尽管发现得较早，但是被占领的时间反而比较晚，这里受海上强国的支配，却有着庞大的土著人口。而在发现之初即被占领的南美洲，基本上已经接受了西班牙和葡萄牙的文化，经济上则与北方地带息息相关。

由此可见，迄今为止世界上已经组织为国家的重要地区都位于殖民和迁徙的北方地带之内，而附着在这个地带上的只是一些相对不那么重要的边缘地区。无论人们是以国家还是以职业进行组织，也不论其划分是横向的还是纵向的，是民族间的还是国家间的，都遵循着同样的基本分布。

在这里，我们还要注意另一个地理因素的重要性，它在某些方面甚至可以说是最重要的，这就是第一章中谈到过的空气的分布。我们知道空气的密度是随着海拔的升高而降低的，这一事实也影响着地球上的人类生活。但除此之外，一个更重要也更基本的事实是，大气在地球表面上的分布是连续而无间断的。

千百万年来，空气一直这么存在着，它的移动带来了降雨，它的风暴带来了破坏。没有空气，一切生命都不可能存活，地球就会像月球那样荒凉。空气的存在给这个星球带来了勃勃生机。但是，人类自身对它的利用却十分有限，人类已经能够利用风帆和风车，不过也就仅此而已。现在，当地球上无处不在的空气有了进一步的意义时，风帆和风车却几乎绝迹了。地球表面的陆地是不连续的，海洋则是连续的，但是它们对地球的覆盖程度都比不上大气层。海洋可以使人们从一片陆地移动到另一片陆地，但是很明显，这种轻松的移动将止步于水体的边缘。而在地球的两极附近，有大片的海洋和陆地处于冻结状态，在这些区域内的移动存在着极大的困难。另一方面，当人们发现在空气中的运动成为可能时，这种运动可以在任何方向和任何距离上进行。空气中也不存在任何障碍，因而可以选择一条弧形的直达路线，于是，从前的水体、沼泽、沙漠、森林和高原等等障碍就全都不在话下了。在空气中的移动，无论在战争时期还是和平时期，都几乎不会受到这些因素的阻碍。

但这并不是说，在空气中的移动在任何地方都是随心所欲的；有人居住的陆地和大洋的分布也会对此产生影响。就像其他形式的交通系统那样，必须在有大量人口聚居的不同地点之间建立机场和开辟航线。这些路线必须以殖民和迁徙集中的北方地带为起点，再向南方大陆扩展。当然，对这些路线也要做相应的修正，以适应空气的条件。一方面，北极不再是人类活动的禁地，北半球漫长的大圆弧空中航线可以远比陆地和海上的路线更靠近北极，并越过冰冻区域。这使得不列颠哥伦比亚和英国之间的有效距离几乎缩短了一半，可以从西北方向就近抵达英国。从各方面来看，英国都比从前变得近了很多。英国不再依靠其海上力量建立的屏障来保护自己不受侵犯，无论如何，英伦三岛比以往任何时候都更加真实地处于全球陆地的中心。

这还不是全部。空中交通的速度远远超过了陆地和水上交通，这意味着距离变得更短了。尽管大型运输仍需采用旧的交通运输方式，然而事实上，无论在和平时期还是战争时期，飞机均可以在一两天内飞抵地球上的几乎任何一个角落，在大多数情况下甚至只需要几个小时。这意味着无论是在旧大陆还是在新大陆上，许多曾经起支配作用的条件，已经不再像过去那样具备同样的影响力。整个世界以及它的各个部分都变小了，各个部分彼此间的联系也变得日益紧密。新航线为乘客和邮件开辟了可能的渠道，直接交流不仅可以发生在北半球的各个地区之间，也可以发生在南半球的各大陆之间，尤其是位于南半球的各个地区之间；而通常情况下，纵横交错的空中航线的重要性已经超过了绝大部分陆地和海上的路线。这个世界事实上已经前所未有地变成了一个整体。

由于大气现在不仅可以作为一种工具，而且还可以将物品从一个地方运到另一个地方，从而强化了这个新的一体化的世界。空气也是一种媒介，与其他方法相比，只需要花费微不足道的能量，就可以借助空气，把观念和信息以语音的形式立刻传播到世界的每个角落。若是不考虑时差的影响，一个站在地球另一端的人，甚至能比一个站在威斯敏斯特宫钟楼下的人先听到大本钟的鸣响。有了基于空气的这类发现，整个世界实际上已经处于同一个时间和空间之内。

事实上，无论人们如何看待它，这个世界现在已经是一个单一的系统。当任何民族都要依赖其他所有民族的努力，当一名英国居民在一天之内的生活，直接或间接地不仅与国内而且与整个世界的数以万计的人的劳动相关，当甚至爱斯基摩人也要仰赖工业区内的多家工厂所生产的工具，以及中非的黑人也要依赖工厂里生产的布料时，便不可能再把个人的独立性仅仅视为一种理想。真正的问题并不在于如何分别生活，而在于如何共同生活。其目的仍然是获得尽可能多的能量（天然的或人为的），并尽可能经济地使用它。但是，能量不仅可以通过个人和集体的行动慢慢地获得，也可以在个人和集体的行动中被消耗掉。在大规模战争中消耗的能量是难以想象的。煤炭、农产品、城镇和工业，以及人的生命的潜在能量全都会消耗殆尽。第一次世界大战所造成的物质损失，相当于全世界煤炭总储量的五十分之一。即使在和平时期，各种纠纷所造成的浪费也是十分巨大的。要是能有一个国际组织来驾驭这个世界体系，该会有多么美好？一个有效的国际联盟，通过消除某些浪费能量的渠道，必将在节省能量的道路上迈上一个新的台阶。

第 19 章

未来的可能性

在前面的章节中，我们追溯了现代世界的面貌逐渐演变的重要步骤。这些面貌被视作人类在试图获取和使用越来越多的能量的过程中受地理条件支配的结果。我们看到了地理支配的巨大作用，而且还注意到根据人们积累的知识和经验的多寡与不同，这种支配的方式也存在着差异。尚待讨论的问题是，这种变化或进一步发展的可能性究竟何在。

显然，从前述的内容中可知，至少在两个方面存在着进一步发展的可能性。我们已经知道的各种支配因素，有可能在作用方式上发生变化，或者进一步提供过去未能使用的能量。过去难于迁徙的地区将来有可能变得易于通行，某些地区积蓄的能量过去无法使用，将来却有可能得到使用。因此，各个地区的相对重要性将会随着能量使用方式的改变而发生变化。地理因素对历史进程仍然起着支配作用，只是支配的方式亦将不同。

此外，随着人类使用的能量开始出现枯竭，也会产生相应的变化。有些地方可能会变成干燥的荒漠，使作物难以生长，从而无法再提供食物能量。如果这个过程波及甚广，历史将会受到很大的影响。事实上，已经有人试图证明，在广阔大陆的内陆地区，气候正在逐渐变得干燥；也有人说，干旱和湿润的年份交替出现，有着固定的节奏，并不存在某种现象的累积或加重。无论这两种理论是否正确，都与我们关系不大。我们知道，不管干旱是否存在着周期循环，它们都是注定会发生的，而且对历史的影响也是多方面的。无论大陆地区是否会变得越来越干燥，这样的变化必将是十分缓慢的，而其他方面的变化势必会产生更大的影响。

另一种必定会枯竭的同时也更加重要的能量供应，就是我们谈到过的那些煤田。这种情况所带来的变化更为严重，因为消耗掉的煤是无法得到补充的。煤的储量是固定的，一旦用完就没有了。当然，煤的储量看起来非常巨大，我们似乎可以无限期地使用下去，但是事实并非如此。尽管对全球煤炭资源的调查还谈不上全面和详细，然而我们还是确切地知道，现在已经不可能再发现新的巨大的煤炭储藏地了。在此基础上，按照目前的消费速率估计，煤炭在英国和德国还能够继续使用500 ~ 1,000年，在美国还能使用6,000年。但是，如果煤炭的消耗继续以现在的速度增加下去，那么这些地区的全部现有煤藏将在150年内全部耗尽。这可能并不完全是件坏事，它有可能成为降低能耗并取得进一步发展的刺激因素。这种降低能耗的刺激实际上已经在发挥作用，那就是使用能够尽可能高效地利用煤中所含能量的机器。一台优良的蒸汽机只利用了燃料中大约12%的能量，这与一个人从食物中所能转化为工作之用的能量利用效率相当，但是一台涡轮机却能将这个比例提高到

30%，而一台优良的燃气机或许还能更高一些。即便如此，与萤火虫用来发光的能量相比，浪费仍然很大，因为萤火虫的能量利用效率高达 99.5% 以上。然而，即使假定全球煤炭中蕴藏的所有能量都能被用来做有益的工作，在经过一定的时期之后，仍然会出现匮乏。以通常的标准来衡量，这个时期可能很长，但若是以历史的维度来衡量，就会显得很短暂了。在煤田被采掘完之后，当地的重要性必然会下降。在其他条件相同的情况下，一个地方的煤田可以开采的时间越久，那里的地位也就越重要。中国所拥有的分布极为广泛的煤炭资源，对于未来必定有着特殊的利害关系。

石油是一个重要的能量来源，尽管很少有人知道它的供应源，但几乎可以确信它是无法得到补充的；而且可以肯定的是，可用的石油在总量上无法与煤炭相比，它将比煤炭更快地耗尽。在美国的东部各州，石油的供应量已大幅减少，尽管密西西比河以西各州的产量在增加，但是即便按照目前的消耗速率，这种供应也将在一个世纪内耗尽；而如果消耗的速率继续增加，石油耗尽的时间也会更早到来。

我们还有其他的能量来源吗？1,000 多年来，欧洲西北部的民族就一直在利用每天两次的涨潮所具有的能量，推动船舶顶风逆流驶向内陆深处，把因此而节省下来的能量转为他用。看起来似乎可以把这种白白浪费掉的能量用于各种有用的目的，但是实际上除了少数合适的地点外，它并不能与煤炭竞争。即使在煤炭耗尽之时，也不大可能把潮汐能作为可资利用的最后一种能量，而且就算那样做也是事倍功半，此外风暴也很可能对各方面的必要工作造成破坏。

与煤炭不同，风和流水产生的能量也与潮汐类似，是一种取之不尽的能量。然而，前者的能量利用起来也如同潮汐一样，费力多而回报少，而后者因其总量有限，在煤炭资源耗尽时也绝对无法成为煤的替代品。例如，美国的水力资源估计能够产生 3,600 万 ~ 6,600 万马力的能量，[①] 即使全都能够得到利用，也不到美国目前实际开采的煤炭中所获能量的一半，或许还会更少。全球的水力资源大约可以产生 2 亿马力的能量，这比目前一天之内从煤炭中获得的能量还要少得多。因此，当煤炭资源告竭时，尽管水力资源有可能非常有用，但它并不能满足我们的全部需要。不过，与风能或潮汐能比起来，流水产生的能量有更为经济的优点，换言之，同样的付出可以获得更多的回报。因此，我们很可能会看到，海拔高而多雨的地区在未来的世界体系中将会占据更加重要的地位。

当然，我们也有可能发现某种手段，由此可将某些形式的物质中的能量化为可用，这方面的典型例子就是镭，或者取自地球内部的热能。但是，要想从这两种来源中获得相当大的能量，则被认为是不可能的。

因此，可能出现的变化取决于煤炭的枯竭和对水力资源的更广泛的利用，而且受更经济地使用能量的能力的制约。也就是说，在其他条件相同的情况下，很可能煤炭供应时间维持最久的地区，以及水力资源供应最丰富的地区，其重要性或许能保持下去或进一步提升，而其他没有这么幸运的地区的重要性则会降低。

---

① 由于时代的局限和技术的落后，这里的数据与当代世界相比存在着很大的差距，请读者留意。

但是，我们可以考虑更多的基本分布。煤炭和石油矿藏是漫长的年代里积累下来的天然资产，我们现在使用它们，并不是真的在积蓄能量。它们与人类从食物中获取的能量有所不同，而直到170年前，人类获取能量的唯一途径，还是来自阳光哺育下生长的食物，并在食用数天或数月后转化为身体之所需。对煤炭能量的使用本质上是一个偶然事件，在工业革命带来的变化中，忘记这一点是很危险的。而太阳的辐射能是迄今为止地球上可资利用的数量最大的终极能源，生长的植物更是如今最方便的能量提供方式。土壤耕作、园艺、农业和树木栽培，无论其是否是最古老的职业，无疑都是最基本的能量来源。

通过使用最好的机械以及各种各样的组织，以尽可能地减少浪费，就可以促进能量的积蓄。更多的进步则来自对各种各样的问题进行研究所带来的农作物收成的增加，虽然这一方案最初看上去似乎并不能带来能量的节省。从遗传学上对小麦进行的研究可以增强小麦的抗病能力，缩短其成熟时间，并有可能生产出比以前更好的面包。通过研究生活在土壤中和其他地方的细菌，可以弄清哪些微生物对有利于植物生长的特殊细菌是有害的，并找到从土壤中清除它们的方法。通过观察相距遥远的地方（例如南美洲和非洲东海岸）的气压和降雨量——这种观察就其本身来说是纯粹的科学，而其讨论也是纯数学的——可以为印度的农民提供季风有可能带给他们多少降雨的信息。如今，从土壤中获得更多能量的能力以及减少能量浪费的能力正在提高，而那些汇聚了众多懂得如何取得进步和利用新知识的人才的地方，积蓄的能量也最多。这些地方大多都积蓄了充足的能量，从而可以分出一部分来促进上述的研究；换句话说，这些地方都位于煤藏最丰富的区域。因此，目前在土壤耕作方面所取得的进步，都被使用煤炭所带来的进步掩盖了。

如果没有煤炭的出口或是以煤炭为基础的产品制造，许多重要国家的田地就会失去生产能力。东英吉利亚[①] 的麦田之所以能一直保持肥沃，就是因为使用了化肥或牲畜肥料。化肥是通过出口煤炭或制成品进行直接交换得到的。牲畜肥料可以说也是以同样的方式得来的，因为牛的饲料已部分依靠进口。如果英国、德国、法国乃至美国只能依靠自己的话，它们的生产力就会逐渐降低；只有中国在无需外来援助的情况下，其土地仍能够保持肥沃。

于是，那些热量充足、雨量丰沛、植物生长最迅速的地区，一旦被带入世界组织中之后，似乎最有可能取得最大的进步。我们知道，赤道附近的森林地区至今仍然处于世界组织之外，在那里不可能发展出早期的文明。对人类来说，迄今为止那些地方的植被生长得极其迅速，难以控制。但是由于煤炭的使用，使人类获得了管理大型组织的经验和知识，并能利用其他储量更为巨大的能量。在英国北部，作物只能一年一熟，生长缓慢。在亚马孙盆地和刚果盆地，以及东印度群岛，作物能够持续不断地生长，而且速度很快。这正是能量取之不尽的一个来源。我们有可能利用它么？第一步已经迈出，组织正在产生，全球的橡胶供应就来自这些森林。不过这虽然重要，仍然只是一小步，因为橡胶并不是一种能量的来源，它的作用只在于节省能量。

---

① 东英吉利亚（East Anglia）：英格兰东部传统地区，由诺福克和萨福克两郡以及剑桥郡、埃塞克斯郡的一部分组成，中世纪时以盛产羊毛及毛织品闻名，现代经济则以农业为主。

我们所期待的乃是这些地区能够直接提供能量，无论这种能量是来自燃料（这不大可能），还是来自从植物中蒸馏产生的酒精，或是其他的什么方式，这些都无关紧要。重要的是那里有能量，而且可以利用。

即便是有组织能力的白人，也无法对这些地区进行组织化，其原因有二。首先，那里的环境与白人所熟悉的北方大陆大不相同，使得人们不愿去尝试解决所有的问题，也不愿做必要的调整去适应那里的生活。换句话说，让人们改变自己的习惯和做事方式是很困难的，可谓是积重难返。非洲和南美洲早在美国和加拿大被发现以前就已为世人所知，但在美国和加拿大，殖民者的生活方式与他们已经习惯的家乡生活相比并没有太大的变化；而在非洲和南美洲，一切都是陌生的，生活必须另作规划，所以白人不愿意大量移民到这里。他们至多希望小规模地去待上几年，就像前往印度那样。因此，这就难怪这些地方的进步是多么微不足道。

其次（也是更重要的），这些地方不仅环境差异巨大，而且还存在生命危险。寒冷地区的未知疾病在热带会造成极高的死亡率，生命在这里几乎得不到救治，只能无谓地死去。不过有证据表明，这种状况还是得到了一定的改善。人们已经对这些疾病及其成因进行了调查——尽管最初没有任何迹象显示能够就此减轻人类的痛苦，或是有节省能量的希望——而且总算制定了一些预防的办法。在两代人之前，没有人会料想到这方面的知识可以通过研究各种昆虫的习性，通过采集昆虫并将它们置于显微镜下进行研究而获得。然而事实就是如此。目前业已证明，许多疾病的携带者是某些特定的昆虫（大多是蚊子），

图 19–1　炎热而潮湿的森林地带

并由它们相互传播开去，因此通过消灭携带这些疾病的昆虫，就可以大大减少甚至消灭这些疾病。在里约热内卢，1898 年因黄热病死亡的人数为 1,078 人，到 1908 年则减少为 4 人。在哈瓦那，1853 年到 1900 年间因黄热病引起的年均死亡人数为 754 人，到 1907 年则只有 1 人死于该病。1887 年，在意大利有 21,033 人死于疟疾，到 1907 年这个数字降低为 4,160 人。在伊斯梅利亚，1902 年患此病的人数为 2,000 人，到 1905 年则降低为零。塞得港也同样消灭了疟疾。

即使以金钱来衡量，能量也得到了节省。1903 年，苏伊士运河区在治疗疟疾上的花费为 38,200 法郎，而到 1908 年，这一开销已降到了不足此前的一半。在苏门答腊岛的某个地区，与

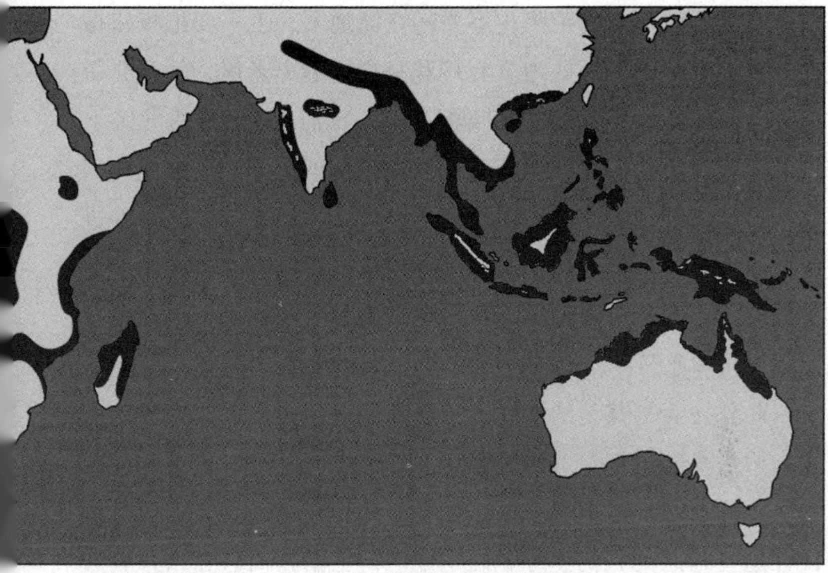

1914年相比，1916年和1917年节省的工作日达10,798个。巴拿马运河的建设，也因发现了控制疾病的必要措施而变得可能；瘟疫和黄热病都得到了控制，疟疾的危害也大为降低。雇员的死亡率从1906年的超过40‰降低到了1909年的10.64‰——这一死亡率比文明世界中的大多数城市还要低，而巴拿马运河区的疟疾发病率，也从1906年的821‰降低到了1924年的8‰，这个比例比伦敦还要低。

事实上，已经有人指出：“赤道地区的气候本身并不是有害的，如果你在炎热的白天不遮盖好头部就外出，它也就是会让你中暑，并使人在午饭后昏昏沉沉。肺结核、风湿热和流感都不存在……只要不被采采蝇叮咬，你就不会得昏睡病，不被蚊子叮咬，就不会得疟疾；不要睡在泥地上，也不要把帐篷搭在旧营地处，因为那些地方有蜱和臭虫；远离老鼠，就不会得瘟疫。只要多加小心，在热带地区生活，反而比生活在古北区[①]气候下常受流感困扰的温带更少受到疾病的折磨。”这样的建议在目前可能很难遵从，但是知道提什么样的建议也是一种进步。当大多数人都有可能遵从这一建议并且从进一步的知识中获益时，人类就可以使用和积蓄热带森林中蕴藏的巨大能量，而刚果河和亚马孙河流域也将不再是无人地带。

此外还会有其他的变化。正如前面已经指出的，世界史主要指的是发生在北纬 30 ~ 60 度之间的地区的历史，而这些地区的民族很自然地在世界上居于领先的地位。迄今为止，正是生活在这些地区的人们主导着热带地区的活动，而且在未来势必仍将持续下去。但也有迹象表明，从长远来看，这些人类活动和繁重的工作以及指导性的事务，都将由那些身体适于在这些地区生活的人们来承担。生命力顽强，不无幽默感，深色的皮肤能够避免阳光的过度刺激，比白人发达得多的汗腺可以依靠大量蒸发来降低身体的温度，非洲黑人具有的这些优势是其他大多数民族所无法比拟的。

此外还有另一种可能：在炎热的撒哈拉沙漠中，天气晴朗，长年无雨，没有植被，人类难以生存，太阳从日出到日落一刻不停地照射在沙漠上，其辐射所产生的热能不亚于低纬度地区，如果有可能直接使用这种能量，那么这个如今仍为不毛之地的

① 古北区（palearctic）：一个生物地理学意义上的区域或亚区域，其范围包括欧洲、喜马拉雅山脉和秦岭以北的亚洲大陆、阿拉伯半岛北部以及撒哈拉沙漠以北的非洲。

地区就能供养庞大的人口，并变得非常重要。在这里，一个面积相当于大伦敦地区的区域每年接收的太阳能，在数量上即相当于整个英国在一年中生产的煤完全燃烧后所产生的能量的总和。已经有人对具有高热效率的引擎进行过试验，但这种初步的进展是否能够导致一场伟大的革命还言之过早。可以确定的是，距离赤道越近，积蓄能量的潜力也越大；当煤炭耗尽后，我们可以从那里获得能量的供应，这些能量迟早会派上用场。如果可以用过去的标准来衡量未来，那么这些能量的使用必将改变人类的分布——不仅包括生活习惯，还包括深刻影响历史进程的方方面面的事物。但这种变化的结果会受到过去历史的修正，原有的事物会因其过往的特征而依然如故。

在对未来做了如此这般的一瞥后，我们的话题就到此结束了。不知时至今日，再去指出“物由天造，亦由自造”[①] 的奇妙过程中所贯穿的目的性日益增强的趋势，以及重谈“天道至公，疏而不失”的老调，是否会被当成不合时宜的一堆废话？

---

①原文为“things are ‘made to make themselves’”。

附 录

历史的地理枢纽

（1904 年 1 月 25 日在英国皇家地理学会上宣读）

哈尔福德·麦金德

当遥远的未来的历史学家们回顾我们现在经历的这些世纪，并像我们今天观察埃及历代王朝那样把它们缩短来看时，他们很可能会把过去的 400 年描述成哥伦布时代，并说这个时代在 1900 年后不久就结束了。近来，地理探险行将结束的说法已经变得司空见惯，人们认为地理学的目标应该转向深入考察与哲理上的综合。在 400 年中，世界地图的轮廓已经以近乎精准的程度得以完成，即使在极地地区，南森和斯科特的航行也使做出重大发现的最后可能性大为减少。但是以 20 世纪的开端作为一个伟大的历史时代的结束，其恰当之处并不仅仅因为有这一成就，尽管这一成就堪称伟大。传教士、征服者、农夫、矿工以及后来的工程师紧蹑着旅行者的脚步的结果，使得这个世界的偏远地带刚被发现，我们就必须对其近乎完整的政治占有进行记载。在欧洲、北美洲、南美洲、非洲和澳大拉西亚[①]，几乎

① 澳大拉西亚（Australasia）：大洋洲的一个地区，包括澳大利亚、新西兰、新几内亚以及邻近的南太平洋诸岛。

没有剩下一片有待标桩定界声明其所有权的土地，除非这所有权是通过文明国家或半开化国家之间的战争来划定的。即使在亚洲，我们正在目睹的很可能也只是由叶尔马克的哥萨克骑兵和瓦斯科·达·伽马的水手们最早开始的那场博弈的最后几步。大致地讲，我们可以把哥伦布时代与它之前的时代做这样的对比：哥伦布时代的基本特征是欧洲的扩张遇到的抵抗几乎可以忽略不计，而中世纪的基督教国家却被压制在一个狭窄的区域内，并受到未开化的外部世界的威胁。从现在起，在后哥伦布时代，我们将再次不得不与一个封闭的政治体系打交道，而且这个问题仍然是世界性的。各种社会力量的每一次爆发，不是消散在周围的未知空间和野蛮混乱之中，而是在遥远的地球另一边激起强烈的反应，并将世界政治和经济机体中的薄弱成分震得粉碎。一枚炮弹落到一个土木工事中，与落进一个巨大的建筑物或船舶的封闭空间和刚性结构内，其结果会有巨大的差异。或许，对这一事实的某些意识，最终会使世界各地的许多政治家把大部分精力从领土扩张转移到相对效率的争斗上来。

因此在我看来，在目前的十年中，我们是第一次处在这样的位置上，即试图以某种程度的完整性来探讨更大的地理范围与更大的历史规律之间的相互关系。我们第一次能够对整个世界舞台上的各种特征和事件的某些真实比例有所了解，而且可以寻求一种至少能够表达世界历史中的某些地理成因的规则。如果我们足够幸运，这个规则对于我们观察当前国际政治中的一些竞争力量，应具有现实的价值。有关“帝国向西进军”的熟悉的说法，就是这类经验和碎片化的一种尝试。今晚，我打算描述这个世界上我认为对人类行为最具强制力的那些自然特征，并且介绍一些与它们有机地联系在一起的历史的主要阶段，这种联系早在地理学尚不知悉的时代便已存在。我的目的不是要讨论这种或那种自然特征的影响，或是对区域地理学做一番研究，而是要展示作为世界这个有机体系的一部分的人类的历史。我承认，我只能抵达真理的一个方面，我无意陷入极端的唯物论。肇始历史的是人类而非自然，但是自然在很大程度上起着支配作用。我关心的是一般的自然支配，而不是世界历史的起因。显然，可以指望的只是对真理的初步接近。我将谦卑地接受对我的批评。

已故的弗里曼教授认为，唯有地中海地区和欧洲各种族的历史才具有重要的价值。从某种意义上讲，这当然是正确的，因为促使希腊和罗马的后继者支配整个世界的观念，就诞生在这些种族中间。然而，从另一个非常重要的意义上说，这样的局限也会束缚人们的思想。形成一个国家而不是像动物那样单纯地群居在一起的各种观念，通常是在共同灾难的压力和抵抗外力的共同需求下才获得认可的。英格兰的观念，是由丹麦人和诺曼征服者敲打进七王国[①] 的人们的头脑中的；法兰西的观念，是由匈奴人在沙隆之战中强加给相互争斗的法兰克人、哥特人和罗马人的，并在与英格兰的百年战争中成型；基督教世界的观念诞生于罗马帝国的迫害，到十字军东征时期方告成熟；美国的观念在经历了长时间的独立战争和当地殖民者爱国心的沉沦之后才被接受；德意志帝国的观念直到南北德意志结成了抗法同盟的伙伴关系之后，才在南德意志勉强通过。通过把注意

① 七王国：5至9世纪的英国历史上盎格鲁-撒克逊王国的非正式联盟，包括肯特、埃塞克斯、苏塞克斯、威塞克斯、东盎格利亚、麦西亚和诺森伯利亚。

力集中在各种观念和它们产生的文明上，我对历史做了文学化的描述，这样有可能会忽视掉一些更为基本的运动，而这些运动的压力通常是滋养伟大观念的各种努力的诱因。一个让人反感的人物完成了一件有价值的、将他的敌人归为一统的社会功能，而正是在外来的野蛮人的压力下，欧洲才完成了它的文明化。因此，我恳请你们暂且把欧洲和欧洲的历史看作从属于亚洲和

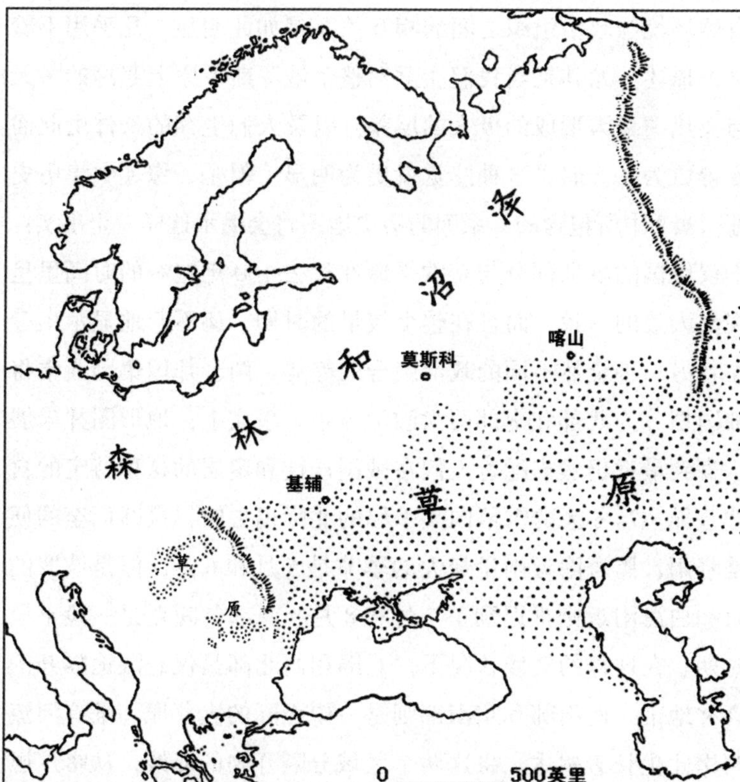

图 1 19 世纪以前的东欧

据《贝格豪斯自然地图集》，德鲁德绘。

亚洲的历史，因为可以很确切地说，欧洲文明是反抗亚洲人入侵的长期斗争的结果。

在现代欧洲的政治地图上，占据了半个大陆的幅员辽阔的俄国，与由一群西欧国家占有的较小的版图之间形成了鲜明的对比。当然，从自然的角度来看，在东方连绵的低地与由丰富多彩的高山、峡谷、岛屿和半岛共同组成的这个世界的其余部分之间，也存在着类似的对比。乍一看，在这些熟悉的事实中，自然环境与政治组织之间的相互关系是如此明显，几乎用不着再去描述。尤其是当我们注意到整个俄罗斯平原上寒冷的冬天与炎热的夏天形成的极大的反差，以及人们生存的条件由此而变得更为一律时，这种感觉就更为明显。但是，像《牛津历史地图集》中所包含的一系列的历史地图将会揭示这样一个事实：不仅俄国的欧洲部分与东欧平原在过去100年左右的时间里呈现出大致的一致，而且在整个较早的时期，还不断地显示出存在着另一种全然不同的政治组合的趋势。两个邦国集团通常将俄国划分为北部和南部两大政治体系。事实上，地形图并未展示直到最近仍然支配着人们在俄国迁徙和定居的这种特定的自然差异。当冬天的雪幕向大平原的北际退去时，接踵而至的便是降雨，黑海附近雨量最大的季节是5月和6月，但是波罗的海和白海附近则推迟到了7月和8月。南部的晚夏是一段干旱时期。在这样的气候状况下，北部和西北部是仅有湿地隔开的森林地带，而南部和东南部则是一望无际的大草原，唯有河流两岸才生长着树木。将这两个区域分隔开来的界线，从喀尔巴阡山脉北端出发沿北－东方向斜着延伸出去所达的终点，与其说是在乌拉尔山脉的北端，不如说是在其南端的某个地点。莫斯科位于这条界线北边不远处，或者换句话说，在这条界线的森林这一边。在俄国以外，这片大森林的边界向西延伸，几乎穿越了欧洲地峡的中心，这条横跨在波罗的海和黑海之间的地峡长达800英里。除此之外，在欧洲半岛，伸展出去的森林穿过了北部的德国平原，而界线南边的草原则绕过喀尔巴阡山脉巨大的特兰西瓦尼亚堡垒[①]，并沿多瑙河向上游经过现在的罗马尼亚的玉米地而到达铁门[②]。被喀尔巴阡山脉和阿尔卑斯山脉的林地环抱着的匈牙利平原，是一个孤立的草原地区，当地人称之为“普斯塔斯”（pusstas），现在大部分已得到开垦。整个俄国西部除了遥远的北方，随着森林的砍伐、沼泽积水的排放和草原的开垦，近来其景观特征已趋于平衡，并在很大程度上消除了从前对人类极具强制力的差异。

早期的俄国和波兰整个国家都建立在森林中的空地上。另一方面，从5世纪一直到16世纪，图兰语系的游牧民族——匈奴人、阿瓦尔人、保加利亚人、马扎尔人、哈札尔人、佩切涅格人、库曼人、蒙古人和卡尔梅克人，从亚洲不为人知的内陆深处，经由乌拉尔山和里海之间的通道，穿过草原不可思议地络绎而来。在阿提拉的统领下，匈奴人在位于大草原外缘的遥远的多瑙河畔的普斯塔斯当中定居下来，并从那里向北、向西、向南对欧洲的定居民族发起攻击。近代史的很大一部分，可以书写

① 特兰西瓦尼亚堡垒（Transylvanian bastion）：位于匈牙利布达佩斯的布达城堡中的一座堡垒，它的正式名称是埃尔代伊（Erdélyi）堡垒，据称建于16世纪30年代。

② 铁门（Iron Gates）：多瑙河上的一个峡谷，构成了如今塞尔维亚和罗马尼亚之间的边界的一部分。

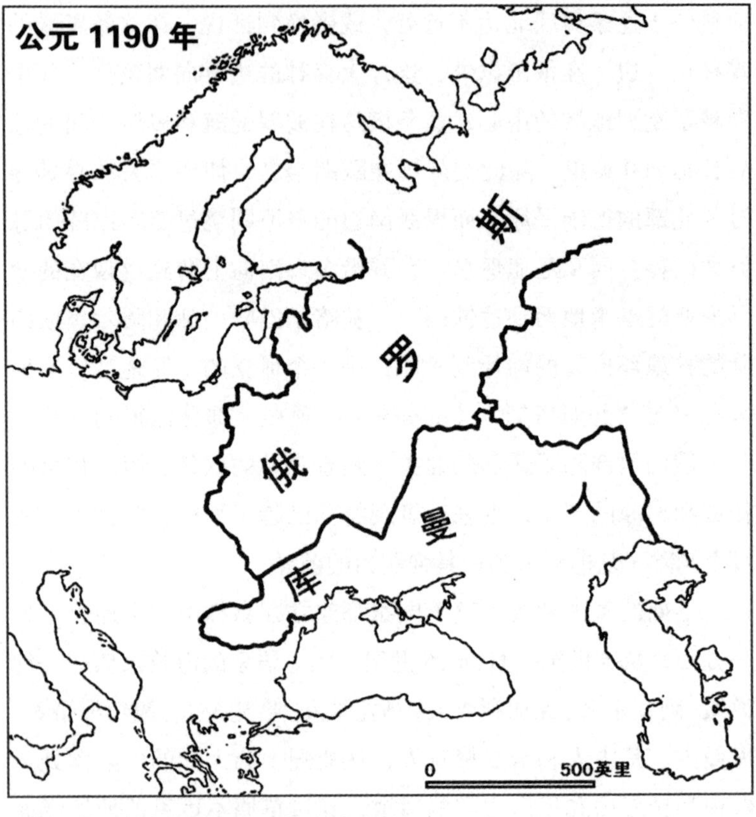

图 2 第三次十字军东征时的东欧政区
据《牛津历史地图集》。

成对由这些袭击所引起的直接或间接的变化的述评。盎格鲁人和撒克逊人很有可能就是在那时被驱赶过海，在大不列颠岛上建立了英格兰。法兰克人、哥特人和罗马帝国各省的居民被迫第一次并肩战斗在沙隆的战场上，从事抗击亚洲人的共同事业，并在不知不觉中结合成了近代的法国。威尼斯诞生在阿奎莱亚和帕多瓦的废墟之上；甚至教皇的决定性的声望，也得益于教皇利奥一世与阿提拉在米兰的成功调停。这就是一大群无情而又缺乏理想的游牧骑兵横扫畅通无阻的平原所产生的结果，也可以说是这柄亚洲大锤随意越过虚空实施的一击。在匈奴人之后到来的是阿瓦尔人。为了抵抗这些入侵，在边境地区诞生了奥地利，要塞化的维也纳则是查理大帝的战役的结果。马扎尔人是下一个到来者，由于他们不断地从其位于匈牙利的草原基

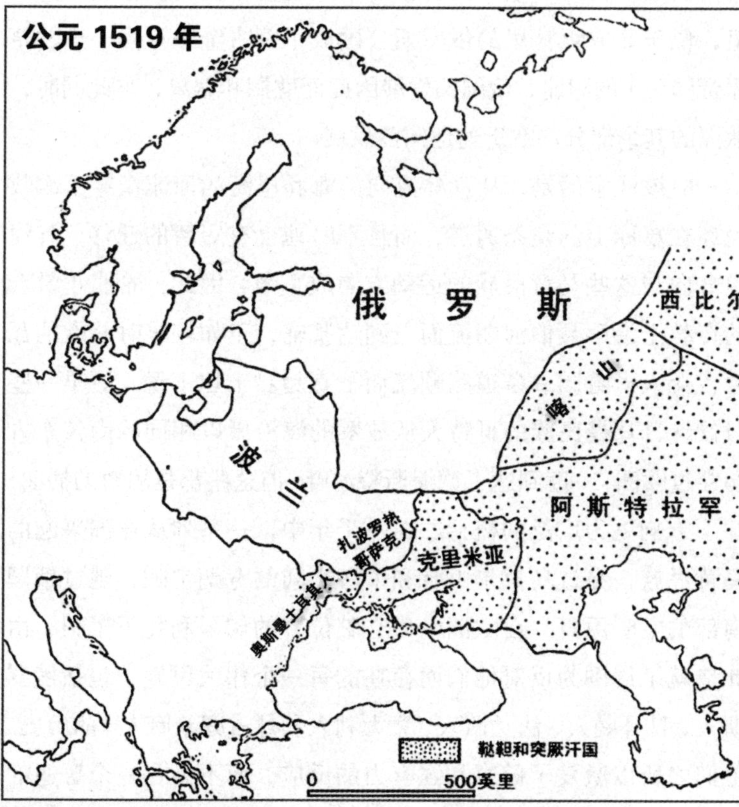

图 3 查理五世即位时的东欧政区

据《牛津历史地图集》。

地发动袭击，增加了奥地利作为前哨地区的重要性，结果把德意志的政治重心向东引到了这个王国的边缘。保加利亚人在多瑙河南部建立了统治，并在地图上留下了以它的名字命名的地区，尽管其语言已依从于它的斯拉夫臣民。或许，对俄罗斯草原占领时间最长且最有效的乃是哈札尔人，他们是伟大的撒拉逊运动的同时代人；阿拉伯地理学家就把里海称作“哈札尔海”。然而，最终新的游牧部落自蒙古来到这里，在两个世纪的时间里，位于北方森林里的俄罗斯公国成了蒙古金帐汗国（即“草原帝国”）的附庸，俄国的发展因此而耽搁和偏离，与此同时，欧洲的其余部分却在迅速地向前发展。

应该注意的是，从森林流向黑海和里海的河流横穿了游牧民族在草原上的整条通道，而且不时地会有短暂的迁移，其河道方向与这些马背民族的运动方向成直角。因此，希腊正教会的传教士沿第聂伯河朔流而上到达基辅，正如较早时北欧的瓦兰吉亚人沿着同一条道路顺流而下直趋君士坦丁堡。更早一些时候，日耳曼民族的哥特人从波罗的海沿岸以相同的南偏东方向穿过欧洲，一度到达了德涅斯特河畔。但这些都是短暂的插曲，并不影响更为广泛的概括。在一千年中，一系列从亚洲兴起的马背民族，穿过乌拉尔山脉和里海之间的宽阔空隙，驰过俄国南部的空旷原野，在欧洲半岛心脏位置的匈牙利扎下了根，由此造就了周围为反对他们而存在的每一个伟大民族（包括俄罗斯人、日耳曼人、法兰西人、意大利人和拜占庭希腊人）的历史。他们之所以激发了健康和强有力的反应，而不是在一个普遍的专制政体下镇压反抗，乃是由于他们的政权活动是以草原作为条件的，必然会在周围的森林和群山前止步。

一个机动性很强的竞争对手是驾船的维京人。他们从斯堪的纳维亚半岛来到欧洲北部和南部的海岸，沿着河流深入内陆。但是他们的行动范围是有限的，因为从广义上来说，他们的影响力只在邻近水域的陆地上才是有效的。因此，欧洲的定居民族身处两大压力之间—— 一个是来自东方的亚洲游牧民族，另外三个方向则有来自海上的海盗。从本质上讲，没有哪种压力是无法抗拒的，而且两者都具有刺激作用。值得注意的是，斯堪的纳维亚人的影响力仅次于游牧民族，因为在他们的攻击下，英格兰和法兰西为走向统一进行了长期的努力，而意大利的统一却被他们破坏了。早先，罗马帝国曾依靠它的道路来动员其定居民族的力量，但是罗马帝国的道路已经破败荒废，在18世纪以前一直未能恢复。

即使是匈奴人的入侵，很可能也绝不是亚洲人一系列入侵中的第一次。荷马和希罗多德记载的喝母马奶的西徐亚人，显然也从事着相同的营生，他们或许与后来的草原居民属于同一个种族。一些河流名称中的凯尔特语成分，例如顿河、顿涅茨河、第聂伯河、德涅斯特河以及多瑙河，也许表示它们是虽非同一种族却有类似习俗的民族的通道。但是就像后来的哥特人和瓦兰吉亚人那样，凯尔特人只是来自北方森林的民族，这也并非没有可能。然而，被人类学家称作“短头人”的庞大人口，从其所在的亚洲向西涌来，通过中欧进入法兰西，如同楔子一样插入北部、南部和西部的“长头人”之间，而且长头人很有可能也来自亚洲。[①]

① 参看《欧洲的种族》（*The Races of Europe*, by Prof. W. Z. Ripley, Kegan Paul, 1900）。——原文注

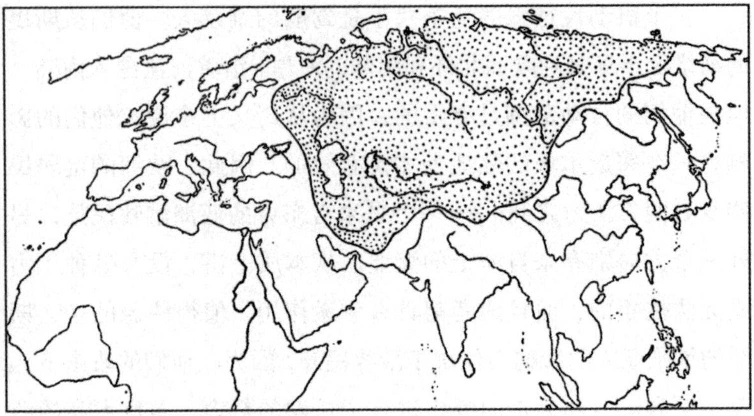

图 4 亚欧大陆和北极地区的水系（等面积投影）

然而，直到 15 世纪蒙古人入侵的时代，亚洲人对欧洲的影响的全部意义仍不是显而易见的。但在分析这些有关的基本事实之前，我们最好把我们的地理视角从欧洲移开，以便对旧大陆进行全面的考察。很明显，由于降雨来自海洋，这片最大的陆地的中心很可能相当干燥。因此，我们就不会对这样的发现感到惊讶：全世界有三分之二的人口集中在这片大陆边缘的相对较小的区域里——在欧洲是大西洋沿岸，在印度和中国是印度洋和太平洋沿岸。因为几乎没有降雨，有一片巨大的地带几乎无人居住，这就是横贯非洲北部并一直延伸到阿拉伯半岛的撒哈拉沙漠。在历史上的大部分时期内，非洲中部和南部如同美洲和澳大利亚一样，与欧洲和亚洲几乎完全是隔离的。事实上，欧洲的南部边界从过去到现在一直都是撒哈拉沙漠，而不是地中海，因为正是沙漠把黑人和白人分隔在了两边。因此，如果我们把撒哈拉沙漠和阿拉伯半岛的沙漠排除在外，被夹在大洋和沙漠之间的连在一起的亚欧大陆的面积约为 2,100 万平方英里，占了全球陆地面积的一半。亚洲有许多分散的沙漠，从叙利亚和波斯的北－东方向一直延伸到中国东北地区，但没有一个能与撒哈拉沙漠的空旷无垠相提并论。另一方面，亚欧大陆的河流分布有着非常引人注目的特点。在整个中部和北部的广大地区，河流几乎发挥不了与外部世界之间的交通作用。伏尔加河、奥克苏斯河① 和贾克撒特斯河② 均流入盐湖；鄂毕河、叶尼塞河和勒拿河流入北方冰冻的海洋。它们是世界上最大的河流中的六条。在同一地区还有许多较小但仍然相当大的河流，如塔里木河和赫尔曼德河，同样没有流入大海。因此，亚欧大陆的这个核心区域虽然点缀着一片片沙漠，但大体上仍是一个面积辽阔的草原地带，尽管牧草常常不足；这里有不少孕育绿洲的河流，但没有一条能够通达海洋。换句话说，在这个广袤的区域内，有着维持一个稀疏但总数仍然相当可观的骑马和骑骆驼的游牧民族人口的所有条件。他们的领地北边以宽阔的亚北极区的森林和沼泽为界，那里的气候除东西两端以外都非常严酷，不适合发展农业定居点。在东方，森林向南延伸到阿穆尔和中国东北的太平洋沿岸。同样在西方，森林在史前时期的欧洲是最主要的植被。因此，在东北、北部和西北均有边界的草原从匈牙利的普斯塔斯一直延伸到中国东北的小戈壁，长达 4,000 英里。而且除了草原的最西端，与海洋相通的河流没有一条从草原上穿过，尽管我们可能忽略了最近在鄂毕河和叶尼塞河河口所做的贸易努力。在欧洲、西西伯利亚和西突厥斯坦，

---

① 今阿姆河。

② 今锡尔河。

草原地势低平，有的地方比海平面还要低。在东方的蒙古，草原则贯穿了高原；但是从海拔不同的一地去往另一地的通道，只需翻越这片干旱的心脏地带中光秃秃的没有陡坡的低矮山丘，并不存在什么困难。

最终在 14 世纪中叶，这些游牧部落在 3,000 英里远的高海拔的蒙古草原上聚集起他们的第一波力量，开始向欧洲发起进攻。然而，这番在波兰、西里西亚、摩拉维亚、匈牙利、克罗地亚和塞尔维亚持续了几年的灾难，只是与成吉思汗的名字联系在一起的东方游牧民族掀起的一场巨大风暴的最遥远和最短暂的结果。当金帐汗国占领了从咸海出发经乌拉尔山脉和里海之间的空隙一直到喀尔巴阡山脉脚下的钦察草原时，另一个游牧部落从里海和兴都库什山脉之间向西南方向扑去，进入波斯和美索不达米亚，甚至到了叙利亚，建立了伊利汗国。第三支游牧部落随后攻入中国北方，并征服了中国。印度和蛮子[①]（即中国南方）一度受到了无与伦比的西藏屏障的保护，除了撒哈拉沙漠和极地冰盖以外，这个屏障的功效或许是世界上独一无二的。但是到了后来，在马可·波罗到达中国南方的时代，以及帖木儿统治印度的时代，这个障碍被绕了过去。于是，恰好在这个典型的和有良好记录的实例中，旧大陆所有已殖民的边缘地带，都或早或晚地感受到了源自草原的这股移动洪流的扩张力的影响。俄国、波斯、印度和中国不是对它称臣纳贡，就是受到蒙古王朝的统治。即使是突厥人在小亚细亚建立的早期政权，也覆亡了半个世纪之久。

---

① 蛮子（Mangi）：宋元时期蒙古人对南方汉人的蔑称，这里指南宋政权。此处的称呼当取自马可·波罗的记载。

与欧洲的情况一样，亚欧大陆的其他边缘地带也有早期入侵的记录。中国曾不止一次地屈从于北方的征服者，印度则多次被来自西北部的征服者所统治。然而，就波斯来说，早期的侵袭中至少有一次对于西方文明史有着特殊的意义。在蒙古人到来之前的三四百年中，自中亚崛起的塞尔柱突厥人沿着这条道路征服了一片广袤的区域，这片区域我们可以称之为“五海地区”——“五海”指里海、黑海、地中海、红海和波斯湾。他们在克尔曼、哈马丹和小亚细亚定居下来，并推翻了撒拉逊人在巴格达和大马士革的统治。表面上是为了惩罚他们对耶路撒冷的基督徒朝圣者的虐待，基督教国家开展了一系列被称为“十字军东征”的大规模战役。尽管这些战役未能达到其直接的目的，但是它们对欧洲所起的激励和团结作用，使得我们可以把十字军东征视为近代历史的开端——这是由反抗来自亚洲心脏地带压力的需要所激发的欧洲进步的又一个突出例子。

我们由此获得的亚欧大陆的概念是一块连续的陆地，它的北方为冰带所围绕，其他三面则为大洋，面积为 2,100 万平方英里，是北美洲的三倍以上。它的中部和北部面积约为 900 万平方英里，是欧洲面积的两倍多，没有可用的通向海洋的水道。但是另一方面，除了亚北极区的森林以外，通常很有利于骑马和骑骆驼民族的活动。这个心脏地带的东、南、西三面的边缘地区呈一个巨大的新月形，可以由海路抵达。根据自然形态，它们可分成四个区域，而且大体上不无明显地分别与四大宗教（佛教、婆罗门教、伊斯兰教和基督教）的势力范围相对应。前两个区域是季风地带，一个面向太平洋，另一个面朝印度洋。第四个区域是欧洲，有来自西部的大西洋的雨水的滋润。这三个区域合在一起，面积不到700万平方英里，人口超过10亿，占了全世界人口的三分之二。第三个区域对应着五海地区，或者如人们经常描述的那样被称为“近东”，在很大程度上因为邻近非洲而缺少降雨，所以除了绿洲大部分地方都人烟稀少。从某种程度上说，这里兼有边缘地带和亚欧大陆中心地区的特征。由于缺少森林，沙漠星罗棋布，所以适合游牧民族的行动。不过，这里总体上属于边缘地带，因为各个海湾和通向海洋的河流使它对海上势力敞开着大门，使这些势力可以在此为所欲为。其结果就是，在整个历史上，这里周期性地出现了一个又一个以巴比伦尼亚和埃及的巨大绿洲的农业人口为基础的本质上属于边缘型的帝国，并以畅通无阻的水上交通与地中海和印度的文明世界发生着联系。但是我们可以想象得到，这些帝国经受了前所未有的一系列重大变革，有些是因为来自中亚的西徐亚人、突厥人和蒙古人的袭击，另一些则来自地中海民族从西大洋到东大洋征服这些陆上通道所做的努力。这里是早期文明地带中最脆弱的地方，因为苏伊士地峡把海权划分成了东、西两个部分，而从中亚延伸到波斯湾的干旱的波斯荒原，给了游牧民族政权攻击这片临海边缘地带的恒定不变的机会，这个地带将东方的印度和中国与西方的地中海世界分隔在了两边。每当巴比伦人、叙利亚人和埃及人的绿洲防卫虚弱时，上述的草原民族就会将空旷的伊朗高原和小亚细亚作为前进的据点，从那里经过旁遮普突入印度，通过叙利亚进入埃及，以及越过博斯普鲁斯海峡和达达尼尔海峡的断桥进入匈牙利。维也纳挡在欧洲内陆的入口处，抵御着游牧民族的袭击，这些游牧民族来自两个方向：一是穿过俄罗斯草原径直而来，一是经黑海和里海南边绕道而来。

至此，我们已经说明了撒拉逊人和突厥人在控制近东上的本质区别。撒拉逊人是闪米特人种的一个分支，主要分布在幼发拉底河和尼罗河流域，以及下亚洲的较小的绿洲中。他们通过利用自己土地上的两种机动力量（一种是马和骆驼，另一种是船只），建立了一个伟大的帝国。在不同的时期，他们的舰队既控制了远至西班牙的地中海，也控制了直到马来群岛的印度洋。他们从位于东西两大洋之间的战略中心位置出发，效法亚历山大大帝，而且早在拿破仑之前就企图征服旧大陆所有的边缘地带。他们甚至有可能威胁到了草原地区。来自闭塞的亚洲心脏地带的异教徒图兰人与阿拉伯人、欧洲人、印度人和中国人完全不同，正是这些突厥人摧毁了撒拉逊文明。

海洋上的机动性与大陆心脏地带的马和骆驼的机动性是一对天然的竞争对手。在通航的入海江河的基础上诞生了河流阶段的文明，例如长江流域的中国文明、恒河流域的印度文明、幼发拉底河流域的巴比伦文明以及尼罗河流域的埃及文明。在通航的地中海上则诞生了海洋阶段的文明，即希腊和罗马的文明。撒拉逊人和维京人则依靠近海航行来行使支配权。

通往印度的好望角航路的发现，其最重要的成果就是把亚欧大陆西部和东部的沿海航行路线连在了一起，尽管这是一条迂回的路线。这对草原游牧民族的后方构成了压力，从而在一定程度上抵消了他们处于中央位置的战略优势。这场由哥伦布时代的伟大的航海家们开启的大变革，赋予了基督教世界除了飞行活动之外最广泛的机动能力。一片包围着分散的岛屿状陆地的连续的海洋，当然是制海权唯一的终极地理条件，也是马汉上校和斯宾塞·威尔金森先生[①] 这样的作者所阐述的现代海军战略和政策的整个理论的依据。其显著的政治影响就是扭转了欧洲和亚洲的关系，因为中世纪时期的欧洲被关在一个笼子当中，南面是不可逾越的沙漠，西面是未知的海洋，北面和东北面是冰雪或森林覆盖的荒原，东部和东南部则不时地受到骑马和骑骆驼民族占优势的机动性的威胁。现在，欧洲在世界上崛起，它能够到达的海域和沿海陆地的面积比过去增加了 30 倍以上，它的影响力反过来笼罩了迄今为止一直威胁它生存的亚欧陆权国家。在海洋中间发现的空旷土地上创造了不少新的欧洲，对亚欧大陆来说，如今它与美洲和澳大利亚甚至撒哈拉沙漠另一侧的非洲之间的关系，在一定程度上就是较早时代欧洲与英国和斯堪的纳维亚半岛之间的关系。英国、加拿大、美国、南非、澳大利亚和日本现在是一圈控制了海权和商业的外围地带和岛屿基地，是亚欧大陆上的陆权国家难以企及的地方。

但是陆权仍然存在，而且最近的一些事件再次提升了它的重要性。当西欧的海上民族已经以他们的舰队控制了大洋，在各大陆的边缘地带殖民，并在不同程度上将亚洲的沿海地区变成领地时，俄国将组织起来的哥萨克人从北方森林中放出来，通过部署自己的游牧民族来对抗鞑靼游牧民族，实现了对草原的管辖。都铎王朝[②] 的世纪目睹了西欧的海洋扩张，也看到了俄

① 斯宾塞·威尔金森（Spencer Wilkinson，1853—1937）是英国牛津大学的第一位军事史齐切利教授。身为一名英国作家的他兴趣广泛，但关注重点是军事学。他在职业生涯的早期还担任过《伦敦晨报》的戏剧评论家。（“齐切利教授”是一个带有荣誉性质的法定教授职位，以坎特伯雷大主教和牛津大学万灵学院的创始人亨利·齐切利的名字命名。）

② 英国历史上 1485 年至 1603 年间的英格兰统治王朝。

国人的势力从莫斯科越过西伯利亚。哥萨克骑兵横穿亚洲向东方的突袭，几乎与绕道好望角一样有着意义重大的政治后果，尽管这两个活动相隔甚远。

这或许是历史上最惊人的巧合之一，欧洲向海洋和陆地的扩张，从某种意义上讲，应该是古代的罗马和希腊之间的对抗的延续。就罗马企图使希腊拉丁化的失败而论，几乎没有什么重大的失败能够比得上由此产生的深远影响。条顿人接受了罗马的文明并皈依了基督教，而斯拉夫人则基本上接受了希腊的文明。后来，罗马化的条顿人开启了其海上航程；希腊化的斯拉夫人却在草原上骑马奔驰，并征服了图兰人。因此，现代的陆权国家与海权国家在思想根源上的差异，并不亚于其机动性的物质条件之间的差异。[①]

俄国人尾随着哥萨克人的步伐，从以前蛰居的北方森林里安全地走了出来。在上个世纪中，欧洲发生的最重大的内在变化或许是俄国农民的南迁。从前的农业定居点是以森林边界为终点的，而现在整个俄国的欧洲部分的人口中心，已经位于该边界以南取代了更多西部草原的麦田之中。这里的敖德萨已经以一个美国城市的发展速度，崛起为一个重要的城市。

在一代人以前出现的蒸汽机和苏伊士运河，增加了海权国家相对于陆权国家的机动性。铁路的作用主要是作为远洋贸易的供应者。但是横贯大陆的铁路正在改变陆权国家的状况，铁

① 这种说法在论文宣读之后的讨论中受到了批评。我重新审视了这段文字，仍然认为它大体上是正确的，尽管拜占庭的希腊人已非从前罗马完成对古希腊的征服时的希腊人。毫无疑问，这里所说的思想是拜占庭的而不是古希腊的，但它们肯定不是罗马的，这才是问题的关键。——原文注

路在亚欧大陆封闭的心脏地带以及既无木材也不易得到修筑公路的石头的广大地区所产生的这种效果，是其他任何地方都难以企及的。铁路在草原上创造的奇迹更大，因为它直接取代了马和骆驼的机动性，发展公路的阶段在这里被省掉了。

就商业而论，我们不能忘记的是，远洋运输虽然价格相对便宜，但是通常要涉及四次货物的装卸——生产货物的工厂、出口码头、进口码头、向零售商批发的内陆仓库；而跨大陆的铁路货车则可以从生产厂直接开到进口的仓库。因此，在其他条件相同的情况下，边缘地区的海洋贸易趋向于在大陆周围形成一个渗透带，其内部边界大致以这样一条线作为标志，即沿着这条线的四次装卸成本、海运费和从邻近海岸来的铁路货运费，相当于两次装卸费和大陆铁路的货运费之和。据说，英国和德国的煤在途经伦巴第时就是以这样的条件进行竞争的。

俄国的铁路从西部的维尔巴伦延伸到东部的符拉迪沃斯托克，长度达 6,000 英里。俄国在中国东北地区的驻军证明它是一个机动能力很强的陆权国家，这就如同英国在南非的驻军证明它是一个机动能力很强的海权国家一样。诚然，横跨西伯利亚的铁路仍然是一条单一的、不可靠的交通线，但是在本世纪内，整个亚洲都将被铁路所覆盖。在俄罗斯帝国和蒙古境内有着巨大的空间，它们在人口、小麦、棉花、燃料和金属等方面的潜力是不可估量的。我们可以预料，一个多少有些独立存在的广大的经济体，将会在海洋贸易难以抵达的那里发展起来。

当我们细想一下对这个历史大潮所做的快捷回顾时，是否感觉到了某种明显存在的持久的地理关系？亚欧大陆上那一片船舶无法到达，但在古代却是骑马的游牧民族大显身手，今天

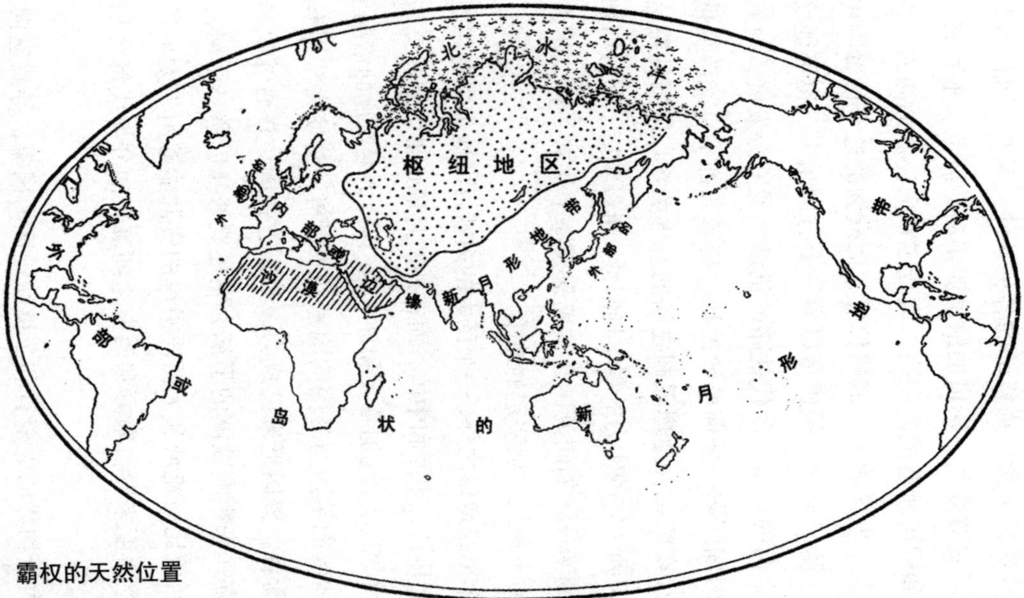

图5　霸权的天然位置

枢纽地区：全部是大陆。

外新月形地带：全部是海洋。

内新月形地带：部分为大陆，部分为海洋。

又即将被铁路网所覆盖的广袤区域，不正是世界政治的枢纽地区吗？那里从古至今都存在适合一个具有深远影响而又名声有限的军事和经济力量纵横机动的各种条件。现在，俄国取代了蒙古帝国。它对芬兰、斯堪的纳维亚半岛、波兰、土耳其、波斯、印度和中国所造成的压力，取代了草原民族的四面出击。它占据了整个世界的中央战略位置，而欧洲的这个位置则由德国占据着。除了北方，俄国可以向各个方向出击，也可能受到来自各个方向的攻击。现代铁路的机动性的充分发展，对它来说只是个时间问题。任何可能的社会变革，都不可能改变俄国与它得以存在的巨大地理限制之间的基本关系。俄国的统治者明智地认识到了它的实力的根本局限性，所以卖掉了阿拉斯加。因为对俄国来说，如同英国必须确保其海上优势一样，不占有孤悬海外的土地是一项法定的政策。

在这个枢纽地区之外，一个巨大的内新月形地带中有德国、奥地利、土耳其、印度和中国，而在外新月形地带中则有英国、南非、澳大利亚、美国、加拿大和日本。在目前力量对比的情况下，位于枢纽地区的俄国与外围的国家并不对等，这使得法国有机会充当平衡者。美国近来已成为一个东方强国，并通过俄国以非直接的方式来影响欧洲的平衡，它还要修建巴拿马运河，以使它的密西西比河流域和大西洋沿岸的资源能够用于太平洋方向。从这个角度来看，东方和西方之间真正的分界线将会是大西洋。

这种力量均势的失衡有利于枢纽地区的国家，导致它向亚欧大陆的边缘进行扩张，并使它能够利用大陆的巨大资源来打造舰队，然后一个世界帝国的影子就会出现在我们眼前。如果德国与俄国结盟，这种情况就有可能出现。因此，这种事态的威胁将会促使法国加入海权国家的联盟，法国、意大利、埃及、印度和朝鲜将会成为一群桥头堡，外部的海军将会支持它们的陆军，迫使枢纽地区的联盟部署地面部队，阻止这些国家集中全力去建设舰队。相比之下，威灵顿在半岛战争中凭借托里什韦德拉什的海军基地所取得的成就只能算是小规模的。这难道不能最终证明印度在大英帝国体系中的战略作用？这难道不是艾默里先生的“英国军事前线从好望角经过印度一直延伸到日本”的观念的思想基础？

对南美洲巨大潜力的开发，有可能对这个体系产生决定性的影响。它们可以加强美国的实力，或者在另一方面，如果德国成功地挑战了“门罗主义”，它们有可能会使柏林与那个我所说的“枢纽政策”分开。这种力量的特定组合带来的平衡还未成为事实。我的观点是，从地理的角度来看，它们很可能会围绕着枢纽国家打转，枢纽国家总是有可能变得十分强大，但是与周围的边缘强国和岛屿强国相比，它的机动能力却受到了限制。

我是以一名地理学家的身份来讲这番话的。当然，在任何特定的时间，政治力量的实际平衡一方面是地理条件（既有经济的又有战略的）的结果，另一方面也是竞争双方民众的相对数量、活力、技能和组织的产物。如果能对这些数量做出合理的精确估算，我们就有可能协调分歧，而不必诉诸武力。与人文的数量相比，地理的数量在计算时更容易测量，也更为稳定。因此，我们可以期望能够找到既适用于过去的历史、也适用于现在的政治事务的相同的规则。各个时代的社会活动本质上都是围绕着同样的自然特征进行的，因为我怀疑亚洲和非洲的逐渐干燥（即使已得到证实），是否在历史上极大地改变了人类的生存环境。在我看来，“帝国向西进军”是围绕着枢纽地区西南和西部的边缘国家的一次短暂的轮替。近东、中东和远东的问题，与新月形边缘地带内外的力量的不稳定平衡有关，而位于这个地带内的本地国家，目前或多或少是无足轻重的。

综上所述，可以很明确地指出，俄国对这片内陆地区的控制为某个新的力量所取代，并不会降低这个枢纽位置的地理意义。例如，若是中国被日本组织起来去推翻俄罗斯帝国并征服它的领土，就因为它们把巨大的大陆资源与面向海洋结合在了一起（这是占据了枢纽地区的俄国至今尚未攫取的有利条件），就有可能构成威胁世界自由的“黄祸”。

出版后记

地理与历史、政治之间有着错综复杂而又密不可分的关系，构成了人类历史发展进程中的一条主要线索，也一直吸引着人们加以关注和思考。19 世纪末 20 世纪初，拉采尔（Friedrich Ratzel）、契伦（Rudolf Kjellen）等学者为作为一门独立学科的政治地理学的发展奠定了基础，并提出了“地缘政治”（geopolitics）的概念，从而推动了相关研究在 20 世纪上半叶的迅速发展。本书正是在 20 世纪初政治地理学研究兴起的背景下出现的一部专著，通过引入“地理条件”“能量”“支配作用”等概念，以系统的解释框架梳理了世界历史演进的脉络。

作者詹姆斯·费尔格里夫是英国著名的地理学家、地缘政治学家和教育家，1870 年生于苏格兰，是一名长老会牧师之子。他于 1889 年毕业于阿伯里斯特维斯大学，随后进入牛津大学耶稣学院学习数学。完成学业后，费尔格里夫在苏格兰开始了自己的职业生涯，先后任教于凯尔索和坎贝尔敦的高中，后前往伦敦，并创立了新南门高中（New Southgate High School）。1907

年起，他开始在威廉·埃利斯学校（William Ellis School）担任地理教师。作为一名地理学教育家的费尔格里夫，相对于其作为一名地理学家的身份更加为人们所熟知。他推动了现代地理学教育的发展，并影响了几代地理学教师，他的《学校地理学》（*Geography in School*）一书在数十年中曾多次翻印，成为一部颇具影响力的教材。

费尔格里夫并未受过地理学方面的专业训练，但他曾在伦敦经济学院修读过地理学的兼读课程，而这些课程的授课教师便是英国著名的政治地理学家哈尔福德·麦金德（Halford Mackinder）。麦金德是当时英国地理学界的代表人物，也是人文地理学和政治地理学研究的权威学者，费尔格里夫深受其影响，并选择以地理学研究作为毕生事业。从 1912 年离开威廉·埃利斯学校，一直到 1935 年从伦敦大学教育学院准教授的职位上退休，是费尔格里夫研究事业的繁荣期。在教职之外，他还曾在伦敦大学和英国地理协会（Geographical Association）担任重要职位，一直从事以人文地理学为主的相关研究。

全书从地理及其与历史之间关系的视角出发，阐释了各个文明、民族与国家不同的发展历程及其呈现出的多样化特征，强调诸如地势、热量、水分、植被、海陆分布等地理因素的作用，并着重分析了其对人口与族群、迁徙与殖民、战争与政治、生产与经济、知识与技术等方面的影响，在地理条件与历史进程交织与互动的宏大视野之下，呈现出一部视角独特而别有洞见的人类文明发展史。许多人认为，费尔格里夫的著作中体现了根深蒂固的“地理决定论”色彩，当他试图从区域研究的理念进行学术转向时，对此也并不刻意回避。尽管如此，费尔格里夫在其论证中却并没有局限于“地理决定论”的窠臼，而是尽力展现地理因素与历史发展的多样性与复杂性，相信可以令读者受到一定的启发。

本书于1915年初版于伦敦，在当时的学术界乃至社会上都产生了一定的影响。德国地缘政治学家豪斯霍费尔（Karl Haushofer）的妻子玛莎将本书译成德文，德文版于1925年出版时附有豪斯霍费尔亲自撰写的引言。这是当时英国政治地理学者对欧洲大陆产生较大影响的为数不多的例子之一。本书在英语世界中曾多次再版，不仅长期作为高校地理学专业的教科书，同时也深受广大读者的欢迎。1937年，商务印书馆曾将本书收入“万有文库”（第二集）出版发行。本书依据1941年由伦敦大学出版社出版的第8版译成，并于书后附上麦金德的《历史的地理枢纽》（*The Geographical Pivot of History*）一文，作为本书所属的学术脉络中的重要一环。麦金德在文中提出了“心脏地带”这一重要概念，造成了巨大而深远的影响，也可以为本书的论证提供一个注脚。

我们在此要感谢译者胡坚先生的辛勤付出，他精彩的译笔为本书增色不少。由于编辑水平所限，错漏之处在所难免，敬请广大读者批评指正。

图书在版编目（CIP）数据

地理与世界霸权 / (英) 詹姆斯·费尔格里夫著；胡坚译. -- 北京：九州出版社, 2022.06（2025.7重印）

ISBN 978-7-5108-9781-8

Ⅰ. ①地… Ⅱ. ①詹… ②胡… Ⅲ. ①地缘政治学－研究 Ⅳ. ①D5

中国版本图书馆CIP数据核字(2020)第221468号

审图号：GS（2020）4187号

地理与世界霸权

作　　者	［英］詹姆斯·费尔格里夫　著　胡　坚　译
责任编辑	周　春
出版发行	九州出版社
地　　址	北京市西城区阜外大街甲 35 号（100037）
发行电话	（010）68992190/3/5/6
网　　址	www.jiuzhoupress.com
印　　刷	天津中印联印务有限公司
开　　本	889 毫米 × 1194 毫米　32 开
印　　张	11
字　　数	220 千字
版　　次	2022 年 6 月第 1 版
印　　次	2025 年 7 月第 6 次印刷
书　　号	ISBN 978-7-5108-9781-8
定　　价	48.00 元